Adicções

Adicções
Paixão e vício

Decio Gurfinkel

c coleção
c clínica
p psicanalítica

Artesã

Adicções: paixão e vício

Copyright © 2022 Artesã Editora

1ª edição - 1ª Reimpressão, abril 2023

É proibida a duplicação ou reprodução deste volume, no todo ou em parte, sob quaisquer formas ou por quaisquer meios (eletrônico, mecânico, gravação, fotocópia, distribuição na Web e outros), sem permissão expressa da Editora.

DIRETOR
Alcebino Santana

REVISÃO
Luciano Torres

CAPA
Karol Oliveira

DIAGRAMAÇÃO
Luís Otávio Ferreira

G979 Gurfinkel, Decio.
        Adicções : paixão e vício / Decio Gurfinkel. – 2. ed. – Belo Horizonte : Artesã, 2022.
        364 p. ; 21 cm. – (Clínica psicanalítica)
        ISBN: 978-65-86140-97-2

        1. Comportamento compulsivo. 2. Psicanálise. 3. Psicologia clínica. 4. Psicopatologia. I. Título.

CDU 616.89

Catalogação: Aline M. Sima CRB-6/2645

IMPRESSO NO BRASIL
Printed in Brazil

(31)2511-2040   (31)99403-2227
www.artesaeditora.com.br
Rua Rio Pomba 455, Carlos Prates - Cep: 30720-290 | Belo Horizonte - MG
/artesaeditora

Introdução 9

1 Adicções: "atualidade" do tema 17
Cenas do cotidiano 17
As "novas" adicções e a literatura científica 24
Novos tempos, novas patologias? 30
O fator "atual" na psicanálise e o resgate
da perspectiva histórica 34

2 O conceito psicanalítico de adicção 39
O que é uma adicção? 39
Estatuto psicopatológico das adicções 52
Terminologia: controvérsias 60

3 O jovem Freud, a cocaína e as adicções 63
Um jovem médico, um pesquisador ambicioso 64
Uma monografia promissora 68
O destino trágico de um amigo 70
Uma ideia roubada? 72

A "droga mágica" na vida íntima
do jovem Freud   74

As repercussões da "grande descoberta"   79

Contribuições para a psiquiatria   81

A adicção como objeto de investigação   85

A autoadministração e a queda da
panaceia: lições para o futuro   89

A cocaína, os charutos, as antiguidades, os
livros... e o silêncio sobre as adicções   96

4 Vício e hipnose   107

**5 Sexualidade e adicções: entre o
somático e o psíquico**   115

O "vício primário"   116

O modelo da neurose atual e a
toxicidade da libido   118

O químico, o sexual e a experiência de prazer   124

Neuroses atuais e psicossomática   127

Adicções, psicossoma e "técnica ativa"   134

**6 Sexualidade e adicções: entre a
neurose e a perversão**   139

Da queda da sedução ao
nascimento da fantasia   140

A neurose, o negativo da perversão   145

Alcoolismo e sexualidade: o artigo
pioneiro de Abraham   149

Pulsão e fetichismo   154

As adicções e a clínica da dissociação 161

7 A paixão, um amor tóxico 167
O bebedor e sua paixão "perfeita" 168
Proselitismo e devoção ao objeto idealizado 176

8 O "calibanismo": uma paixão anal 185
A ordem pré-genital e a psicanálise do caráter 185
O colecionador e seu "calibanismo" 190
A paixão anal 208
A "relação de objeto anal": ódio e narcisismo 217
Adicção e degradação do caráter:
o "efeito cascata" 223

9 A comilança: uma paixão oral 229
Adicções e oralidade 229
A comilança 235
A clínica da compulsão alimentar 251
A "perversão alimentar" como protótipo das adicções: uma reversão na lógica do "apoio" 261

10 Paixão, caráter e seus paradoxos 271
O caráter e seus desvios 271
Paixão: entre a degradação do
vício e a força de Eros 278
Colecionadores, artistas, cientistas
e psicanalistas 281

11 Relacionamentos adictivos 295

   Amor vampírico 298

   Patologia nas relações de objeto 305

   As adicções e a perspectiva das relações de objeto 311

12 As terapêuticas vinculares na clínica das adicções 323

13 A adicção de transferência e os vícios da psicanálise 335

Referências bibliográficas 349

Introdução

O vício é um dos aspectos mais enigmáticos da natureza humana; como podemos compreendê-lo e abordá-lo terapeuticamente, a partir da psicanálise?

Do ponto de vista da saúde pública e da vida em sociedade, as adições têm produzido imensa perturbação, consternação e desorientação. Trata-se, sem dúvida, de um problema bastante atual. Mas elas refletem, também, um fenômeno geral da vida psíquica humana: aquilo que Freud chamou de "compulsão à repetição".

Venho trabalhando sobre o assunto há quase 25 anos[1] – seja em termos de experiência clínica, seja na área da pesquisa –, e considero o estudo das adicções ainda um grande campo a ser explorado. Este livro busca uma abordagem de conjunto do tema, mas dada a quantidade de questões em aberto e a amplitude de ângulos de abordagem possíveis, faz-se necessário escolhas e recortes. Optei, então, por privilegiar dois eixos: a perspectiva histórica e a problemática da paixão.

Um olhar mais apressado nos dá a firme impressão de que o tema das adicções não tem sido objeto de grande interesse pelos psicanalistas, pelo menos até uma ou duas décadas atrás. O as-

---

[1] Refiro-me aqui à data da primeira edição do presente livro, que se deu em 2011.

sunto tem sido relativamente pouco desenvolvido, especialmente se comparado com outras formas psicopatológicas mais clássicas, e a construção de um conceito psicanalítico de adicção estaria ainda por vir. Mas foi com certa surpresa que descobri, através de um exame mais atento, que já contamos com uma considerável tradição de pesquisa psicanalítica sobre as adicções – pelo menos desde a década de 1930 –, que é pouco conhecida e divulgada; esta foi, de início, totalmente apoiada nas bases teóricas criadas pelo pensamento freudiano, acrescidas das contribuições de Abraham e Ferenczi. Recuperar a história dos estudos psicanalíticos sobre as adicções passou a ser, então, uma tarefa a que me dediquei nos últimos anos, especialmente em uma pesquisa de pós-doutorado[2]. Uma parte dos resultados dessa pesquisa constituiu o ponto de partida do presente livro.

Estou convencido de que esta recuperação histórica é fundamental, seja devido à enorme riqueza de descobertas e intuições teórico-clínicas que estes trabalhos contêm, seja pelo fato de que, ao percorrê-los, compreendemos que *já temos em mãos as bases para a construção de um conceito psicanalítico de adicção* – construção que, no entanto, ainda continua em processo. A perspectiva histórica é também importante por servir de contraponto e antídoto a uma tendência nefasta de fixação em uma suposta "atualidade" do tema – refiro-me à proposição das chamadas "novas patologias", às grandes e bombásticas descobertas reveladas, de modo apocalíptico e acrítico, pela mídia, aos fenômenos de massa alienantes e à manipulação das propostas de tratamento daí decorrentes, entre outros aspectos.

---

2 "Da pulsão à relação de objeto: análise histórica das concepções psicanalíticas das adicções", pesquisa realizada junto ao Programa de Estudos Pós-Graduados em Psicologia Clínica da PUC-SP. Gostaria de reiterar meu agradecimento à FAPESP pelo apoio recebido (processo no. 05/58749-0), e a Renato Mezan, supervisor da pesquisa, pela interlocução privilegiada e pelas trocas intelectuais e pessoais ao longo dos anos.

Em se tratando de história da psicanálise, tudo começa com Freud.

A história da psicanálise das adicções começa com um enigma, a saber: por que Freud nunca se dedicou a teorizar de modo mais sistemático sobre o assunto? Haveria alguma relação deste relativo silêncio com as suas experiências com a cocaína, quando jovem? Faz-se necessário reconhecermos que, apesar desse silêncio, o assunto sempre tangenciou a sua obra, e comentários muito significativos sobre o tema encontram-se em diversos trabalhos de Freud. E, mais do que isto: a metapsicologia por ele criada ofereceu os elementos de base para a construção de uma psicanálise das adicções. Ora, coube a Abraham, em primeiro lugar, e em parte também a Ferenczi, o papel de recolher esses elementos e reuni-los, a fim de apontar as primeiras direções a serem seguidas. Se encontramos algumas menções significativas sobre o tema já no Freud pré-psicanalítico – em seus estudos sobre a hipnose, e também nas suas elaborações sobre a as ditas "neuroses atuais", ainda no final do século XIX –, foi certamente a proposição da teoria da sexualidade e seus diversos desdobramentos que se tornaram a principal referência inicial para a psicanálise das adicções. A partir desse ponto, podemos dizer que o estudo dos vícios humanos foi influenciado pelos principais desenvolvimentos da teorização freudiana que se seguiram, em particular a teoria das organizações pré-genitais da libido e sua relação com o caráter, a emergência da problemática do narcisismo e a questão do Eu, correlata a ela, e a proposição bombástica da compulsão à repetição, com a revisão da teoria pulsional da década de 1920.

Na sequência – e ainda na era freudiana –, talentosos analistas das primeiras gerações passaram a se interessar pelo estudo das adicções, com destaque para Sandor Radó, Edward Glover, Moshe Wulff e Otto Fenichel, e também Ernst Simmel e R. P. Knight. Dois artigos de Radó (1933) e de Glover (1932), ricos, densos e praticamente concomitantes, inauguram, em especial, um novo período da teorização sobre as adicções: o primeiro partiu do paradigma da neurose narcísica e do ciclo maníaco-depressivo, sob influência de Ferenczi e Abraham, e o segundo, já com forte influência kleiniana, enfatizou os aspectos pulsional-destrutivos e o fundo paranoide das adicções. Wulff abordou a proximidade das adicções com os distúrbios alimentares, enquanto que Fenichel veio a enfatizar, alguns anos depois, a dimensão impulsiva das adicções.

Com a morte de Freud, o movimento psicanalítico sofreu modificações profundas, que se refletiram também nos estudos sobre as adicções. As décadas de 1940 e 1950 viram nascer o período das escolas e o surgimento dos grandes autores pós-freudianos que construíram sistemas conceituais relativamente novos, com destaque para Klein, Lacan e Winnicott. O campo das ideias psicanalíticas ganhou uma diversificação e uma complexidade enorme, em um emaranhado de conceitos e modelos que ora se complementam e ora se excluem. Creio que, em termos da psicanálise das adicções, a passagem de um modelo pulsional para um modelo relacional – conforme proposta de Greenberg & Mitchell – redundou em mudanças muito significativas, em particular devido à possibilidade de se pensar em termos de "relacionamentos adictivos" e de se compreender a gênese das adicções a partir das falhas ocorridas nas primeiras experiências objetais. Por outro lado, a contribuição de Lacan quanto à distinção entre prazer e gozo possibilitou, também, um salto qualitativo na compreensão da radicalidade desorganizadora do impulso pulsional que move o viciado.

Neste livro, nos concentraremos mais nas contribuições clássicas nascidas na era freudiana. O motivo se deve, naturalmente, à limitação do espaço disponível e também à aposta no valor de conhecermos e manejarmos mais profundamente esse acervo tão rico. Ainda assim, é bom lembrar que o material que se segue nasceu de uma pesquisa destinada a estudar as transformações da psicanálise das adicções quando da passagem de um modelo pulsional para um modelo relacional; isso deixou suas "pegadas" no livro, que não foram inteiramente apagadas. Apesar de me deter prioritariamente nas contribuições que antecederam esta virada conceitual, a preocupação quanto a esta evolução histórica poderá ser percebida aqui e ali, em comentários sobre as primeiras sementes de um pensamento psicanalítico das relações de objeto nos estudos psicanalíticos das adicções, e sobretudo, no final de nosso percurso, onde os relacionamentos serão abordados segundo um marco francamente relacional; aqui, o trabalho de Joyce McDougall comparecerá como uma referência importante.

Uma advertência: não se trata, aqui, de uma simples apresentação das ideias propostas pelos autores "clássicos", mas principalmente de atualizá-las e torná-las vivas, utilizando-as em um diálogo com os fenômenos atuais – seja em termos de nossas experiências clínicas, seja em termos daquilo que se nos apresenta no campo do social e da cultura. Assim, por exemplo: se há uma dimensão oral própria das adições, como ela pode ser reconhecida nos casos de transtornos alimentares, hoje tão em voga, ou no filme *A comilança*, de Ferreri? Se os processos adictivos vêm, muitas vezes, acompanhados de uma deterioração do caráter típica, qual é sua relação com o caso do austríaco Josef Fritzel, que manteve sua filha trancafiada no porão de sua casa por 24 anos e teve sete filhos com ela – horror que nos lembra aquele relatado por Fowles em seu romance *O colecionador*? A propósito: como nos situarmos entre a paixão anal de domínio do objeto – aparentemente ascética e fria – do vício de colecionar, e a atividade sublimatória e criativa dos artistas e cientistas que colecionam, apaixonados, seus objetos de trabalho? Ou ainda: como podemos aproximar o "amor vampírico", tão fascinante para os adolescentes de hoje, com uma paixão adictiva? São muitas as interrogações, e são muitas as possibilidades de diálogo entre as experiências vivas e os modelos conceituais, mesmo que clássicos e "antigos".

O segundo aspecto eleito como eixo de abordagem para este livro, ao lado da perspectiva histórica, é a *paixão*. Afinal, podemos pensar que a adicção é uma forma de paixão, e que a paixão é uma espécie de amor viciado ou vício amoroso.

Ao lançar mão de sua teoria da sexualidade para analisar a psicologia do amor, logo ocorreu a Freud um paralelo entre a paixão do bebedor inveterado e a paixão amorosa. Ironicamente, Freud viu na relação do bebedor com o vinho uma perfeição impossível de se viver no amor entre os homens, em uma idealização da relação adictiva hoje difícil de aceitar. Mas a pesquisa freudiana evoluiu, e o narcisismo veio e preencher um lugar-chave para se compreender a falácia da paixão, assim como o estudo do Eu conjuntamente com os fenômenos de massa revelou a dimensão alienante e ilusionista da hipnose amorosa; mas, estranhamente, Freud não voltou a utilizar os vícios como um modelo para se compreender as vicissitudes da paixão amorosa.

Bem, buscar compreender a natureza do amor tem sido um desafio que atrai praticamente todos os homens, desde os filósofos gregos até os psicanalistas do século XXI. Será que o estudo dos vícios humanos pode contribuir em algum aspecto para esclarecer os mistérios do amor?

A expansão da teoria da sexualidade em direção a uma psicologia do amor me parece de grande importância para a psicanálise das adicções. A dimensão exacerbada de certas formas de investimento libidinal vem acompanhada de uma fixação ao objeto, de uma intolerância a qualquer frustração, ausência ou perda, de um esvaziamento do Eu e consequente baixa de amor-próprio, de uma perda significativa do juízo de realidade, entre tantos "sintomas" – todos aspectos comuns às condutas adictivas. Mas, sobretudo, o ângulo da paixão nos oferece a oportunidade de uma abordagem muito mais rica e flexível das adicções em termos de seu estatuto psicopatológico. É preciso sempre recolocar em questão a separação estrita entre normal e patológico. O estigma que acompanha os vícios humanos deve-se, em grande parte, ao horror de ver no outro algo que faz parte da própria natureza humana; afinal, todos estamos sujeitos a ser capturados pelo excesso das paixões. Mas, por outro lado, conforme este aspecto "maldito" pode ser melhor assimilado, ficamos mais instrumentalizados para compreender a dimensão paradoxal da paixão adictiva, na qual a busca de prazer e de libertação pode facilmente redundar em imensa dor e em um terrível aprisionamento no objeto.

Qualquer amor pode resvalar para o vício, e esse risco é algo que nunca devemos perder de vista. O mesmo se aplica, inclusive, ao "amor de transferência": em qualquer processo analítico, há o risco potencial de se instalar uma relação viciada, de características adictivas.

Conforme ampliamos a pesquisa psicanalítica para além da toxicomania e do alcoolismo, e conforme consideramos a adicção ao sexo e ao outro como formas de vício a serem tomadas em conjunto com as outras adicções, ficamos cada vez mais cientes desta proximidade entre paixão e adicção. Além disso, o estudo dos relacionamentos e da sexualidade adictiva pode nos fazer avançar em termos dos modelos que adotamos em nossa prática clínica. Pois talvez seja o caso de invertermos a fórmula: não se trata apenas de ver a droga como sexo, mas também de ver o sexo como droga. Ou seja: não se trata apenas de estudar a toxicomania a partir da teoria da sexualidade, mas também de compreender que o sexo pode ser experimentado de maneira adictiva, como uma droga, no âmbito de um tipo específico de relação de objeto. Colocadas as coisas nestes termos, esta inversão nos conduziria a pôr em questão o modelo pulsional da teoria psicanalítica, e a nos aproximar do pensamento das relações de objeto.

Ao adotarmos um recorte específico – escolha imprescindível – diversos aspectos importantes são deixados em segundo plano. Sem a pretensão de querer suprir todas as faltas, gostaria de assinalar alguns elementos pouco abordados neste livro, com o intuito de marcar certas linhas de pesquisa que me parecem relevantes. Muitos destes pontos são aqui tocados de modo ligeiro, o que espero que sirva como um "aperitivo" que convida a investigações futuras.

Eis um inventário sucinto destas "faltas". Dentro ainda da era freudiana, três aspectos da clínica das adicções mereceriam maior aprofundamento: o modelo das neuroses narcísicas e a aproximação entre mania e adicção, a problemática da compulsão à repetição e a controvérsia a respeito da pulsão de morte, e a inclusão das adicções no campo das patologias do agir. Em termos do campo pós-freudiano, muito haveria a ser trabalhado. Os desenvolvimentos kleinianos foram importantes por assinalar as dificuldades relativas à introjeção de um bom objeto e suas consequências, assim como por aprofundar a relação entre adicções e a problemática maníaco-depressiva – aqui, o trabalho de H. Rosenfeld merece destaque. Com o advento da psicanálise das relações de objeto, temos desde as implicações geradas pelas proposições de Fairbairn e a discussão fundamental de Balint quanto às regressões malignas, até diversos elementos importantes da obra de Winnicott, relevantes para uma psicanálise das adicções: a patologia dos objetos transicionais e o extravio da dialética ilusão/desilusão, a clínica da tendência antissocial, problemática do falso *self* e a incapacidade para o autocuidado, e a questão crucial da dependência. Os estudos sobre as adicções inspirados pela obra de Lacan, bastante frutíferos, têm se multiplicado nos últimos anos. A falta estrutural da condição humana, as reações contra o desamparo, a busca de restauração narcísica e o conjuro contra a morte, o complexo de castração e a instauração da lei do desejo às expensas do gozo do corpo, a distinção metapsicológica fundamental entre prazer e gozo, a ânsia de fusão ilimitada levando a uma união mortífera com o objeto de gozo, são todas contribuições significativas para o esclarecimento das dinâmicas adictiva advindas do campo lacaniano. Dentre as faltas e insuficiências, destaca-se ainda o tema da sexualidade adictiva e sua relação com a perversão, a necessidade de um aprofundamento da discussão a respeito do estatuto psicopatológico das adicções e um tratamento mais atencioso dos imensos desafios implicados no manejo clínico dos pacientes adictos.

Em resumo: temos ainda muito trabalho pela frente.

1
Adicções: "atualidade" do tema

As adicções são um fenômeno bem vivo que, de uma maneira ou de outra, toca de perto a experiência de cada um de nós. Estamos constantemente expostos aos seus efeitos. Como pensar esta "atualidade" do tema?

Cenas do cotidiano

A toxicomania é a forma mais classicamente conhecida de adicção, que tanto se faz presente no cotidiano de nossa sociedade. Nas últimas décadas, sempre houve a droga "da vez" que preocupou a sociedade civil pelo seu poder de perturbar profundamente a vida de indivíduos, famílias, grupos e sociedade. Trata-se da clássica figura do objeto maligno, enigmático e incontrolável que precisa ser incessantemente combatido pelos "agentes do bem". Hoje, por exemplo, a onipresença do crack nos grandes centros urbanos e, particularmente, entre a população marginalizada de rua – como na "cracolândia" de São Paulo – é um problema social e de saúde pública que polariza a atenção de muitos; em outros tempos e lugares geográficos, conhecemos diversas situações dramáticas semelhantes.

Um dos motivos do enorme alarde produzido pelo "problema das drogas" e dos viciados é a *degradação do caráter* que lhe é associada. De fato, a espiral da toxicomania vem por vezes acompanhada de atos antissociais e condutas chocantes. Aqueles que convivem com os adictos por vezes se sentem traídos, enganados e desconsiderados, e concluem que aquela pessoa perdeu o seu senso de respeito e de ética humana. Esse fenômeno varia muito de caso para caso, e pode se manifestar mais pontualmente ou tornar-se um traço regular, criando profundas dificuldades no convívio pessoal e na situação terapêutica. Causa enorme espanto, porém, perceber que a degradação do caráter pode não atingir somente o paciente, mas também as próprias estruturas destinadas ao tratamento; assim, segundo noticiado recentemente, "[...] clínica antidroga é acusada de torturar pacientes em São Paulo"[3]. Talvez esse não seja um acontecimento totalmente fortuito, se lembrarmos o que José Bleger já havia assinalado em seus estudos de psicologia institucional: as instituições tendem a reproduzir em sua dinâmica os próprios problemas que se propõem a tratar.

A degradação do caráter vem sempre acompanhada de uma crise de confiança: o viciado parece não ser confiável, e ser incapaz de confiar. Isso gera tremendo mal-estar e reações de repulsa, reforçando o estigma que tão fortemente atinge o "drogado". Bem, um exame mais aprofundado busca indagar: onde se origina tal degradação do caráter? Poderíamos pensar que o adicto, ele mesmo, haveria sofrido, em algum momento remoto de sua vida, uma falha de confiabilidade e de sustentação na relação com o

---

[3] L. Capriglione, "Clínica antidroga é acusada de torturar pacientes em São Paulo", *Folha de São Paulo*, 19.12.2010, p.C6.

outro? Como veremos, o estudo do caráter é uma dimensão fundamental para compreendermos a natureza dos vícios humanos.

A problemática da degradação do caráter introduz novos dilemas éticos para o psicanalista. No final de A *interpretação dos sonhos*, Freud responde a supostas críticas contra a psicanálise quanto ao conteúdo imoral – ou amoral – que ela faz vir à tona em suas análises, argumentando que o neurótico se contenta em sonhar o que o perverso age na realidade. Ele nos ensina a distinguir a realidade material da realidade psíquica, e define esta última como sendo o *locus* do trabalho do psicanalista. Mas nos casos em que o *amoral* trespassa os umbrais da fantasia e é atuado diretamente na realidade material – o que é frequente na clínica das adicções –, os desafios e a responsabilidade ética do psicanalista crescem exponencialmente. Ironicamente, parece que a crise de confiança atinge, também, o próprio psicanalista e seu ofício. A degradação do caráter que muitas vezes acompanha as adicções nos faz pensar em um parentesco possível delas com a perversão, este negativo da neurose; bem, a repulsa que estas "patologias do agir" – neuroses impulsivas – despertam em quem delas se aproxima – familiares, amigos, colegas, profissionais de saúde e psicanalistas – decorre em grande parte do mal-estar relativo aos problemas da moral, da ética e do caráter. A intuição nos diz que aqui tem "algo a mais" do que o simples extravasamento de desejos insatisfeitos ou reação a frustrações. Aquela conhecida expressão de desculpas do adolescente – "foi mau" – perde, neste caso, todo seu efeito e sentido, dada a crise de confiança generalizada que assombra e dilapida os vínculos humanos.

Bem, mas as adicções recobrem um campo muito mais amplo que "o problema dos drogados", o que cada vez mais tem sido compreendido pela nossa sociedade. Uma rápida passagem de olhos no material publicado recentemente pela imprensa nos mostra isso, sendo um bom termômetro dos fatos, preocupações, visões sobre o assunto e ideologias atuais.

"Remédio controlado vira festa na balada"[4], informa um artigo. A Ritalina, indicada para tratar o chamado "déficit de atenção", tem sido consumida em casas noturnas como estimulante. Ora, já conhecíamos há tempos esta transformação de medicamentos que contêm substâncias psicoativas em suas fórmulas em objetos de gozo, convertendo o lícito em ilícito – desde as diversas drogas psiquiátricas, até os remédios para emagrecer, os xaropes de codeína para a tosse até as "cola de sapateiro"; mas é sempre irônico perceber como o novo medicamento salvador de nossas crianças desatentas e desajustadas se tornou uma "droga de viciados" –; "o feitiço voltou-se contra o feiticeiro". Nesse sentido, é preciso reconhecer que a instituição médica, a farmacologia e a indústria química estão bastante implicadas no "problema das drogas".

Em uma entrevista, o jornalista Ethan Watters denuncia os mecanismos mais sutis que alimentam a indústria das drogas, defendendo que os EUA estão exportando para o mundo seus conceitos e tratamentos de doenças mentais, beneficiando a indústria farmacêutica e prejudicando as culturas locais:

> [...] a expressão da doença mental é moldada pelo ambiente, pelo indivíduo e também pelo responsável pelo tratamento; os EUA são responsáveis por categorizar essas doenças e preconizar seu tratamento, e os fabricantes de remédios são os que mais se beneficiam: eles apresentam o cadeado e mostram a chave.[5]

Em reportagem recente sobre a legalização da maconha[6], por outro lado, vemos a responsabilidade da sociedade civil e a complexidade do problema sendo reconhecidas, oferecendo um

---

4   G. Genestreti, "Remédio controlado vira festa na balada", *Folha de São Paulo*, 28.09.2010, p.C11.
5   J. Lage, "Loucura globalizada", *Folha de São Paulo*, 02.05.2010, p.C11.
6   F. Mena & C. Angelo, "Garota, eu vou pra Califórnia", *Folha de São Paulo*, 10.10.2010, Caderno Ilustríssima, p.3-5.

panorama mundial e nacional do tema, apresentando a polêmica envolvida e introduzindo o papel importante que a política de redução de danos tem cumprido.

Outro artigo nos diz que "[...] quatro milhões de brasileiros têm uma relação doentia com o jogo, e só a minoria busca tratamento; o vício já ocupa o terceiro lugar no *ranking*, mas é subestimado por aqui"[7]. Vemos, assim, como outras formas de adicção têm também chamado a atenção, o que já vem se dando com as adicções alimentares, o vício em sexo e outros. No campo alimentar, a imprensa tem batido reiteradamente na mesma tecla, gerando quase uma "indigestão" no leitor; por vezes surge alguma matéria que tem algo de original ou de cômico, como a reportagem de capa de uma revista semanal que anuncia um "novo estudo" que revela que gordura vicia, e que o efeito do *fast-food* pode ser comparado com o de drogas como a heroína ou a cocaína. Se gordura cria dependência e "comer mal" é um vício, a revista oferece vinte lições de uma alimentação saudável, a fim de evitar sermos reféns do lixo alimentar[8]...

Poucos reconheceriam, no entanto, a dimensão adictiva de um colecionador ou de um maníaco por listas como o fez o escritor Alan Pauls, que intuiu o sentido subjetivo mais profundo e um certo aspecto sombrio do hábito de "fazer listas". Nele há uma "humanidade que comove", já que aí se depositam aspectos nucleares da experiência – desejo, memória, registro, necessidade e sonho; a função da lista é "colocar certa ordem no desejo"[9]. Uma lista pode ser mágica e redentora, como a dos judeus escolhidos por Schindler para escapar do genocídio nazista; pode

---

[7] F. Bassette & R. Botelho, "Jogo viciado", *Folha de São Paulo*, 15.06.2010, encarte Equilíbrio, p.6-9.

[8] F. Lima, "Comer mal é um vício ou temos escolha?", Época, n.620, 05.04.2010, p.62-71.

[9] A. Pauls, "Fazer listas é colocar ordem nos desejos", *Folha de São Paulo*, 04.09.2010, p.E14.

se tratar da "lista de desejos" que um garoto faz dos presentes que quer ganhar de aniversário, ou mesmo da lista de um cinéfilo apaixonado. Mas existem também certas listas malditas, como a dos desaparecidos durante o regime militar na Argentina, recém-encontrada; nesta, temos a prova de que a repressão ilegal foi "sistemática e metódica": em uma "[...] *inversão* macabra das listas apaixonadas do cinéfilo, os exterminadores não puderam resistir à tentação de registrá-la em uma lista"[10].

Assim, como discutirei mais adiante, a paixão de "ordenar" por vezes comporta uma dimensão doentia: a loucura do controle e do domínio absoluto sobre o outro – aspecto sombrio da natureza humana que guarda uma relação íntima com o fenômeno adictivo, dada a "inversão" paradoxal de valores subjacente à paixão do colecionador pelo objeto. Mas, ainda aqui, é preciso cautela nas conclusões: um colecionador pode se tornar, no limite, a figura sinistra retratada por John Fowels em seu romance, mas pode se tornar também um José Mindlin. Colecionador de livros como poucos, doou sua coleção de 40 mil volumes à USP, e transformou assim sua paixão em gesto generoso: "[...] esperemos que Mindlin não seja o derradeiro dos grandes colecionadores cujas bibliotecas refletem seu entusiasmo pessoal pelo conhecimento, mas que têm a generosidade de compartilhar com outros aquilo que adquirem"[11]. Poderíamos reconhecer, nas suas palavras, um enorme trabalho de sublimação do desejo de posse desta "paixão anal": "[...] nunca me considerei o dono desta biblioteca, apenas seu guardião para a prosperidade".

Outros artigos avançam um pouco mais em suas análises sobre o fenômeno das adicções. Em uma entrevista, Christoph Türcke, herdeiro da Escola de Frankfurt, nos diz que vivemos em um meio social no qual impera o vício pela máquina audiovisual,

---

10 Idem.
11 P. Burke, "O colecionador", *Folha de São Paulo*, 14.03.2010, Caderno "Mais!", p. 8.

que bombardeia os indivíduos com "injeções sensuais" e que produz uma excitação contínua de efeito similar ao das drogas. Na interessante visão desse filósofo, é o objeto *tela* que concentra todas as atenções desse novo vício: "[...] quem presta atenção à tela e se dedica a ela, vive uma dependência crescente dela e vincula suas expectativas, sua economia emocional e intelectual a ela"[12]. De fato, vivemos em uma cultura marcadamente *sensacionalista*, na qual a busca pela sensação e pela excitação contínua – à moda maníaca – são predominantes. Türcke assinala, assim como o fizeram marxistas e psicanalistas, o caráter fetichista que adquirem os objetos nesse contexto; para descrever este fenômeno, tenho utilizado o termo *coisificação*[13]. Ora, também na pena do psicanalista a "adicção virtual" chegou à grande imprensa: Daniel Paola denomina assim o vício que amarra os jovens aos seus computadores, e propõe que o espaço virtual toma o lugar do "líder que seduz a massa"[14]. Um agravante nesses casos é que não há uma substância proibida ou uma lei que regule o uso do objeto; o adicto não vê na sua atividade inconveniente algum e é difícil que os pais do jovem reconheçam aí algum tipo de problema, ainda que um dos efeitos mais chamativos seja a queda do rendimento escolar.

A interface entre as chamadas "patologias do trabalho" e as adicções também tem sido explorada, sobretudo na rubrica já bem conhecida da figura do *workaholic*. Mas agora temos um novo quadro descrito: *"burn out"*[15] é a palavra de ordem. Trata-se do estado-limite de esgotamento e exaustão com o trabalho, desencadeado, sobretudo, naquele apaixonado pelo trabalho que é

---

12 M. F. Peres, "Entrevista como Christoph Türcke", *Folha de São Paulo*, 04.09.2010, p.E7.
13 "A droga e a coisa" e "Sujeito quase", in (GURFINKEL, 2001).
14 D. Paola, "La adicción virtual", *Pagina 12*, 15.07.2010, p.36-7.
15 G. Genestreti, "Cuidado: 'burn out'", *Folha de São Paulo*, encarte Equilíbrio, p.6-9.

acometido por profundo desencanto. O abatimento e a desilusão são derivados menos do estresse – sobrecarga contínua – e mais da descoberta dilacerante que tamanho esforço e sacrifício não valeram a pena. Em suma, trata-se de uma vivência de *perda de sentido*. O trabalhador descobre a sua subjetividade e se desespera por vê-la consumida, inteiramente queimada e carbonizada. É claro que os "especialistas" já estão empenhados em descrever a nova doença, transtorno psíquico ou síndrome, e prescrever-lhe o tratamento devido.

Mesmo a arte não saiu ilesa desta colonização da mídia do campo dos vícios! "Arte tem cheiro de cocaína; num mundo de festas encharcadas de champanhe, da velocidade do mercado que acompanha a voracidade do vício, dois alemães decidiram levar artistas, curadores, críticos e galeristas para a clínica de reabilitação"[16], nos informa um curioso artigo nas páginas culturais. De fato, a relação – mítica ou real – entre o mundo das artes e o mergulho experimental em viagens subjetivas induzidas por drogas é inquietante, e requer uma reflexão cuidada; afinal, o que haveria aqui a ser "reabilitado", cuidado ou curado[17]?

As "novas" adicções e a literatura científica

A partir dessas diversas constatações gritantes e inequívocas – ainda que sujeitas à revisão crítica – , por vezes se tem chegado à ideia das "novas adicções". Assim, hoje se fala em vício pela internet, pelo trabalho, pelo sexo, pela relação amorosa

---

16 S. Martí, "Arte enferma", *Folha de São Paulo*, 15.06.2010, p.E1.
17 Caetano Veloso advertiu: "A crítica que não toque na poesia"; às vezes se argumenta, com certa razão, que a psicanálise não deveria imiscuir-se na arte – pelo menos não segundo a violência da interpretação e o *furor curandis* que já foram preponderantes em certos momentos de sua história.

e afetiva com o outro, por fazer compras, pelo uso do celular, pela televisão...

Bem, na literatura dita científica já encontramos livros como o de Guerreschi[18](2007), inteiramente dedicado ao assunto. Examinemos brevemente sua proposta.

O vício pela internet pode ser destacado como um caso prototípico. Guerreschi aborda a adicção ao uso da internet segundo a distinção entre *uso* e *abuso* da rede – ou entre "normalidade e patologia", e para tanto parte de uma breve história da internet e se apoia em diversas pesquisas, muitas delas quantitativas. Ele discute a questão diagnóstica e faz uma tentativa de definição, seguindo os modelos do DSM-IV das classificações de dependência química ou jogo patológico: os "sintomas" são detalhados, seja em termos de "tolerância" e "reação à abstinência", seja em termos de suas características e efeitos (preocupação excessiva com internet e empobrecimento social e de trabalho). Com as definições surgem, naturalmente, as siglas, como a PIU – "uso problemático da internet" –, assim como a discussão da comorbidade, na qual se destaca a significativa aproximação com a depressão. O tema é, então, desenvolvido e desdobrado em diversas direções: as consequências físicas desse tipo de adicção (transtorno do sono, fadiga, baixa imunitária, alimentação irregular etc.); as consequências familiares; os problemas no trabalho e na escola e até os problemas financeiros dela decorrentes; o abuso da internet no local de trabalho; a adicção ao sexo virtual, bastante frequente, que é discutida em detalhes em termos de sua aproximação com as perversões e de seu impacto na família e na relação com filhos; a adicção a relacionamentos virtuais; os adolescentes e os universitários como grupos de risco; e a "sobrecarga cogni-

---

18 Fundador e presidente da Sociedade Italiana para a Intervenção em Patologias Compulsivas, dedica-se especificamente ao estudo e ao tratamento de diversas formas de adicção (tais como o alcoolismo e o jogo patológico), assim como à divulgação e ao debate da temática no âmbito social.

tiva" relacionada à adicção da internet, à maneira de um *fast food* de informações.

O mesmo modelo de abordagem se repete para os outros tipos de "novas adicções", sendo cada uma delas merecedora de um capítulo detalhado: a adicção ao trabalho, a adicção ao sexo a adicção amorosa a adicção ao telefone celular e às compras. A partir de um breve levantamento histórico, descreve-se em detalhes as modalidades e sintomas específicos, as "fases" do processo adictivo e suas características discute-se o diagnóstico e as consequências do vício, e conclui-se com propostas de prevenção e de tratamento. Para auxiliar o diagnóstico, Guerreschi fornece testes e escalas de avaliação ("teste de adicção à internet" "teste de risco de adicção ao trabalho" "escala de avaliação de compras compulsivas", etc.). Assim, por exemplo, há um curioso "teste de *cellular-addiction*" cuja consigna é: "Você é um adicto ao telefone celular? Descubra através de dez perguntas" (Guerreschi, 2007, p. 144-145); as perguntas são do tipo "O que você faz com o celular quando está na escola, em uma conferência ou em um evento similar?", ou ainda: "Você carrega seu celular: a) quando está completamente descarregado; b) quando deve sair durante horas; ou c) tem sempre um celular de reposição?". Há, no livro, descrições e informações muito úteis e interessantes – tais como "os produtos prediletos dos compradores compulsivos", e uma boa panorâmica de certa bibliografia especializada sobre o assunto.

A abordagem terapêutica proposta, também detalhada em níveis e modalidades de intervenção, combina os modelos sistêmico-relacional e cognitivo-comportamental, distanciando-se da abordagem psicanalítica por nós adotada. Causa-nos especial estranheza a aproximação proposta por Guerreschi entre as "novas adicções" e o chamado "transtorno obsessivo-compulsivo" (TOC), justificando um modelo de tratamento comum. A confusão entre dois tipos de quadros ou de funcionamento psíquico tão diferentes – e até opostos, em certos aspectos – é hoje frequente na psiquiatria descritiva, que desconhece os aspectos psicodinâmicos das formas psicopatológicas. Pois, se a impulsividade – na qual se situam as adicções – se caracteriza por uma hipertrofia da área da ação e uma atrofia da área do pensamento (elaboração psíquica, capacidade de simbolização etc.), na neurose obsessiva se dá precisamente o inverso: uma hipertrofia do pensamento e uma inação característica. É fundamental separarmos, de um lado, o agir impulsivo – sempre uma descarga impensada – e, de outro, o ato obsessivo, que é em geral inócuo e vai, incidindo em pequenas situações de consequência mínima; ainda que essa distinção não seja tão simples e nem tão estrita, ela deve ser levada em conta, especialmente por implicar em conduções terapêuticas muito diferentes[19].

Creio, no entanto, que, apesar das divergências significativas de ponto de vista, muitas observações convergem, e um intercâmbio de ideias pode e deve ser mantido, justamente por que todos partem de um solo comum: a experiência clínica. Assim, por exemplo, em termos de tratamento, a preocupação com o desenvolvimento de uma dependência do paciente com o terapeuta é levantada por Guerreschi, assim como por muitos analistas; e, sobretudo em relação ao próprio conceito de "adicção" e de "dependência", encontramos observações significativas. Evitando compreender a toxicomania unilateralmente, seja em termos das características da substância química, seja pela postulação de uma "personalidade dependente", o autor propõe que focalizemos a atenção na *relação* que se instaura entre o sujeito e o objeto como um processo único e particular. Ao definir a adicção no entrecruzamento entre o poder da substância e o poder que lhe é atribuído pelo sujeito, Guerreschi e diversos autores consideram que sua etiologia não segue uma estrutura unicausal e linear, e sim que a "dependência" se constrói em uma circularidade de necessidades e significados. A própria experiência de uso do objeto retroalimenta as causas, reestruturando a vivência e a autopercepção; assim, um sujeito com suas necessidades vive,

---

19 Sobre esta distinção, ver "A clínica do agir" (GURFINKEL, 2008a).

no *encontro com o objeto*, uma experiência particular de reestruturação de si mesmo. A partir desse ponto, surge uma certeza individual de haver encontrado "[...] exclusivamente em um lugar a resposta fundamental a necessidades próprias e desejos essenciais, que não podem ser satisfeitos de outra maneira" (RIGLIANO *apud* GUERRESCHI, 2007, p. 16).

Note-se como as teses sistêmicas que subjazem a essa definição se aproximam de diversas formulações psicanalíticas – especialmente aquelas derivadas de um pensamento das relações de objeto –, e que a ideia do "encontro com a droga" engendrando de uma experiência única e originária pode ser reconhecida tanto em Olievenstein quanto em Radó, autor clássico da psicanálise das adicções, para quem a farmacotimia nasce do encontro de um indivíduo com a droga a partir de uma estado de "depressão tensa" bastante particular. Isso nos faz ver a relevância do "fator atual" na etiologia das adicções, temática discutida por Freud no início de sua obra, em seus estudos sobre as neuroses atuais. O que observamos é que a conduta adictiva é um fator atual que interfere de tal forma na vida psíquica e no destino do sujeito, que ela quase que subverte e reconfigura a sua estrutura clínica pregressa. Ora, a "atualidade" das adicções se torna uma problemática relevante quando compreendemos que elas ganham novas configurações conforme os objetos oferecidos e visados pelas necessidades e desejos dos homens se modificam de tempos em tempos.

Há ainda outro aspecto, mencionado apenas de passagem por Guerreschi (2007), que merece destaque: a "viagem" a um mundo paralelo que subjaz ao vício da internet. Ele ressalta, apropriadamente, que o abuso de internet pode provocar um transtorno caracterizado por alterações da consciência, despersonalização e perda do sentido da realidade, que é substituída por uma outra, "paralela".

> Algumas características fundamentais da internet, como o anonimato e a ausência de vínculos espaço-temporais, oferecem a possibilidade de viver uma experiência particular, similar ao sonho. Neste sentido, a Rede se con-

verte em espaço psicológico no qual o sujeito pode projetar suas próprias vivências e fantasias, que facilmente substituem a vida real e absorvem o sujeito inteiramente. (2007, p. 44)

Ora, a psicanálise nos fornece instrumentos conceituais bastante acurados para aprofundarmo-nos na compreensão deste fenômeno; a problemática da *dissociação* – incluindo aqui os temas da "segunda consciência", de um sujeito dividido, do recalcamento, do inconsciente e de suas diversas formas e manifestações – cumpriu, aliás, um papel central na origem mesma da psicanálise[20]. A dissociação é, certamente, um conceito-chave da psicanálise das adicções; a figura do "médico e o monstro", celebrizada pela novela de Stevenson, retrata de modo exemplar a dimensão dissociativa da experiência adictiva, como veremos adiante.

Podemos acrescentar que, apesar de se assemelhar ao sonho, o estado "paralelo" assinalado por Guerreschi se diferencia do mesmo justamente por ser marcado pela dissociação, pois o sonhar está relacionado muito mais ao recalcamento do que à dissociação. A distinção entre *fantasiar* e *sonhar*, elaborada por Winnicott (1971), nos ajuda muito a compreender a natureza dessa diferença. Em trabalho anterior[21], sugeri, nesta mesma direção, que a "viagem da droga" pode ser aproximada a um "sonho dirigível", este mesmo já um processo distorcido[22]. O projeto de dirigir a vida onírica e instrumentalizá-la como se estivéssemos em um parque de diversões entra em choque com a natureza mesma do sonhar, que é um mergulho em uma experiência onde se perde o domínio e o controle sobre os processos imaginativos, um se entregar a uma "viagem ao informe" tão peculiar quanto imprevisível.

---

20   Cf. "Clínica da dissociação" (in GURFINKEL, 2001).
21   "'Sonhos dirigíveis' e 'viagem da droga': um parque de diversões?", in (GURFINKEL, 2008b).
22   Não se deve esquecer que a experiência com a droga pode ter também um sentido subjetivo positivo, contribuindo com uma dimensão inventiva de "criação de realidades" e ampliando, assim, o espaço pessoal de ilusão.

Novos tempos, novas patologias?

é indubitável que as mudanças sociais alteram as experiências subjetivas individuais e proporcionam elementos novos, que, por sua vez, passam a integrar as formações psicopatológicas. Assim, o advento da informática, da comunicação digital e da internet proporcionou novos e poderosos meios de engendramento de realidades virtuais, o que repercutiu na vida psíquica de maneiras que ainda mal compreendemos. Mas, nota-se, esses novos instrumentos são também veículo de velhas experiências psíquicas, sob novas roupagens: o espaço virtual da internet é propício para diversas formas adictivas já conhecidas, como os jogos (do tipo *Second life*), o sexo, os relacionamentos e as compras. A adicção à internet é, sem dúvida, uma nova forma de adicção, e comporta especificidades e desafios específicos a serem considerados; mas, por outro lado, ela recoloca em cena a dimensão adictiva tão frequente na vida psíquica dos homens. Neste contexto, os meios de comunicação digital, com o mundo virtual por ele fomentado e a invenção internet, podem ser entendidos como um instrumento, uma ocasião e um cenário privilegiado para colocar em ação e potencializar as diversas formas adictivas, articulando os velhos vícios em um novo e poderoso meio. Mas será que esse "novo meio" reinventa ou reconfigura a própria natureza das adicções em algum aspecto significativo? Estaríamos, aqui, em um novo patamar na história dos vícios? Como compreender este entrecruzamento do velho e do novo?

Do meu ponto de vista, as chamadas "novas adicções" constituem, certamente, um campo fundamental a ser urgentemente explorado pelos pesquisadores e clínicos, mas sem perder de vista o elo que as une ao universo das adicções, à psicopatologia geral e à natureza da vida psíquica individual e coletiva.

Ora, esta discussão se insere em um círculo mais amplo: o estudo das chamadas "novas patologias", "patologias atuais" ou "patologias da época". Ao longo da história da psicopatologia – seja ela psicanalítica ou não – observamos mudanças significativas no quadro geral das patologias descritas. Diversas categorias novas são propostas, outras caem em desuso, e outras ainda são assimiladas, incorporadas ou fundidas a outras formas clínicas; compreender esses movimentos de maneira crítica é de fundamental importância.

Tomemos o exemplo da histeria. Se o diagnóstico de histeria entrou em declínio ao longo do século XX de modo evidente na psiquiatria, nos causa espanto observar um certo esquecimento da mesma no interior da própria psicanálise. Hoje sabemos que a histeria assume roupagens variadas nas diversas épocas como a figura da bruxa da Idade Média, ou a da grande exibidora de sintomas exóticos para capturar a atenção dos médicos do século XIX, e que em muitas das chamadas "novas patologias" podemos encontrar traços inequívocos da velha histeria, tais como na anorexia, na síndrome do pânico, na fibromialgia e em diversas formas de depressão. Há também de se considerar a sensibilidade dos histéricos aos movimentos de massa e a facilidade com que a influência sugestiva molda sua conduta. Assim, um bombardeio de notícias na mídia sobre um novo tipo de doença pode contribuir com a ampliação exponencial de uma epidemia, em um processo complexo de realimentação contínua; conforme esse processo avança, aí sim temos uma grande notícia[23].

A formação de "grupos de ajuda mútua" para tipos de patologia, assim como de centros de tratamento especializados, pode também contribuir com este processo de produção e reprodução de novas patologias. Bollas chegou a propor que isso se dá também com os grupos de adictos; tal qual as "comunidades de distúrbios alimentares", há o

> [...] mundo dos jogadores, dos beberrões, dos fornicadores e dos viciados pelo trabalho, que se esfacelam em novos gêneros de perturbação, com novas equipes de médicos e terapeutas florescendo diante de si, tal como as cidades que germinavam ao longo das recém-construídas linhas de trem do século XIX. (2000, p. 159-160)

Segundo Bollas, esse fenômeno psicossocial reflete e reforça um processo tipicamente histérico, o "desmantelamento do *self*

---

23   Para conhecer uma excelente apresentação dessa discussão, consultar o livro *Histeria*, de Silvia Alonso e Mario Fuks, nesta mesma coleção.

adulto": uma tendência a reduzir os recursos mais maduros da personalidade do indivíduo em troca de uma infantilização empobrecedora, na qual passa a reinar o "bom menino" que satisfaz a equipe de profissionais. Essa tendência é um dos fatores mais sutis e desafiadores de resistência ao avanço de um processo analítico, contribuindo para a perpetuação de uma "adicção de transferência". Bem, estas observações levantam uma questão importante a respeito de uma aproximação possível entre adicções e histeria.

Assim como no caso dos processos histéricos, devemos superar uma visão ingênua da autonomia do quadro clínico em relação ao contexto social. Há uma grande determinação recíproca entre essas duas esferas, e as adicções mantêm uma relação muito íntima com a cultura do consumo em que vivemos. Em outra ocasião[24], propus que a produção e a reprodução da máquina de consumo hoje dominante tem como engrenagem principal o engendramento de uma espécie de "objeto-totem", que guarda em si o segredo da felicidade; o conceito de fetichismo, seja em sua dimensão clínica e psicanalítica, seja em sua dimensão social e marxista, nos permite avançar na compreensão desse paralelo, aprofundando a dimensão psicossocial da alienação em causa. Não se pode esquecer que a toxicomania se tornou um problema social em grande escala a partir do século XX, o que em si mesmo é muito significativo[25, 26].

---

[24] "Sujeito quase" (in GURFINKEL, 2001).

[25] Para mais detalhes, ver "Drogas, adicções e toxicomania" (GURFINKEL, 1996).

[26] Em trabalho recente, Pedro Santi (2011) estudou detidamente o *consumo* à luz de conceitos derivados da clínica das adicções, e distinguiu duas modalidades de relação com o consumo: uma, legítima para a formação de uma subjetividade singular, estaria sob a égide do desejo, enquanto que a outra seguiria uma lógica adictiva, na qual se verifica um "movimento compulsivo que visa preencher um vazio subjetivo fundamental" (SANTI, 2011, p. 139). Para Santi, esta modalidade é predominante na contemporaneidade, que estimula modos adictivos de comportamento e de consumo. Ao lado dos referenciais psicanalíticos, o autor se apoia também em trabalhos oriundos das ciências sociais e da filosofia, e discute ainda as implicações éticas para o campo da propaganda e *marketing*.

Bem, se, por um lado, é recomendável uma cautela nas conclusões apressadas sobre as "novas patologias", faz-se necessário, por outro, considerar o desenvolvimento histórico das formas clínicas, pois são nítidas, na história da psicanálise, as transformações que a prática clínica, os modelos teóricos e, por decorrência, a psicopatologia sofreram ao longo do tempo. Uma vez que a matriz clínica original da psicanálise foi a psiconeurose, a sua construção conceitual foi marcada por aquilo que nesse campo clínico se revelava: a divisão do aparelho psíquico entre instâncias, o conflito com a sexualidade, o mecanismo *princeps* do recalcamento, o trabalho da memória segundo uma articulação contínua entre o infantil e o atual, etc. Foi principalmente na era pós-freudiana que os psicanalistas enfrentaram o desafio de ampliar o escopo do tratamento psicanalítico para outras formas clínicas, o que transformou significativamente o esquema conceitual e operativo. Assim, fortaleceu-se a pesquisa clínica com os casos ditos difíceis, com os pacientes fronteiriços, com as patologias narcisistas, as adicções, os transtornos psicossomáticos, etc., ao mesmo tempo em que surgiram ou foram mais bem explorados conceitos tais como o de falso *self*, dissociação, mentalização, psicose branca, depressões esquizoides e depressão essencial, mãe morta, etc. Nesse sentido, é importante compreendermos como a adicção surge, no quadro da psicopatologia psicanalítica, neste segundo tempo da história da disciplina, sendo, por isso, muitas vezes incluída no rol das "novas patologias"[27]; ainda as-

---

27 Assim, a revista argentina *Psicoanálisis y el hospital* dedicou um número especial (nº 24, novembro de 2003) ao tema "Patologias da época?", nesta forma interrogativa, a fim de pôr em questão o que seria um "mal da época", ou a "nervosidade pós-moderna"; os principais quadros ali enfocados são a toxicomania e o alcoolismo, os transtornos alimentares e as patologias do agir. De modo semelhante, no Departamento de Psicanálise do Instituto Sedes Sapientiae existe um grupo de trabalho dedicado há muitos anos ao estudo desta questão e, no Curso sobre Psicopatologia Contemporânea que desenvolvem, enfocam especificamente as depressões, os transtornos alimentares, os transtornos do sono e a toxicomania; Dentre diversos trabalhos publicados por este grupo, cf. Fuks (2000).

sim, é digno de nota que houveram trabalhos de peso sobre toxicomania já na década de 1930 – em particular, os de Radó, Glover e Wulff – , e que, ainda antes disso, encontramos as primeiras indicações sobre o tema nas obras de Freud, Abraham e Ferenczi.

O fator "atual" na psicanálise e o resgate da perspectiva histórica

Falar em termos de "novas adicções" ou "patologias da época" ganha um novo relevo quando compreendemos a relevância do fator *atual*; eis aqui a verdadeira "atualidade" do tema.

Tomemos mais um exemplo da mídia. No dia 23 de dezembro de 2010 foi publicada em jornal a reportagem "A doença da dívida"[28]. Nela se apresenta um transtorno psiquiátrico, a *oneomania*, caracterizado pela incontrolável vontade de comprar. Leem-se relatos de algumas vítimas da doença, a opinião de especialistas e as indicações de tratamento (psicoterapia e medicação); é dado ênfase ao papel dos grupos de ajuda mútua – os "Devedores Anônimos" – e são apresentados os principais sinais dessa compulsão, para que o leitor averigue se se identifica com alguns de seus sintomas. A particularidade interessante dessa reportagem é que ela foi publicada nas vésperas do Natal, no período em que a febre das compras assola a todos; pois a lógica da mídia é justamente a do *atual*. O seu interesse maior é retratar o atual e o vivo. Os vícios humanos sempre existiram, e a compulsividade em comprar é uma conduta bastante conhecida, mas nese momento ela se torna notícia. E para ser notícia, ela é enquadrada no formato predominante da notícia sobre comportamento/saúde: o relato de casos, a descrição e a definição de novas síndromes, as opiniões, os tratamentos, os grupos de ajuda, etc. Assim, para além de constatarmos a presença das adicções na mídia – o que

---

28 Guilherme Genestreti, "A doença da dívida", *Folha de São Paulo*, p.C12.

reflete a sua relevância na vida cotidiana da sociedade –, notamos que o *atual* – a atualidade – é justamente a sua matéria-prima.

E o que a psicanálise tem a dizer sobre o fator atual?

Há um mal-entendido segundo o qual a psicanálise, em um suposto determinismo estrito, ignoraria o valor do presente e atribuiria todo o peso exclusivamente ao passado. Mas no pensamento freudiano há um lugar muito particular para o atual, em uma articulação sutil e complexa com o *inatual*. O inatual se refere à bagagem psíquica que carregamos conosco e que se constituiu ao longo das experiências de vida, com um peso especial para aquelas dos primeiros anos, sempre experimentadas e significadas de acordo com a fantasia e a vida pulsional do momento, e com o ponto de vista predominante na época. O viver é o entretecimento contínuo entre esse inatual – por vezes denominado "o infantil" – e aquilo que se apresenta no momento atual, em uma dialética entre repetição e abertura potencial para uma reordenação transformadora advinda do experienciar.

Assim, na teoria das neuroses, Freud propôs uma série complementar para explicar sua etiologia, tendo de um lado o fator constitucional – composto, por sua vez, pelo hereditário e o conjunto das experiências sexuais infantis – e o atual; para ele, cada neurose tem sua história, na qual os fatores desencadeantes – atuais – são parte integrante. A teoria do sonho comporta, também, uma dialética entre o atual e o inatual, ou entre o desejo infantil e recalcado e aquilo que é cotidianamente retirado da vida de vigília (os restos diurnos); segundo a célebre metáfora proposta por Freud (1900), para se produzir um sonho, é condição necessária o estabelecimento de uma sociedade entre o "empresário" (detentor dos meios de produção ou dos meios de expressão do psíquico, na forma dos processos psíquicos pré-conscientes) e o "capitalista" (detentor da energia necessária para a produção: o capital-desejo e o infantil inatual). É segundo este mesmo processo – interjogo dialético entre atual e inatual – que a memória do homem se constrói e se reconstrói ao longo de toda a vida.

Na era pós-freudiana, uma nova ênfase no atual tem surgido. Pois, de fato, o trabalho clínico com as neuroses fez a pesquisa psicanalítica se concentrar predominantemente no poder do infantil, mas o trabalho com casos mais complexos exigiu um redirecionamento da atenção para o atual – o factual, o traumático, a ambiência, o relacional, o estresse, etc. Uma simples constatação de nossas experiências cotidianas nos faz ver que, sob a tensão do estresse que tão frequentemente acomete as pessoas em nossa vida urbana hiperativa, não é possível pensar, nem reconhecer-se o que foi assimilado da experiência, observar seus efeitos, agir de modo adequado, fazer escolhas, etc. Este movimento levou diversos analistas a revalorizarem as intuições iniciais de Freud sobre as "neuroses atuais", relativamente eclipsadas em favor da teoria das neuroses que ficou mais consagrada.

Ora, na clínica das adicções, o fator atual não pode ser negligenciado. O poder determinante do *encontro com o objeto* na história da "doença" é indubitável, mesmo que se possa considerar – corretamente, sem dúvida – o peso de uma personalidade pré-mórbida, descrita por alguns como "personalidade dependente", ou simplesmente na forma de uma fragilidade egoica. A memória do encontro com o objeto – a droga, o jogo etc. – e do júbilo aí vivido ganha o *status* psíquico de um fator constitucional, tal qual a experiência originária de satisfação do bebê. Se trata de uma espécie de gozo inaugural que engendra uma *neonecessidade*, cujo poder fundador não pode ser negligenciado. Nessa clínica, é possível buscar o sexual infantil, segundo o modelo da psiconeurose, e negligenciar o poder da droga em dominar o sujeito e transformá-lo ao ponto deste mesmo "sexual infantil" se tornar inacessível, desprezado e aparentemente irrelevante? Bem, daí decorrem implicações importantes para as estratégias eleitas no *atual* do tempo do tratamento, dos esforços preventivos no campo da saúde mental, das políticas públicas adotadas, da vida familiar de indivíduos adictos, etc.

Em suma: a *atualidade do tema* é inquestionável, mas precisa, ela mesma, ser pensada com olhos críticos. A presença no cotidiano da sociedade de condutas adictivas e seus efeitos deletérios para os indivíduos, famílias, grupos e instituições é gritante, justificando qualquer esforço de pesquisa científica – teórica e aplicada – sobre o tema. O debate deve ser estimulado e as diversas visões e iniciativas devem ser valorizadas; há lugar para todos, e a extensão do desconhecimento e dos desafios é assustadora. A psicanálise pode e deve comparecer com sua parte, mas precisa rever, ela mesma, suas teorias e métodos diante dos desafios que a clínica das adicções coloca; se permanecer rígida e inflexível, ela simplesmente perderá o bonde da história, e não cumprirá com o seu imperativo ético e sua missão de contribuir com a compreensão da vida psíquica humana e de desenvolver instrumentos práticos, a fim de nela operar para buscar construir um melhor viver. Se a mídia nos traz com vivacidade a força dos desafios da atualidade, a psicanálise deve comparecer, de modo complementar, aprofundando a discussão em direção a suas raízes históricas, investigando os processos inconscientes subjacentes, e alertando sobre os processos sutis de alienação e de engodo próprios dos movimentos de massa.

A "atualidade" do tema solicita, pois, como que em contraponto, um resgate da perspectiva histórica; este é, justamente, um dos eixos principais que este livro propõe perseguir.

2
O conceito psicanalítico de adicção

O objetivo deste capítulo é ensaiar uma sistematização do conceito de adicção segundo a ótica da psicanálise. Utilizar-me-ei de um conjunto diversificado de elementos e de perspectivas que pude recolher até o momento, e que se mostraram úteis para esclarecer um ou outro aspecto do problema.

O que é uma adicção?

A adicção é o uso compulsivo de um terminado objeto e, enquanto tal, se trata de uma ação de caráter impulsivo e irrefreável. A pessoa se sente impelida ao uso do objeto, e se vê incapaz de deixar de fazê-lo.

Observa-se uma diversidade de objetos de adicção, tais como as drogas de ação psicotrópica – nelas incluindo o álcool –, o jogo, o tabaco, a comida, o sexo, o trabalho, os esportes, a televisão, o computador, o videogame, a internet, os livros, o cinema... Na verdade, podemos imaginar tantas formas de adicção quanto são os objetos de interesse do homem. Parafraseando Winnicott, proponho que o que caracteriza uma adicção não é o objeto usado, mas o uso que se faz do objeto[29]; pois alguém pode jogar ou beber sem que seja um viciado desde que tais condutas não tenham um caráter impulsivo e irrefreável. Deve-se reconhecer que cada uma das formas de adicção guarda uma especificidade, ligada às características do objeto eleito. No caso da toxicomania, por exemplo, a ação química da substância no sistema nervoso central é um complicador bastante significativo, que realimenta o próprio ciclo vicioso adictivo de uma maneira muito evidente; no caso da adicção pela internet, por sua vez, a experiência de uma realidade virtual paralela proporciona uma coloração particular para a adicção; e assim por diante. Estas importantes diferenças não anulam, no entanto, o valor de considerarmos as adicções – no plural – em seu conjunto, constituindo um campo psicopatológico comum.

A adicção é uma forma de escravização; o viciado perdeu a sua liberdade de escolha, pois é incapaz de escolher entre usar ou não usar o objeto. A raiz etimológica da palavra nos ajuda a compreender esse aspecto da adicção: o *adictu* era, na Roma antiga, a pessoa que, incapaz de saldar uma dívida, tornava-se escrava do credor, como forma de pagamento. Em outros termos, trata-se da antiga lenda do indivíduo que vendeu sua alma ao diabo, e ficou então aprisionado e refém de seu salvador/algoz. Esta característica da adicção implica uma importante *inversão da relação sujeito-objeto*, nos seguintes termos: aquele que era o sujeito que, no exercício de sua liberdade, escolhia usar o objeto segundo sua vontade e a serviço de seu desejo, se torna ele mesmo objeto de

---

[29] Ideia formulada na introdução de O *brincar e a realidade* (WINNICOTT, 1971).

seu objeto, que ganha, por sua vez, o estatuto de dono e senhor da situação. "A bebida, a roleta, ou aquela mulher, me domina..." Essa inversão acaba por urdir, no imaginário social, a ideia de que a droga ou o jogo são viciantes em si mesmos, como objetos poderosos, perigosos e enigmáticos, à imagem e semelhança da figura do diabo. Muitas das estratégias de "combate às drogas" são influenciadas por este mal-entendido básico: a concepção invertida da relação sujeito-objeto que subjaz à conduta do adicto acaba por ser também adotada, em espelho, por aqueles que dele se ocupam.

Na vizinhança da inversão sujeito-objeto encontra-se a fetichização e a coisificação. O fetichismo se caracteriza por uma fixação exacerbada por um objeto sexual parcial, que se torna condição indispensável para o gozo. Esta forma de perversão descrita por Freud serve bem com modelo para pensar a adicção, ela mesma, também, uma fixação a um objeto exclusivo na busca de prazer, em detrimento de outras vias de satisfação. O objeto-fetiche ganha um estatuto, uma importância e uma ascendência sobre o indivíduo semelhante àquela dos totens para os povos primitivos, e a marca desta relação de objeto é a alienação. Mas a alienação da adicção vai mais longe. Nela verificamos, em geral, uma transformação paulatina dos objetos de desejo humanos em coisas inumanas e concretas. O objeto de investimento libidinal se tornou, de fato, uma *coisa*. Esta tendência para uma *degradação da qualidade da relação objetal* é o que denomino *coisificação*.

A adicção é uma neonecessidade[30]. O uso do objeto ganhou, para o indivíduo adicto, o estatuto de uma necessidade, à maneira das necessidades vitais, cujo modelo é a fome. Freud distinguiu, em sua primeira teoria pulsional, as pulsões de autoconservação e as pulsões sexuais; as primeiras se referem ao campo da necessidade, enquanto que as outras se referem ao campo do desejo. O objeto almejado pelo adicto não é, na sua origem e por sua pró-

---

30 Termo criado por Denise Braunschweig e Michel Fain (1975).

pria natureza, um objeto de necessidade, mas *o processo adictivo transformou o objeto do desejo em objeto de necessidade, gerando uma neonecessidade* – ele se converteu no *objeto exclusivo de um prazer necessário*. Do ponto de vista do funcionamento pulsional, há aqui uma distorção bastante significativa. É esperado que as pulsões sexuais, que nascem originalmente apoiadas nas da autoconservação, no decorrer do desenvolvimento psicossexual se descolem desta sua origem biológica, ganhando as formas tão variadas que o psiquismo humano é capaz de engendrar. Nas adicções, há uma *reversão* da lógica do apoio – um retorno ao registro inicial da necessidade –, ao mesmo tempo em que se dá uma *inversão* de sua lógica, já que aquilo que deveria ser da ordem do desejo – "tenho vontade de tomar uma taça de vinho" – ganha a forma de uma necessidade – "eu preciso beber". Para o toxicômano, no auge da intoxicação, a droga é uma questão de sobrevivência; por outro lado, ele pode definhar por inanição e perder todo interesse pelo autocuidado de seu corpo. Na perversão do funcionamento pulsional que aqui descrevemos, há uma biologização da pulsão, que tende a reduzir sua ação para o plano biológico e a desfazer toda a rica criação psicossexual que lhe é própria.

A adicção pode ser também considerada uma "patologia do agir". Se o recurso para a ação é uma das vias de expressão e escoamento de tensões psíquicas em todo ser humano, certas pessoas utilizam essa via de maneira muito mais frequente e sistemática, caracterizando uma espécie de tipo de caráter: o sujeito impulsivo. Na impulsividade, o impulso pulsional tende a extravasar de modo imediato, sem as mediações em geral encontradas na psiconeurose; nesta última, ao contrário, encontramos a censura psíquica, o Supereu normatizador, inibições, um Eu sempre pronto a assumir o compromisso entre as pulsões do Isso, a censura do Supereu e a força da realidade e, sobretudo, uma capacidade simbolizante que transforma a matéria bruta do impulso pulsional em fantasia, sonho, devaneio, gesto ou ação moldada segundo a finalidade de intervenção na realidade. Fenichel já havia proposto, na década de 1940, a categoria psicopatológica das "neuroses impulsivas" – incluindo nelas as perversões, a psicopatia e as adicções –, e alguns anos depois P. Marty descreveu, em seus estudos sobre a "má mentalização" que abre caminho para somatizações, a "neurose de comportamento", em termos semelhantes.

Ora, a adicção é, conforme defini inicialmente, uma *ação* de caráter impulsivo e irrefreável; podemos situá-la, portanto, no campo da hipertrofia da esfera do agir. O sintoma *princeps* deste quadro clínico é justamente um agir – o uso compulsivo do objeto –, que domina o sujeito e tende a substituir o recurso do processamento psíquico das excitações pulsionais. Trata-se, grosso modo, de uma hipertrofia da esfera da ação e de uma espécie de "atrofia" do pensamento. Pois o aspecto impulsivo da adicção sinaliza – pelo menos em tese – uma região de não simbolização, ou seja, uma área onde há algum déficit na atividade de transformação do pulsional bruto em uma matéria pensável, moldável pela figurabilidade e articulável pelo trabalho da representação. O agir impulsivo é o resultado de uma *incapacidade de parar para pensar* e, conforme se perpetua enquanto uma conduta repetitiva, retroalimenta, em um círculo vicioso, esse "déficit simbólico", já que tende a anular as condições boas para o desenvolvimento do psíquico. Em trabalho anterior (D. GURFINKEL, 2001), nomeei esse fenômeno de "colapso do sonhar", já que a atividade onírica é o paradigma mesmo da atividade simbolizante do psicossoma, e correlacionei tal *colapso*, mais particularmente, com as adicções e os transtornos psicossomáticos.

É importante que guardemos a distinção entre *impulsividade* e *compulsividade*, o que tem gerado uma certa confusão. A compulsividade que aqui me refiro é aquela que se verifica, de maneira típica, na sintomatologia da neurose obsessiva, e que designamos *atos obsessivos*. Ora, o impulso para jogar ou beber é muito diferente de uma compulsão de lavar as mãos! O ato obsessivo é uma formação do inconsciente de natureza psiconeurótica, e enquanto tal implica um trabalho de simbolização sobre a pulsionalidade bruta: subjacente a ele se encontra um conflito psíquico entre desejos tidos como censuráveis e uma instância proibidora violenta, e em geral sádica. Conforme Freud bem demonstrou, tal ato sempre carrega em si a dupla face da realização simbólica do desejo proibido e o impedimento ou castigo concomitante, e é essa estrutura bifásica que determina a repetição contínua do mesmo ato, em uma alternância sem fim entre perpetração simbólica do desejo proibido e sua anulação. O resultado disto é sempre permanecer no mesmo lugar, sempre voltar para o ponto de partida; a anulação do poder da ação torna o ato obsessivo inócuo. Devido aos mecanismos psiconeuróticos que se encontram subjacentes, o impulso "perigoso" é neutralizado pelo trabalho do recalcamento, e seu poder de fogo é dirigido – por um deslocamento, mecanismo típico da neurose obsessiva – a alvos indiferentes e não significativos. Aliás, em geral as "intenções malignas" do obsessivo terminam com um tiro no pé... O obsessivo é, no fundo, um sujeito paralisado, sempre em dúvida e adiando as decisões, sem iniciativa e cronicamente incapaz de agir de modo significativo na realidade, ou seja: ele é marcado pela *inação*. Ora, se o obsessivo "pensa demais" e não é capaz de realizar, *o impulsivo "age sem pensar"* – ele é incapaz de parar para pensar. Essa diferença essencial de mecanismos por vezes não é compreendida, levando alguns autores – em geral distantes da psicanálise – a aproximar fenômenos tão distintos. Em termos da psicopatologia, a impulsividade encontra-se em um lado oposto em relação à obsessividade, ainda que, no limite, alguma zona de contato possa ser estabelecida. As decorrências disso para a prática clínica são imensas, e compreender a natureza deste verdadeiro contraponto entre impulsividade e obsessividade determina posicionamentos e estratégias muito marcadas no processo terapêutico.

Ao concebermos as adicções como patologias do agir, percebemos com mais nitidez a relevância do *fator atual* nesse tipo de quadro clínico. O agir impulsivo é de uma natureza tal que o sentido simbólico que muitas vezes acompanha as ações humanas, dotando-as de gestualidade, tende a se perder, e em seu lugar surge um fator predominantemente econômico. No agir deste tipo predomina a função de descarga, e pouco se reconhece nele de expressividade e de teatralidade, como é o caso do *acting out* de caráter histérico. O agir é o resultado de uma pressão econômica que domina a cena atual, e que pouco se articula com a cena infantil inatual, através do que poderia se desdobrar em sentidos simbólicos polissêmicos. Um soco no estômago é um soco no estômago, e um tapa na cara é um tapa na cara. Estamos na esfera do imediatismo do arco-reflexo primitivo: tomou/levou, tensão acumulada é tensão a ser descarregada. Ora, esta lógica do atual é justamente a que Freud descreveu no caso das neuroses atuais, nas quais uma atividade sexual mal-administrada no momento presente gera um mal-estar libidinal que é descarregado na forma de sintoma – seja a angústia e seus equivalentes somáticos, seja a fraqueza e inapetência da neurastenia. As adicções guardam um parentesco com as neuroses atuais, em contraste com as psiconeuroses, justamente pelo fato de o mecanismo subjacente à sua sintomatologia diferir daquele da clínica do recalcamento – na qual o atual e o inatual conservam uma dialética sempre viva, que tece continuamente os sintomas simbólicos à maneira dos sonhos –, e estar sob a égide de um agir de pura e simples descarga, muito distante do caráter expressivo da gestualidade humana[31].

A persistência e o domínio do agir impulsivo na vida de uma pessoa, conforme se torna um traço de caráter, implica um *automatismo* – outro dos ingredientes básicos de uma adicção. É senso comum que um vício, à medida que se estabelece, tende a ganhar um poder crescente de autoperpetuação que é misterioso e assustador. Ele se cristaliza em um *moto contínuo* e, a menos que haja um trabalho muito árduo em contrário, a chance que

---

31 Para um maior aprofundamento, ver "A clínica do agir" (GURFINKEL, 2008a), anteriormente mencionado, "Ódio e inação: o negativo na neurose obsessiva" (GURFINKEL, 2005), "Por uma psicanálise do gesto" (GURFINKEL, 2008c) e "Teatro de transferência e clínica do agir" (GURFINKEL, 2006).

seja simples e espontaneamente interrompido é mínima. O trabalho terapêutico é sempre desafiador, o que faz com que muitos profissionais evitem atender pacientes adictos; o sentimento é o de se estar continuamente nadando contra a corrente, ou dando murro em ponta de faca. O fato é que enfrentamos, nessa clínica, uma das dimensões mais sombrias da natureza humana, o que tem levado diversos analistas a atribuir sua sintomatologia à influência da pulsão de morte postulada por Freud.

É indubitável que há na vida psíquica humana uma *compulsão* à *repetição*, que pode ser mais ou menos dominante em cada caso. Esta descoberta foi, em si mesma, revolucionária. Freud concluiu que tal compulsão é a expressão de uma suposta pulsão de morte, ou melhor ela resulta do fato de esta pulsão ficar à solta, agindo por si só, ao se romper o estado de fusão em que geralmente se encontra com as pulsões eróticas. Eros, ao neutralizar o poder destruidor de Tânatos, seria o guardião da vida, e a esperança para se amenizar a força arrasadora da compulsão à repetição. Pode-se questionar essa etiologia da compulsão à repetição. Winnicott, por exemplo, discordou da postulação freudiana da pulsão de morte, e atribuiu a compulsão à repetição a falhas precoces na sustentação ambiental do ser humano, nos tempos iniciais da formação do sujeito[32]. Ainda assim, *a compulsão à repetição é uma evidência em si mesma, e a adicção talvez seja a sua manifestação clínica mais clara.*

Podemos observar uma série de fenômenos da conduta humana em que a compulsão à repetição mostra, cada vez mais, o seu poder. O *hábito* é o primeiro deles. Em diversos domínios da vida, nos acostumamos a certas atividades e a pequenos gestos, que tendem a se perpetuar. Estes podem ser vividos com um sentimento agradável ou mesmo com indiferença afetiva, e ter que se

---

32 Sobre a aproximação das adicções com o conceito de pulsão de morte, ver "O silêncio da pulsão" (GURFINKEL, 1996), e sobre as diferenças de visão entre Freud e Winnicott quanto à etiologia da compulsão à repetição, ver "Pulsão de morte ou mãe morta?" (D. GURFINKEL, 2001).

privar deles produz uma tensão maior ou menor. Como diferenciar o hábito de beber do alcoolismo? Podemos apelar para a noção de escravização e de alienação: o *habituê* se sente fortemente inclinado ao seu objeto de preferência, mas não chega a perder sua condição de sujeito e sua capacidade de escolha; ele pode sofrer pela falta do objeto, mas não se desorganiza ou se desespera por isso. Ele não é um adicto, pois a compulsão à repetição é ainda bem temperada por um hedonismo característico, e o seu objeto não se tornou o seu senhor absoluto.

Um estudo mais aprofundado dos hábitos humanos ainda está por vir, mas já temos alguns pontos de partida. Em um estudo pioneiro, Ferenczi (1925) nos brindou com algumas diretrizes iniciais para uma psicanálise do hábito. Seguindo sua preocupação constante com o aprimoramento da técnica psicanalítica, Ferenczi observou que a cristalização de certos hábitos – especificamente de natureza sexual – era responsável por importantes resistências ao tratamento, e que, portanto, poderia ser recomendável tentar combatê-los com uma espécie de "técnica ativa". A partir de um certo ponto, as interpretações do analista se mostravam, para ele, ineficazes. Era preciso atacar os hábitos. Ferenczi propôs, então, uma fórmula metapsicológica para explicar o hábito: este se estabelece quando uma conduta adotada pelo Eu se transforma em material psíquico do Isso, ganhando o feito próprio dos impulsos pulsionais. É como se aqui se forjasse uma "neopulsão", no sentido de que "ali onde havia Eu encontramos o Isso", no sentido inverso da controvertida fórmula freudiana da cura psicanalítica ("ali onde havia Isso, o Eu advirá"). Ora, Ferenczi dá sequência aqui ao estudo freudiano sobre a compulsão à repetição, uma vez que Freud (1920) considerou que este tipo de repetição não é uma defesa do Eu pela ameaça da emergência do recalcado – tal qual na resistência transferencial –, mas a expressão direta dos impulsos do Isso.

Na formação do hábito, O Isso amplia os seus domínios, anexando território egoico e impondo a ele os seus próprios códigos, como um conquistador. Estaríamos a meio caminho de uma neurose impulsiva? Nesse ponto, a pesquisa psicanalítica precisa avançar mais. De qualquer modo, este processo de anexação ao Isso de pautas do Eu concerne também à formação do caráter, entendido como a cristalização, no Eu, de aspectos da sexualidade infantil pré-genital e genital. Nos traços de caráter, observamos a mesma repetição monótona de condutas que tende cada vez mais a se cristalizar ao longo dos anos; como se diz popularmente, ficamos cada vez mais cheios de manias conforme envelhecemos. O caráter anal é, neste aspecto, paradigmático: a fixidez cansativa e irritante da tenacidade, do controle, da teimosia e da avareza e o espírito sistemático são bem conhecidos. A repetição de pautas de conduta ganha, muitas vezes, a forma de rituais, cujo modelo evidente é a obsessividade[33]. Em todos esses fenômenos, a tendência repetição é evidente.

Mas é preciso cautela com um viés psicopatologizante da tendência à repetição. Se, de um lado, encontramos na neurose obsessiva um modelo para compreender uma ritualística típica na qual os horizontes se encolhem por um empobrecimento monótono da vitalidade, temos rituais coletivos que comportam um sentido simbólico muito forte, e que não devem ser vistos sob o prisma da doença[34]. Do mesmo modo, se o caráter pode se tornar muito rígido e dominar toda a personalidade, constituindo uma espécie de neurose de caráter, ele pode também fazer parte da vida do sujeito de modo mais flexível e amigável. É importante, portanto, considerar a formatação de pautas pessoais repetitivas para além de uma dimensão psicopatológica; afinal, todos construímos um estilo de vida, temos um "jeito" próprio, nos comportamos segundo um "modo de ser" singular. Nós nos re-

---

[33] Deve-se lembrar que a repetição dos atos obsessivos cumpre uma função defensiva do Eu, no âmbito de uma clínica do recalcamento, enquanto que a compulsão à repetição do agir impulsivo resulta predominantemente de uma tendência a descarga originada diretamente no Isso.

[34] Em outro texto (GURFINKEL, 2008d), discuti esta dupla face – patológica e universal – dos rituais de adormecimento.

conhecemos e somos reconhecidos segundo certas regularidades repetitivas, traços de personalidade que guardam alguma semelhança com os traços físicos (fisionomia, constituição somática etc.), uma espécie de "*self* psicossomático".

A tendência repetitiva pode se apresentar de maneira muito mais amena e menos implacável, e comportar, ainda, uma dimensão criativa. Muitas vezes, é justamente em momentos em que estamos entregues a rituais, ações ou movimentos repetitivos do cotidiano que atingimos um certo estado mental propício a reflexões e à emergência de ideias criativas, que provavelmente não surgiriam em outra condição. Isso se dá, por exemplo, durante caminhadas, ou quando nos entregamos a rituais do dia a dia de autocuidado (como fazer a barba e outras práticas higiênicas), assim como ao lavar a louça, cuidar do espaço doméstico, etc.; aqui, poder-se-ia pensar em termos de práticas obsessivas ou traços de caráter anal, mas, se atentarmos melhor à disposição psíquica que os acompanha, uma nova dimensão se descortina. Nesses momentos, algo semelhante ao que Freud denominou "atenção flutuante", tão favorável a uma liberdade associativa de pensamento, por vezes é alcançado; é como se cuidássemos de ter um espaço protegido para vagar, nem que seja por alguns momentos, em uma área informe, ou no espaço potencial do reino do intermediário, como propôs Winnicott. O interesse e o cultivo de práticas meditativas ou espirituais revelam uma busca, entre outras coisas, de atingir tais estados psíquicos repetitivo-criativos, cada vez mais difíceis de ser experimentados em nossa cultura da velocidade e da comunicabilidade compulsiva.

Ora, nas adicções, a tendência à repetição é muito mais crua do que nesses casos, ganha enorme intensidade e contém, sobretudo, uma outra qualidade. Podemos, aliás, *definir a adicção como uma das formas mais características de compulsão à repetição!* A partir daqui, algumas indagações importantes emergem: qual é a relação das adicções com o hábito, com o caráter, com os rituais e a com a cristalização de modos de ser singulares? Podemos supor uma série de fenômenos em que a compulsão à repetição se faz presente em diferentes intensidades e com graus diversos de domínio, até o grau mais violento das adicções mais graves? Ainda temos muito a aprender sobre o papel do automatismo na vida psíquica humana, e o estudo das adicções certamente é uma fonte importante para fazer avançar essa investigação.

Bem, ainda que se suponha que a adicção é pura compulsão à repetição, uma espécie de neurose atual ou uma forma de expressão direta do Isso – descarga da excitação pulsional sem mediações simbólicas –, pode-se vislumbrar nela também uma função defensiva para o Eu. Mesmo que se reconheça pouco a ação do mecanismo clássico do recalcamento, observamos o caráter defensivo das adicções tanto na sua dimensão de *mania* como nos *processos dissociativos* que ela engendra.

A semelhança entre o ciclo adictivo – particularmente na toxicomania – e o ciclo maníaco-depressivo é notável. Radó (1933) foi um dos primeiros analistas a ressaltar esse paralelo, seguido anos depois por Rosenfeld (1960). A gênese de uma adicção pode ser assim concebida: um indivíduo dominado por uma tensão depressiva difícil de suportar, com um Eu relativamente frágil e um narcisismo ferido, ao ter sua primeira experiência com a droga vive um momento de euforia único, no qual todo sofrimento desaparece magicamente. O retorno da dor depressiva no dia seguinte – ainda mais intensa – é sabidamente insuportável, o que o leva a recorrer novamente à "droga mágica", e assim sucessivamente. Este efeito euforizante está presente em muitos casos de conduta adictiva, onde o que está em questão é uma tentativa de anular a dor do Eu derivada de sentimentos de impotência, inferioridade, incapacidade e pequenez, gerando uma vivência artificial de onipotência e de invulnerabilidade. A conduta adictiva e a droga, em particular, teriam uma função antidepressiva, em uma tentativa de cura química e artificial do sofrimento psíquico; entender o sucesso e o fracasso dessa tentativa de cura encontra-se no cerne do enigma das adicções. Dentro dessa perspectiva, é compreensível que o termo "toxicomania" – mania de drogas, ou melhor *mania através das drogas* – tenha sido adotado por diversos autores, já que ele reflete esta dimensão significativa da clínica das adicções; Radó preferia o termo "farmacotimia", já que o sufixo –*timia* faz referência à problemática do humor.

O recurso constante a uma saída adictiva produz, ainda, um outro efeito defensivo importante: a criação de um mundo à parte. Isso já foi entendido como a exploração heroica de regiões da vida psíquica humana pouco visitadas, em viagens de descobertas, de ampliação e de abertura das "portas da percepção". Não creio que este projeto ideológico-político-existencial, muito marcante na década de 1960, deva ser desprezado. No entanto, hoje podemos revê-lo em perspectiva, e compreender que a criação de um mundo paralelo tem muitas vezes a função de apagar magicamente um conjunto significativo de experiências difíceis de assimilar, ou até mesmo insuportáveis. O mecanismo de *dissociação* foi inicialmente descrito como próprio das perversões, mas com o tempo ele foi estendido para diversas outras situações, e em particular para a psicose e para o espectro das esquizoidias. Deve-se ressaltar que, enquanto o recalcamento é uma defesa contra a angústia de castração e a defesa maníaca procura afastar as angústias depressivas, a dissociação procura afastar angústias mais arcaicas, ligadas à experiência de integração do Eu, tais como a ameaça paranoide de destruição do Eu.

A adicção é, também, ainda, segundo outra terminologia corrente, uma forma de *dependência*. A dependência, neste caso, transcende, e muito, o âmbito meramente descritivo de "apego extremo ao objeto adictivo", e nos reporta a uma dimensão fundamental da vida psíquica humana, determinante para a saúde e a doença. Nós nascemos em um estado de total desamparo, e atravessamos uma longa jornada de diversas etapas, na qual a dependência nunca deixa de estar presente. Segundo o modelo de Winnicott, partimos de um estado de dependência absoluta, prosseguimos para uma etapa de dependência relativa e buscamos atingir, na vida adulta, uma espécie de "dependência madura". Nesta, continuamos necessitando do outro para a sustentação de nosso ser, mas já conquistamos uma capacidade de autocuidado e uma capacidade relativa de estar sós. Para certos indivíduos, no entanto, essa evolução é bastante truncada, tornando-os particularmente vulneráveis a uma dependência crônica, que pode evoluir para uma "dependência adicta"[35]. A concepção da adicção como uma forma de dependência é de grande relevância, já que nos permite compreender e investigar a gênese desse tipo de compulsão à repetição no processo de amadurecimento do sujeito e, em particular, no que concerne ao desenvolvimento do Eu em sua relação de dependência com o ambiente e com o objeto.

Estatuto psicopatológico das adicções

Chegamos, por fim, em um dos aspectos mais difíceis para a proposição de um conceito psicanalítico de adição: o seu estatuto psicopatológico.

Na história dos trabalhos psicanalíticos sobre as adicções, marcados muito tempo pelo estudo da toxicomania, encontramos duas tendências. Em um período inicial das pesquisas, predominava uma tendência de aproximar a adicção a algum dos quadros psicopatológicos mais conhecidos, a partir de diversas características comuns. Logo de início, Abraham sugeriu, indiretamente, uma aproximação do alcoolismo com as perversões, já que nele se dá uma desarticulação da sexualidade genital em proveito da emergência de suas formas componentes parciais. Diversos autores associaram as adicções às neuroses narcísicas ou à ciclotimia (a começar por Radó e Simmel), enquanto alguns outros apontaram o parentesco com a paranoia (Ferenczi e Glover, por exemplo) ou mesmo, até certo ponto, com a psiconeurose (mais particularmente com a neurose obsessiva). Há, ainda, quem tenha comparado adicção e esquizofrenia, como

---

35 Empresto esta expressão de Dupetit (1983).

Knight e Balint, enquanto que Fenichel criou a categoria psicopatológica das neuroses impulsivas, que de certo modo dá continuidade à aproximação entre adicção e perversão e aos estudos da neurose de caráter.

Não se pode esquecer, também, que alguns autores, tais como Bollas (2000) e Green (2002), empenhados em uma reavaliação crítica do lugar da histeria na clínica contemporânea, assinalaram uma intersecção significativa entre adicções e histeria. Dentre as diversas formas de apresentação da histeria e da relação com seu corpo, destaca-se a exibição de um corpo que sofre devido a "distúrbios" de apetites, aproximando-se nesse aspecto das adicções:

> [...] o corpo do histérico, embora aparentemente seja um corpo menos superexcitado sexualmente, continua sendo um corpo doloroso, sempre submetido a turbulências que se nutrem da vida emocional e da sexualidade. Esse corpo é frequentemente maltratado por todos os distúrbios dos apetites: os relacionados ao alimento, ao álcool, aos medicamentos ou à droga, mas fáceis de exibir do que aqueles da esfera sexual. Esse corpo doloroso tem de sofrer para existir e para ser sentido como corpo que sobreviveu ao trabalho de negativação que gostaria de suprimir suas demandas e reinvidicações de prazer. (GREEN, 2002, p. 475)

O paradoxo da dor-prazer, efeito do recalcamento, nos permite compreender que a exibição do *distúrbio* é uma alternativa de resistência às forças que buscam suprimir o sexual; é preciso sofrer esta "turbulência nutritiva" para poder existir. Ora, aqui vemos que mesmo o mecanismo de defesa clássico do recalcamento pode estar associado às adicções.

A segunda tendência, que se tornou cada vez mais forte ao longo dos anos, ressaltou a impossibilidade de assimilar a adicção a um único quadro psicopatológico, e propôs, em seu lugar, a existência de diferentes *tipos* de adicções. Essa interessante solução foi adotada por Glover já em 1939 e, por Radó, mais tardiamente, em 1958; em direção semelhante, Knight ressaltou, em relação ao alcoolismo, que talvez se trate mais de um sintoma do que de uma doença. Neste modelo de pensamento, Radó (1958) discriminou três tipos de toxicomania: o grupo psiconeurótico ou maníaco-depressivo, o grupo esquizofrênico e o grupo psicopático.

Bergeret, em meio ao pensamento estruturalista francês, é um representante de destaque desse tipo de visão. Ele sintetizou, de modo claro e dogmático, a posição adotada por esta segunda tendência:

> [...] não existe uma estrutura psíquica profunda e estável específica aos comportamentos de dependência. Qualquer estrutura mental pode dar origem a comportamentos de dependência, quer tais comportamentos apareçam como manifestos, quer permaneçam latentes [..]. O comportamento de dependência jamais altera a natureza específica da estrutura psíquica profunda envolvida nesse caso clínico preciso; o comportamento de dependência contenta-se em modificar de maneira mais ou menos acentuada o modo de funcionamento secundário da estrutura profunda subjacente. (BERGERET, 1982, p. 40)

A partir desses princípios, ele descreveu os toxicômanos de estrutura neurótica, os de estrutura psicótica e os depressivos. Andreas Rascovsky (1988) descreveu, também, três grupos de pacientes, de modo semelhante, ainda que com algumas diferenças: no primeiro grupo, encontram-se os indivíduos com uma organização neurótica que sofrem de um "excesso de realidade" e de um achatamento da vida imaginativa e criativa devido à ação de um superego tirânico e implacável; no segundo, encontram-se os indivíduos em que o desenvolvimento da adicção vem acompanhado da instalação de uma modalidade perversa; e no terceiro, encontram-se indivíduos aprisionados em um narcisismo primário absoluto e perturbados na tarefa mais básica da constituição do aparelho psíquico e suas instâncias.

É interessante notar como, em centros de tratamento especializados, essa visão está muitas vezes presente, mesmo que de maneira intuitiva. Em muitos deles, os pacientes são divididos em diversos grupos de pertencimento, nos quais desenvolvem suas atividades psicoterapêuticas e socioterápicas, como uma espécie de família ou grupo identitário. Em uma Comunidade Terapêutica que conheci, estes grupos eram nomeados por cores: no grupo azul eram incluídos os pacientes "iniciantes" na carreira, em geral mais jovens e de estrutura neurótica, para o verde eram encaminhados aqueles que já tinham um caminho bem mais comprometido, especialmente em termos de deterioração do caráter, os vermelhos continham os pacientes de estrutura psicótica ou em estado confusional, os brancos eram os alcoolistas ou os mais idosos, etc. Era senso comum que se deveria ficar atento para as tentativas de manipulação dos verdes sobre os vermelhos, iscas fáceis para serem os executores das atuações psicopáticas planejadas pelos primeiros, e para a tendência de os azuis tomarem os verdes como os mestres a serem seguidos, colocados no lugar do ideal (sabe-se bem que os meninos das favelas muitas vezes sonham poder ser, "quando crescer", iguais ao chefe do tráfico, vistos como deuses onipotentes). Isso nos mostra como a experiência da prática clínica em locais de tratamento, por vezes distante dos centros de pesquisa, pode conduzir a um conhecimento intuitivo e a modelos de intervenção pertinentes.

Creio que essa segunda tendência, hoje predominante, é muito mais adequada às observações clínicas que se acumularam ao longo dos anos. Ao confrontarmos estas duas tendências, talvez estejamos diante de uma falsa polêmica; basta lembrarmos aquela anedota segundo a qual um grupo de cegos descreveu um elefante de modo muito divergente, já que cada um deles havia apalpado uma parte diferente do animal e não podia ter uma "visão global" de seu objeto. Como bem sabemos, a presença maior ou menor de "pontos cegos" é própria da natureza humana.

A proposição de diferentes grupos de pacientes adictos ainda necessita de ser aprimorada. A partir de minha própria pesquisa, levantaria a possibilidade de se considerar ainda *um quarto grupo de pacientes adictos*, caracterizado pelo funcionamento operatório de um psiquismo "em branco" e por um rebaixamento geral da capacidade simbolizante do psicossoma. Essas "neuroses brancas" são aparentadas ora à "neurose de comportamento" descrita por Marty – com o complicante evidente do efeito químico da substância da adicção no caso das toxicomanias –, nas quais predomina uma impulsividade vazia, ora à chamada normopatia; em todos os casos, estamos no âmbito de uma clínica do agir. Essa hipótese, aqui colocada sucintamente, exige, naturalmente, mais investigações e discussões. Outro ponto que permanece como questão a ser aprofundada é a relação entre adicção e depressão: seria o grupo dos "toxicômanos depressivos", como quis Bergeret, uma categoria à parte – à maneira das "neuroses narcísicas" propostas por Freud –, ou tais tipos clínicos podem ser considerados variações das três grandes categorias psicopatológicas estabelecidas por Lacan – a neurose, a psicose e a perversão? Seja qual for a resposta a esta pergunta, a importância da questão narcísico-depressiva na dinâmica das adicções não deve ser negligenciada. E, ainda, deve-se considerar a relação entre as adicções e os casos fronteiriços, ou casos-limite, um campo de pesquisa fundamental a ser explorado.

O reconhecimento desses diversos tipos de adictos pelos psicanalistas possibilita um novo ângulo para tratar de uma questão que vem sendo bastante bem colocada pelos psiquiatras da área: a chamada *comorbidade*. A prática clínica tem levado os profissionais a perceber a grande diferença existente entre os diversos casos de paciente adictos, assim como a semelhança de cada um deles a quadros conhecidos, tais como a esquizofrenia, os casos-limite, os distúrbios de caráter, as depressões, etc. A partir desta constatação, surge a proposição de um diagnóstico duplo, já que se trataria de duas "doenças" sobrepostas em um mesmo indivíduo. Esse "dois em um" da psiquiatria é uma contribuição importante por considerar a complexidade dos casos de adicção e reconhecer suas diversas vizinhanças com outros tipos de quadro clínico, mas deixa em aberto a questão das estruturas e a da psicodinâmica subjacente a este "encontro das águas" psicopatológico. Por exemplo: qual é a função da droga para um indivíduo neurótico ou psicótico? Em que ponto específico de sua dinâmica inconsciente um histérico "busca" um vício, e como a cronificação adictiva transforma tal personalidade psíquica, agregando outros elementos complicadores?

Essas considerações quanto ao estatuto psicopatológico das adicções tem consequências muito importantes para a clínica, especialmente quanto à escolha de estratégias terapêuticas. É notória a grande dificuldade no tratamento psicanalítico dos adictos, devido tanto ao funcionamento psíquico dos pacientes quanto a uma desadaptação destes ao *setting* da análise padrão. Alguns autores são mais pessimistas quanto ao prognóstico; outros propõem modificação técnicas no tratamento, tais como: flexibilização da neutralidade, da "passividade" e do silêncio do analista; trabalho face a face, pelo menos por um certo período; atendimento conjugado com hospitalização; tolerância maior da impulsividade e da passagem ao ato. E, ao lado de todas essas "modificações" na técnica, sempre está presente como pano de fundo uma questão: qual é a posição do analista em relação à imposição de *abstinência* da conduta adictiva durante o tratamento? Ora, a partir da discriminação de diferentes grupos clínicos de adictos, podemos considerar que cada um desses tipos de pacientes requer estratégias diferentes na abordagem terapêutica. Assim, no caso de pacientes de estrutura neurótica, trata-se de um trabalho centrado sobre o superego feroz; no caso daqueles em que predomina a modalidade perversa, há que se considerar uma "terapêutica transicional" – segundo proposição de Olievenstein (1985) –, e, nos de estrutura psicótica, trata-se da instrumentalizar o próprio quadro do tratamento como uma instituição-prótese, fomentadora de instâncias psíquicas – ou de uma "estrutura enquadrante", segundo expressão de Green (1980)[36].

Hoje vemos os psicanalistas cada vez mais atentos às características psicopatológicas dos pacientes a fim de sintonizar a sua escuta e sua intervenção àquilo que se lhe apresenta. Winnicott formulou, de modo simples, que devemos sempre levar em conta quais são as necessidades do paciente, e propôs, em vários mo-

---

36 Apresentei com mais extensão esta correlação entre os tipos clínicos de adictos e as respectivas estratégias de tratamento no último capítulo de meu livro sobre toxicomania (GURFINKEL, 1996).

mentos de sua obra, que sejamos capazes de mudar nosso modo de escutar e de intervir – na báscula entre o manejo e a interpretação – de acordo com o tipo de transferência em questão (WINNICOTT, 1955). Sua posição quanto ao assunto é um bom guia para nos aprofundarmos no estudo desta correlação entre a psicopatologia e o manejo clínico.

Creio que o melhor caminho para responder ao problema do estatuto psicopatológico das adicções é pensar em termos do *paradoxo da unidade na diversidade*. É de grande importância poder reconhecer os diferentes grupos de pacientes adictos que encontramos na clínica – sejam eles três ou quatro, e ainda permanecendo em aberto quais seriam exatamente tais grupos –; as características desses pacientes diferem nitidamente, e as consequências disso para o manejo e o prognóstico são claras. Mas, por outro lado, há algo que unifica todos estes grupos, e que poderíamos denominar simplesmente *uma adicção*.

A posição adotada por Joyce McDougall é bastante próxima a esta. Ela considera que a solução adictiva é uma tentativa de cura diante de estados psíquicos ameaçadores, na qual os objetos eleitos buscam suprir uma função materna que o sujeito é incapaz de proporcionar a si mesmo. Mas os "estados psíquicos ameaçadores" em causa são de diferente natureza, o que implica variações grandes em termos da função buscada na atividade adictiva, e graus diversos de gravidade do vício. McDougall descreve então três categorias de soluções adictivas:

> 1. Uma tentativa de conjurar *angústias neuróticas* (conflitos acerca dos direitos do adulto às relações amorosas e sexuais e ao prazer narcísico no trabalho e nas relações sociais); 2. Uma tentativa de combater estados de *angústia grave* (frequentemente de natureza paranoide) ou de *depressão* (acompanhada de sentimento de morte interior); 3. Uma fuga de *angústias psicóticas* (tais como o medo da fragmentação corporal e psíquica; um terror global de encarar um vazio, no qual o próprio sentimento de identidade subjetiva é sentido como estando em perigo). (McDOUGALL, 1995, p. 202)

A clareza dessa proposição e sua proximidade com a experiência clínica faz dela um ótimo exemplo de conceito de adicção, e que – como se vê – comporta o paradoxo da unidade na diversidade.

Bem, e como definimos, afinal, *a unidade* que reúne as diversas formas de adicção?

A adicção é, como vimos, uma ação de caráter impulsivo e irrefreável, que pode incidir sobre uma grande diversidade de objetos e situações. Ela produz um estado de escravização diante do objeto – uma inversão da lógica sujeito/objeto –, uma relação fetichizada com o mesmo e uma coisificação (degradação da qualidade da relação objetal). A adicção é também uma neonecessidade, já que o processo adictivo transforma o objeto do desejo em objeto de necessidade, e uma forma de neurose impulsiva, na qual predomina um agir de pura e simples descarga, muito distante do caráter expressivo da ação gestual; nesse sentido, ela encontra-se no campo clínico-psicopatológico do "colapso do sonhar" e guarda, ainda, um parentesco com as ditas neuroses atuais. A adicção é a manifestação clínica mais evidente da chamada compulsão à repetição, o que levanta uma série de indagações sobre as suas relações com diversas outras formas de automatismos da conduta humana: os hábitos, os traços de caráter, as "manias", os rituais e os modos particulares de ser de cada um. Ela realiza, em geral, uma função defensiva para o Eu, tanto por seu efeito euforizante como pela propriedade de criar uma realidade paralela dissociada, e representa um claro extravio no processo de amadurecimento em termos da passagem dos estados de dependência infantis para a dependência madura da vida adulta.

Busquei aqui reunir uma série de traços e características do fenômeno adictivo, a fim de compor um esboço de definição psicanalítica de adicção. Trata-se, sem dúvida, de uma definição complexa, e em aberto para alterações ou refutações futuras; ora, o caráter multifacetado e inacabado da definição se deve justamente à complexidade do fenômeno que tentamos descrever e abarcar. Considero fundamental mantermos a unicidade do conceito, apesar da diversidade de formas clínicas, justamente pelo fato que a adicção comporta em si o enigma do *páthos* humano da compulsão à repetição: o hábito que se fixa e se cristaliza, a exacerbação de que somos uma ou outra vez tomados na vida, o excesso de que não se quer abrir mão[37], mesmo que o preço a pagar seja muito alto (dor, depressão subsequente, destruição ou desmantelamento de dimensões significativas da própria vida). Esta fome que não sacia, até certo ponto inerente ao humano, é o que nos atira muitas vezes em um destino paradoxal de busca de prazer e de abismos de destruição.

Ora, para completar este quadro preliminar para uma definição de adicção, falta considerar a sua dimensão passional. Pois é justamente devido a este *páthos* que a *paixão* nos serve tão bem como modelo para o estudo das adicções, conforme discutirei ao longo deste livro. Nele, procurarei perseguir o *páthos* humano da compulsão à repetição adictiva, tanto em termos de seus processos desagregadores e alarmantes, quanto em termos de uma força impulsora persistente e incansável. Pois a paixão é sempre paradoxal, já que comporta tanto a força quanto a fraqueza de uma "teimosia dos exageros" que é própria do humano.

Terminologia: controvérsias

Resta, por fim, a questão terminológica. Devemos falar em "adicção" (ou drogadicção, adicção ao jogo, etc.)? Ou "dependência" (dependência de drogas, dependência de internet, etc.)? Ou ainda "conduta compulsiva" (comer compulsivo, jogo compulsivo), "manias" (toxicomanias), "timias" (farmacotimia, menos conhecida)? Ou, simplesmente, "vício"?

Tenho optado por utilizar o termo *adicção*, justamente por seu significado de escravização, um dos elementos mais marcantes e enigmáticos do fenômeno em causa. Esse termo tem a grande

---

[37] Como assumiu Cazuza em uma conhecida canção: "Exagerado, eu sou mesmo exagerado..."

vantagem de poder ser utilizado com mais autonomia em relação a um objeto específico de adicção, expressando melhor o caráter geral das adicções naquilo que elas têm de comum. Isso nos ajuda a deslocar a ênfase, do objeto usado, para o uso que se faz do objeto... O termo "toxicomania", ao contrário, já implica necessariamente o objeto-droga, e falar em "mania", pura e simplesmente, geraria muita confusão, devido aos outros sentidos do termo já bem estabelecidos. Mas cada termo tem sua vantagem, e a opção de adotá-lo é perfeitamente compreensível. O termo "dependência" nos fala de um fator dinâmico e etiológico fundamental, assim como o "mania", que alude à função euforizante e antidepressiva da adicção, e o "compulsão", que faz referência à impulsividade agida e repetitiva do adicto. O termo "vício" tem a vantagem de ser de uso mais comum e, portanto, de comunicabilidade mais imediata em termos do fenômeno que buscamos nomear[38], além de aludir, por associação, ao caráter mórbido do ciclo repetitivo da conduta adictiva – um "ciclo vicioso". A conotação pejorativa do termo "vício" – segundo o dicionário, "defeito grave", "inclinação para o mal", "conduta censurável ou condenável"[39] – e sua associação com as perversões podem, por outro lado, trazer problemas, a começar por reforçar o estigma de um mal incurável.

---

38 Bruno Bettelheim (1982) nos lembra que Freud buscava palavras do vocabulário comum para designar os conceitos que estava criando, justamente a fim de que a ideia veiculada ficasse mais próxima da experiência do leitor. Mas esse espírito por vezes se perdeu nas traduções, como no caso do Eu (*das Ich*), que se tornou ego, e do Isso (*das Es*), que se tornou Id. Do meu ponto de vista, este seria um bom motivo para adotarmos o termo "vício"; falar em "adicção" ainda soa estranho para muitos ouvidos e para o público em geral, o que pouco ajuda em termos da comunicação entre a comunidade psicanalítica e o meio social mais amplo que nos cerca.

39 Aurélio Buarque de Holanda Ferreira, *Novo dicionário da língua portuguesa*, São Paulo: Nova Fronteira, 1975, p.1471-72. Em contraste com estes sentidos pejorativos, "adicto" é descrito no mesmo dicionário como "afeiçoado, dedicado, apegado, adjunto, adstrito, dependente" (p. 37). "Adicção" é, por sua vez, um neologismo da língua portuguesa.

Ora, essa diversidade de termos reflete, justamente, a complexidade do fenômeno que buscamos delimitar e definir. Cada autor faz a sua escolha – por vezes influenciada por tradições culturais regionais e linguísticas, ou mesmo por identificações imitativas com autores consagrados e mestres –, sendo todas elas justificadas. Mas não devemos nos esquecer de que, no fundo, cada qual parece se referir a uma parte do mesmo elefante que temos diante de nós...

3
O jovem Freud, a cocaína e as adicções[40]

Após ter criado a psicanálise, Freud nunca dedicou um ensaio ao estudo das adicções. Antes disso, no entanto, quando era um jovem médico, ele escreveu uma longa monografia e alguns pequenos artigos sobre a cocaína, tendo estado bastante envolvido com a droga ao longo de alguns anos. Acompanhando a sua obra posterior, notamos sinais seguros de que a adicção e as drogas não escaparam à sua atenção e, mais do que isso: podemos ler, nas entrelinhas, elementos essenciais de uma concepção psicanalítica sobre as adicções. Mas por que Freud nunca se dedicou ao assunto de modo mais sistemático? A pergunta dá margem a especulações. Uma das possíveis respostas encontra-se no envol-

---

40 Uma versão resumida e parcial do material deste capítulo foi publicada na *Revista Latinoamericana de Psicopatologia Fundamental*, v. 11, n. 3, setembro de 2008.

vimento de Freud com a cocaína; será que o chamado "episódio da cocaína" – segundo expressão de Jones (1953, 1955), em sua biografia de Freud – contribuiu para um relativo silêncio sobre o tema nos anos seguintes? O objetivo deste capítulo é examinar as repercussões desse episódio, que possivelmente deixou como "resto" alguns elementos que marcaram a criação da psicanálise.

Iniciaremos nosso percurso examinando a pouco conhecida relação de Freud com a cocaína, estendendo o olhar para o envolvimento do homem Freud com as adicções. É apenas após esse exame que nos debruçaremos sobre as indicações, na sua obra, de uma teoria psicanalítica sobre as adicções.

Um jovem médico, um pesquisador ambicioso

O encontro de Freud com a cocaína é frequentemente negligenciado. A sua aproximação com a droga se deu em 1884, quando era um jovem médico completando seus 28 anos, em início de carreira e em busca de caminhos em sua vida profissional e pessoal. As diversas biografias[41], baseadas por sua vez em amplo material – especialmente inúmeras cartas – nos permitem reconstruir este período e conceber um quadro vívido dos acontecimentos. Freud mesmo dedicou um único parágrafo ao assunto em sua autobiografia, parágrafo que, apesar de registrar o acontecimento, parece não refletir o seu alcance emocional.

Recapitulemos brevemente o contexto em que se deu a descoberta da cocaína.

---

[41] As informações básicas sobre o tema encontram-se na biografia de Jones, sendo que nos trabalhos de outros autores encontramos visões e análises que as complementam e, em alguns casos, as criticam. Jones se apoia consideravelmente, por sua vez, na pesquisa de Bernfeld (1953); segundo Byck (1974, p. 5, 323), ele herdou também alguns dos equívocos de Bernfeld quanto à tradução e à interpretação dos originais de Freud.

Freud tinha enorme atração pela pesquisa científica. Ele trabalhou inicialmente no laboratório de Carl Claus, onde pesquisou as gônadas das enguias e escreveu seus primeiros textos, que considerou posteriormente de pouco valor. Em seguida, trabalhou no laboratório de fisiologia de Brüke por seis anos, até 1882. Este foi um mentor a quem muito admirou e respeitou, e de quem aprendeu muito de filosofia da ciência, de Darwin e de profissionalismo. Sob sua orientação, estudou as estruturas nervosas de lagostins, e publicou seus primeiros artigos entre 1877 e 1883. Peter Gay (1989, p. 50) assinalou que estes trabalhos antecipavam as ideias do *Projeto de uma psicologia científica*, de 1895, e Jones (1953, p. 62) ressaltou como nessa época Freud perdeu por pouco uma oportunidade de obter fama mundial com sua pesquisa. Pois Freud propôs – já aliando sua capacidade imaginativa à pesquisa científica – uma concepção unitária da célula e dos processos nervosos que veio a se tornar a base da neurologia moderna, mas não deu o devido desenvolvimento às suas ideias. Em 1891, Waldeyer publicou uma monografia memorável sobre a teoria do neurônio que seguia a mesma direção de pesquisa de Freud, e seu nome nem foi mais mencionado em relação ao tema.

Freud deixou o "ambiente protetor" do laboratório de Brücke, aconselhado pelo próprio mentor. O motivo principal era sua condição econômica, que não lhe possibilitava sustentar uma carreira de pesquisador; a alternativa era trabalhar como médico clínico, o que não era seu desejo inicial. Mas, nesse ínterim, um novo fator emergiu e serviu como impulso para a mudança de rumos: a sua paixão por Martha e o desejo urgente de casar-se, que não parecia exequível a curto ou médio prazo. Freud assumiu, então, um posto no Hospital Geral de Viena, onde trabalhou com afinco por três anos. No hospital, experimentou diversas especialidades médicas, até ingressar na clínica psiquiátrica de Meynert; seguindo o conselho de Breuer, permaneceu em um caminho intermediário entre tornar-se um especialista em neurologia e prosseguir na formação médica geral. Freud iniciou em cargo de assistente, subindo gradativamente na carreira, até atingir o cobiçado cargo de *Privatdozen*; mesmo assim, ainda que tivesse ganhado prestígio, a remuneração deixava a desejar.

No entanto, Freud não abandonou a pesquisa. Trabalhou nos laboratórios de Stricker e Meynert enquanto estava no hospital, e foi nesse último (em 1883) que chegou perto do sucesso com a proposição de um método de coloração do tecido nervoso com cloreto de ouro. Ele acreditava que poderia ascender à docência caso tivesse êxito em alguma descoberta significativa. A nova ideia de um método de exame do tecido nervoso e o êxito das primeiras tentativas levaram-no a escrever a Martha uma carta exultante, "[...] como se todas as dificuldades de sua carreira tivessem sido agora superadas" (JONES, 1953, p. 212); Freud reuniu alguns amigos para compartilhar o "grande segredo" e lhes deu permissão para usarem "o maravilhoso método" em seus setores próprios. A descoberta causou, de fato, alguma sensação na época, depois atenuada devido a resultados incertos em testes subsequentes.

A atividade de pesquisa condensava tanto os seus anseios mais profundos e obscuros – enraizados, como sabemos, nos desejos infantis – quanto suas preocupações práticas do momento, mescladas com devaneios de ambição[42]. As cartas a Martha atestam

---

42 Sabemos, pela autoanálise de Freud e pelo que dela temos notícia na *A interpretação dos sonhos*, a força dos desejos de ambição em sua vida psíquica e a relação deles com o material inconsciente e infantil. Nos sonhos de Roma depreende-se, de modo particular, a sua identificação com figuras heroicas, assim como a fantasia de conquista da Terra-mãe. Como bem assinalou Anzieu (1989), a associação entre a conquista do território geográfico proibido de Roma, imaginariamente vetado aos judeus, e a posse do continente materno – seja em termos fálico-genitais, seja em termos de uma comunhão narcísico-onipotente – remeteu Freud – em sua própria experiência subjetiva e na construção da teoria psicanalítica – às vicissitudes da odisseia edipiana, com suas lutas, obstáculos e transposições. Ora, os desejos de ambição se realizaram, efetivamente, com a "grande descoberta" da psicanálise, representada pelo ato de escritura e publicação da *Interpretação dos sonhos*. Creio que podemos acompanhar, no período do episódio da cocaína, uma camada de experiências relativas a este mesmo "complexo" que prefigura o que se explicitará dali a uma década: a articulação inerente entre o fazer uma grande descoberta e a conquista da mulher amada.

abundantemente que Freud sonhava fazer uma "grande descoberta" que lhe trouxesse fama e dinheiro. Ele esperava que o sucesso lhe proporcionasse boas perspectivas como clínico particular, e insinuou diversas vezes uma nova descoberta que poderia levar ao objetivo desejado, como no caso do método de exame do tecido nervoso. Ora, como era de seu feitio, esforçava-se em colocar esse sonho em prática. Acompanhava as descobertas e novidades científicas com sofreguidão, tanto por ambição intelectual e engajamento profissional como para farejar alguma "mina" desconhecida.

Assim, no início de 1884, Freud leu o informe de um médico militar alemão que empregara uma nova substância (a cocaína) com seus soldados, aumentando sua energia e resistência física. Deu início então a uma vasta pesquisa sobre o assunto e, como nos casos anteriores, anunciou a Martha a nova descoberta: "[...] não necessitamos de mais do que um golpe de sorte para sermos capazes de pensar em montar casa [...] você sabe que, quando uma pessoa persevera, cedo ou tarde é bem-sucedida" (Carta de Freud à noiva, de 21 de abril de 1884, apud JONES, 1953, p. 91). Freud, apesar de entusiasmado, mantinha os pés no chão: "[...] talvez nada advenha disso". Na mesma carta em que comunica o achado para Martha, diz que procurará obter a droga para experimentá-la em casos de doenças do coração, esgotamento nervoso e no tratamento da morfinomania.

Ao chegar a droga, Freud imediatamente a experimentou, e constatou que ela transformara o mau humor em que se encontrava em boa disposição, de modo "[...] que não há absolutamente nada com que seja necessário preocupar-se" (JONES, 1989, p. 91), além de funcionar como anestésico gástrico. Freud mostra-se cada vez mais entusiasmado, e apelida a cocaína de "droga mágica". Passa a tomar, com regularidade, doses pequenas contra a depressão e a indigestão, envia um pouco da droga para Martha, e oferece-a para amigos, colegas e até para as irmãs. A sua esperança é ter descoberto uma droga de grande valor terapêutico, e entrega-se imediatamente a coligir informações para escrever um ensaio sobre o assunto.

Uma monografia promissora

Em julho de 1884, Freud publicou "Sobre a coca", uma monografia[43] de 25 páginas que tratava da história da droga (usada pelos índios sul-americanos em contexto mítico-religioso), de seus efeitos e de suas possíveis propriedades terapêuticas, defendidas com entusiasmo. O trabalho é subdividido nas seguintes sessões: "A planta da coca"; "História e usos da coca no seu país de origem"; "As folhas da coca na Europa: cocaína"; "O efeito da coca nos animais"; "O efeito da coca em pessoas saudáveis"; e "Usos terapêuticos da coca". Jones (1953, p.92) notou como o texto fora escrito "[...] no melhor estilo de Freud, com sua característica vivacidade, simplicidade e clareza", em uma notável combinação de objetividade e ardor pessoal, "como se ele estivesse apaixonado pelo seu conteúdo" (1989, p. 92). O artigo contém várias auto-observações, e relata que a ingestão de cocaína produz um estado de alegria e duradoura euforia, inibindo as sensações de fome, sono e fadiga, sem efeitos colaterais indesejáveis: "[...] poucos minutos depois da ingestão, sente-se um repentino vigor e uma sensação de leveza" (FREUD, 1884, p. 58). A droga proporciona um estado de euforia que, para Freud, em nada difere da euforia normal de uma pessoa sadia. A alteração de humor deve-se menos à estimulação direta e mais à inibição dos fatores que causam depressão; assim, "[...] logo aparecem os sintomas que têm sido descritos como os *maravilhosos efeitos estimulantes* da coca. Longos e intensos trabalhos físicos podem ser realizados sem fadiga; é como se a necessidade de alimento e de descanso desaparecessem por completo" (FREUD, 1884, p. 60, itálicos meus).

O principal valor terapêutico da droga se encontrava, para Freud, em sua ação estimulante, podendo ela ser potencialmente

---

[43] O significante *monografia* é pleno de ressonâncias no mundo psíquico de Freud, como sabemos pelo célebre "sonho da monografia botânica"; a monografia "Sobre a coca" irá se sobrepor, em uma nova camada de sentidos subjetivos, ao próprio livro da *A interpretação dos sonhos*.

utilizada no tratamento da histeria, da melancolia e da neurastenia. Mas o artigo inclui ainda mais seis usos terapêuticos da cocaína, além do citado: nas perturbações digestivas, nos casos de caquexia, no tratamento da adicção ao álcool e à morfina, no combate à asma, como afrodisíaco e como anestésico local na pele ou nas mucosas. Em um adendo à segunda edição de "Sobre a coca", Freud (1885a) ressaltou a diversidade das reações individuais, acrescentou uma menção aos trabalhos de Koller, Königstein e Jalinek quanto ao uso da cocaína como anestésico local e também as confirmações de Richter quanto à utilidade da coca nos casos de morfinomania; rebateu ainda os "temores injustificados" de certas autoridades em relação a aplicações internas com injeções subcutâneas. Ora, as duas aplicações terapêuticas que mais trouxeram desconcerto foram o uso da cocaína nos casos de morfinomania para facilitar a retirada da primeira droga, e o seu uso como anestesia local, mencionado apenas de passagem na monografia de 1884. Estes dois usos tiveram um lugar especial na história de relação de Freud com a cocaína, como veremos adiante.

A cocaína perdurou como objeto científico no horizonte de Freud por mais alguns anos. "Sobre a coca" teve diversas repercussões, sofreu críticas e elogios, e foi seguido de mais quatro artigos científicos sobre o tema, publicados entre 1885 e 1887. Esses escritos nunca foram incluídos em suas obras completas, e permaneceram relativamente desconhecidos por um longo período[44]. Mas, se Freud afastou-se da pesquisa sobre a cocaí-

---

[44] A primeira publicação da coletânea dos artigos sobre cocaína se deu em 1963, quando foi publicada em Viena e traduzida para o inglês em versão examinada por Strachey, mas permaneceu ainda relativamente desconhecida devido à obscuridade da edição. Em 1974, os artigos foram reunidos por Robert Byck e publicados em um volume. Trata-se de uma cuidadosa edição comentada dos escritos de Freud sobre a cocaína, publicada pela Stonehill (New York), que conta com notas de Anna Freud, com uma introdução ao tema de Byck e com alguns artigos complementares importantes (como o ensaio de Bernfeld, de 1953, e o capítulo "O episódio da cocaína",

na a partir de 1887, seguiu receitando-a em sua clínica privada até 1899 em casos de sinusite aguda (CESAROTTO, 1989, p. 51), e "[...] continuou a usá-la em pequenas quantidades pelo menos até meados dos anos 1890" (GAY, 1989, p. 57); ou ainda, segundo Rodrigué, "Freud consumiu cocaína regularmente por pelo menos doze anos" (1995, p. 199). Uma prova inequívoca desse uso encontra-se na análise do "sonho da injeção de Irma", ocorrido em 1895, na qual Freud relata ter usado cocaína "recentemente" para diminuir alguns inchaços nasais. Nessa época, conforme atesta sua correspondência com Fliess, a necessidade da cocaína estava associada à depressão e a sintomas cardíacos, além das supurações nasais. Em carta de 12 de junho de 1895, acrescenta-se a estes males a luta contra o tabaco: "[...] necessito muita cocaína. Também recomecei a fumar após duas ou três semanas..." (FREUD apud ANZIEU, 1989, p. 41).

O destino trágico de um amigo

A história da relação de Freud com a cocaína é recheada de lances interessantes e sugestivos, dos quais destacarei apenas alguns pontos principais. Já me referi ao desejo de fazer uma grande descoberta e à paixão por Martha; um terceiro elo dessa cadeia foi a culpa pelo destino de Fleischl.

---

da biografia de Jones, também de 1953). Esse dossiê contém o principal material até agora coligido sobre o assunto, constituindo uma fonte de consulta básica. O livro foi publicado em português pela Espaço e Tempo (Rio de Janeiro, 1989), em edição esgotada e de difícil acesso. A edição argentina dos artigos de Freud apareceu em 1977 (*Escritos inéditos*, Kasimiersky / Investigaciones Freudianas), contando com a tradução do inglês de Oscar Cesarotto, com notas preliminares e com o ensaio "Un Affaire freudiano", do próprio Cesarotto; esse ensaio foi posteriormente publicado no Brasil (CESAROTTO, 1989), em livro que inclui resenhas dos artigos de Freud e um texto final do autor.

Fleischl era assistente de Brücke. Freud admirava-o muito por sua energia e brilhantismo intelectual e pessoal: era um jovem bonito e entusiasta, exímio orador e professor cativante. "Sempre foi meu ideal" – escreveu Freud –; ele tem "[...] a marca da genialidade [...], [é] dotado de todos os talentos e capaz de formar um julgamento original sobre a maioria dos assuntos" (Carta a Martha, de 27 de junho de 1882, *apud* JONES, 1953, p. 100). Freud o admirava à distância, e somente ao sair do laboratório foi capaz de aproximar-se dele pessoalmente: "[...] não pude descansar até que ficássemos amigos" (JONES, 1953, p. 100). A amizade se estreitou bastante, mas Freud continuou a invejá-lo; só sentiu que tinha alguma vantagem sobre Fleischl quando iniciou seu relacionamento com Martha – ainda assim, chegou a ter um devaneio no qual seu amigo seria capaz de fazer Martha mais feliz do que ele próprio. Mas Fleischl fora vítima de uma grande desgraça: sofrera um acidente no laboratório e contraíra uma infecção no polegar, que precisou ser amputado. Seguiram-se uma longa agonia de dores terríveis e torturantes, diversas cirurgias paliativas e tentativas de tratamento frustradas. Para aplacar a dor, Fleischl começou a tomar morfina, e ficou gravemente viciado.

Em meio ao seu grande envolvimento com Fleischl e à sua preocupação com a deterioração de sua saúde, Freud conheceu a cocaína. Imediatamente – como vemos na primeira carta a Martha – imaginou que a droga seria útil para tratar o vício do amigo. Em "Sobre a coca", há o relato entusiástico de uma aplicação bem-sucedida da cocaína com este propósito, que nada mais é do que o "caso Fleischl". Este tornou-se também um grande entusiasta da droga. Mas, posteriormente, Freud veio a descobrir que havia se precipitado, pois os primeiros resultados positivos foram seguidos pelo surgimento de um novo problema: Fleischl tornou-se adicto à cocaína. Freud acompanhou de perto o sofrimento e a deterioração da situação do amigo, passando, inclusive, diversas noites de horror ao seu lado; como ele mesmo descreveu, "[...] tocavam-se todas as notas do mais profundo desespero" (JONES, 1953, p. 101). Freud descobriu, assim, de maneira dolorosa, que a sua afirmação otimista de ausência de "efeitos colaterais" no uso da cocaína estava equivocada, pelo menos no que se refere ao risco de desenvolvimento de uma adicção. Ao mesmo tempo, sabemos pelo "sonho de Irma" que esses acontecimentos deixaram-lhe marcas profundas, ligando-se a um complexo de ideias em torno da responsabilidade e da culpa e inaugurando a discussão da dimensão ética do trabalho do psicanalista.

Uma ideia roubada?

Outro elo significativo da relação de Freud com a cocaína encontra-se no uso da mesma como anestésico, que envolve outros dois amigos: Koller e Königstein. Freud terminou sua monografia de modo apressado, pois em seguida iria empreender uma ansiada viagem para encontrar sua noiva. Quando voltou de sua viagem, ficou sabendo que Koller, um colega oftalmologista, havia publicado um trabalho em que propunha o uso da cocaína como anestesia local para cirurgias do olho. Essa descoberta mostrou-se, nos anos subsequentes, o principal uso medicinal da cocaína reconhecido pela comunidade científica, e Freud perdeu mais uma vez a chance de fazer sua "grande descoberta". Não é fácil auferir até que ponto isso foi um golpe para Freud, até onde se sentiu "traído" por Koller ou por si mesmo. Koller deu o devido crédito à monografia de Freud, e apenas desenvolveu uma linha que este deixou de seguir. O uso de cocaína como anestésico é sugerido por Freud de modo muito ligeiro; de qualquer modo, ele não havia previsto o seu uso em pequenas cirurgias. Como ressaltou Jones, Freud não estava mobilizado por esse tipo de possibilidade da droga, e sim por seu efeito mais geral de aumentar o vigor mental e físico; fora isso que "[...] inflamara a imaginação de Freud" (JONES, 1953, p. 94).

Königstein, outro amigo oftalmologista, também participara desse episódio. Antes de viajar para visitar Martha, Freud havia sugerido a ele o uso oftalmológico da cocaína, pesquisa a que veio a se dedicar após Koller. Ao acompanhar os desdobramentos dos trabalhos dos dois colegas, Freud observou que "[...] a cocaína trouxe-me uma boa dose de apreço, mas a parte do leão ficou com outros" (JONES, 1953, p. 99), e censurou-se: "[...] se, em vez de aconselhar Königstein a realizar as experiências oftálmicas, tivesse acreditado mais nelas e não tivesse se esquivado do incômodo de prossegui-las, não teria deixado passar o fato fundamental [...]" (JONES, 1953, p. 99). No parágrafo de sua autobiografia em que relata o episódio da cocaína, Freud enfoca justamente esta história da "perda" de uma grande descoberta. Reafirma que Koller é considerado, *com razão*, o legítimo descobridor da anestesia local por meio da cocaína, e termina seu comentário com uma frase curiosa: "[...] do meu lado, não guardo rancor algum de minha mulher pela ocasião perdida" (FREUD, 1924, p. 2765). Podemos reconhecer aqui, certamente, o humor sutil de Freud; mas também, se quisermos, um chiste que desloca pela negação a responsabilidade da "falha", de modo pouco elegante, para Martha.

O tema da culpabilidade ronda, pois, o episódio da cocaína: o chiste de acusação a Martha remete a uma acusação a si mesmo – por omissão e indolência. Ora, como assinalou Jones, a autorreprovação de Freud também não se justifica, pois, se ele de fato buscava a fama com a cocaína,

> [...] não podia saber que uma fama muito maior do que ele imaginara estava ao alcance de quem quer que aplicasse a cocaína de determinada forma. Quando percebeu isso, o que demorou a ocorrer, ele se recriminou, mas também culpou sua noiva. (JONES, 1953, p. 94)

Assim, avançando a partir do manifesto, podemos entrever alguns outros elementos ligados à culpa: a responsabilidade pelo destino de Fleischl, o entusiasmo e a promoção de uma droga que veio a ser tida como maldita e o contexto e o significado pessoal do uso que ele mesmo fez da cocaína.

A "droga mágica" na vida íntima do jovem Freud

Se a cocaína foi uma "droga mágica" no sentido de prometer fama e acesso à mulher amada, ela também o foi por seu efeito direto no humor de Freud. A cocaína foi utilizada por ele como um antidepressivo. Durante muitos anos, Freud sofreu de depressões, fadiga e apatia, sintomas reconhecidamente de natureza neurótica que ganharam depois a forma de ataques de angústia, e que foram ulteriormente dominados com a autoanálise. O nosso conhecimento atual sobre a ação da cocaína e seu efeito euforizante, semelhante a uma reação maníaca, não deixa dúvida quanto à necessidade de alguns indivíduos de recorrer a esse tipo de "defesa química" a fim de debelar suas angústias depressivas. Assim, o próprio jovem Freud escreveu: "[...] em minha última grave depressão, tomei coca de novo e uma pequena dose levou-me às alturas, de um modo maravilhoso. Agora mesmo estou ocupado a coligir a literatura para uma canção de louvor a essa substância mágica" (carta a Martha de 2 de junho de 1884, *apud* JONES, 1953, p. 95). Esta descrição não difere de certos depoimentos de usuários de cocaína; notemos aqui, sobretudo, que não se trata de uma simples descrição objetiva e "científica" dos efeitos da droga, mas também de um entusiasmo eufórico e tendencioso em relação ao objeto-droga, típico dos encantados pelo "canto da sereia" da mesma. Alguns anos depois, durante sua estada em Paris, em 1886, Freud usava cocaína ao frequentar as recepções na mansão de Charcot, já que se sentia desajeitado e inseguro de sua fluência no francês; ao retornar de um desses encontros sociais, escreveu a Martha: "Graças a Deus, acabou. [...] Um tédio de matar, foi só aquela pitada de cocaína que me segurou" (GAY, 1989, p. 62)[45].

---

45 Segundo Scheidt, no período de Paris, Freud não receitou cocaína aos pacientes por influência de Charcot, mas usou-a com frequência em si mesmo. Pelo menos quatro cartas escritas a Martha sofreram influência da droga – como

Ao lado da euforia mental, Freud também experimentava um aumento de vigor físico e libidinal que parecia apreciar. Algumas cartas à noiva foram escritas sob efeito da droga, o que provavelmente lhe permitiu descrever-se de modo desinibido como "[...] um grande e selvagem homem que tem cocaína em seu corpo", e dizer: "[...] vou beijá-la até você ficar com as faces bem vermelhas [...]" (GAY, 1989, p. 62). Em sua monografia, Freud havia assinalado o efeito afrodisíaco da cocaína, e chegou a considerar o seu uso terapêutico como remédio para a "fraqueza funcional": "[...] dentre as pessoas a quem administrei a coca, três relataram uma violenta excitação sexual que atribuíram, sem hesitação, à droga" (FREUD, 1884, p. 73). Ora, sua libido era liberada em seu romance epistolar com Martha, ao "destravar-lhe a língua", como na carta de 2 de fevereiro de 1886: "[...] a pitada de cocaína que acabei de tomar está me pondo tagarela, minha mulherzinha [...] o que mais desejo é possuí-la – e possuí-la tal como você é" (RODRIGUÉ, 1995, v. 1, p. 201).

Uma indagação que permanece em suspenso é o grau de envolvimento de Freud com a cocaína. Como vimos, a droga certamente ocupou um lugar significativo em sua vida subjetiva por um período de tempo que não foi curto; mas, ao que tudo indica, Freud não se tornou um adicto de cocaína. Jones (1953) assinalou que, quando Freud disse que não pôde detectar sinais de grande anseio pela cocaína em si próprio, por maior que fosse a frequência com que a tomava, "[...] estava dizendo a verdade estrita: como sabemos agora, é preciso uma predisposição especial para

---

se depreende por seu conteúdo, pelo tipo de letra e pela forma exaltada de expressão. Ao mesmo tempo, a depressão de Freud era de fato marcante: "Os cinco meses passados em ambiente estranho devem lhe ter dado um insuportável sentimento de abandono, solidão e distanciamento" (SCHEIDT, 1975, p. 39); para Scheidt, este é um dos motivos para a publicação de uma parte tão pequena das cartas do período (a maior parte foi censurada). Na carta de 2 de fevereiro de 1886, após tomar uma pitada de cocaína em um dia em que iria à casa de Charcot, escreveu: "Estive tão fora de forma o dia todo que praticamente não trabalhei" (*apud* SCHEIDT, 1975, p. 42).

que se desenvolva um vício em drogas, e felizmente Freud não tinha essa predisposição" (JONES, 1953, p. 92). Jürgen von Scheidt (1975) – especializado no tratamento de toxicômanos – opinou que, embora experimentasse a euforia do tóxico, Freud não poderia ser acusado de adicto. Assim, as auto-observações de Freud não devem ser interpretadas como resultantes da negação típica dos adictos; tratava-se, tão somente, de um caso de não desenvolvimento de adicção devido à sua estrutura de personalidade. Aqui Jones demonstra – diga-se de passagem – estar atualizado em relação à concepção psicanalítica das adicções, especialmente no que concerne à teoria de uma "personalidade pré-morbida". Aliás, não é de se estranhar que Fleischl tenha se tornado tão rapidamente adicto à cocaína, já que – como seu apego anterior à morfina indica – provavelmente havia nele tal "predisposição" (em que pese o "fator atual" da dor física insuportável). Vale lembrar ainda que, após testemunhar as reações de Fleischl, Freud advertiu Martha contra o risco de aquisição do hábito.

Peter Gay afirmou, também, não existirem provas de que Freud – ou Martha – tenha chegado algum dia a adquirir o hábito da cocaína. No entanto, ele enfatizou que este foi um dos episódios mais perturbadores da vida de Freud: "[...] seus sonhos revelam uma preocupação constante com a cocaína e suas consequências [...] não admira que estivesse decidido a minimizar os efeitos do caso sobre ele" (GAY, 1989, p. 57). Rodrigué, por sua vez, colocou algumas objeções à versão de Jones. Ele questionou a afirmação de que Freud não teria predisposição ao vício lembrando seu tabagismo, e acrescentou: "[...] concordo com Jones que ele não se tornou cocainômano, mas entrou sem dúvida na proposta da droga" (1995, v. 1, p. 199). Para Rodrigué, o tratamento do tema por Jones foi ao mesmo tempo "valente e medroso". Ora, o que seria este "entrar na proposta da droga"? A preocupação desse biógrafo é ressaltar o papel considerável que teve o encontro de Freud com a cocaína na origem da psicanálise: "[...] talvez se possa dizer que, se os sonhos constituem a via régia para o inconsciente, a cocaína eletrificou suas trilhas" (RODRIGUÉ, 1995,

v. 1, p. 199). Essa posição é ousada e instigante; ela supõe que o entusiasmo de Freud com a "droga mágica" tenha estimulado-o a procurar, através da indução de um estado de consciência alterado, uma chave para o autoconhecimento.

Cesarotto também criticou Jones, e considerou que sua denominação de *"episódio* da cocaína" foi uma estratégia defensiva para minorar o envolvimento de Freud com a droga: "[...] a ênfase no aspecto contingente do interesse freudiano pela cocaína tem valor de álibi, pois o que é alegado como incidental tem profundas implicações sobredeterminadas" (CESAROTTO, 1989, p. 25)[46]. Ele defendeu – próximo à posição de Rodrigué – que aquilo que se deu entre Freud e a cocaína em um tempo dito pré-psicanalítico caracteriza um passo prévio indispensável para se chegar à descoberta do inconsciente. Assim, segundo Cesarotto, a monografia sobre a cocaína foi "[...] o movimento inaugural de um progressivo afastamento do caminho conhecido da fisiologia, para aventurar-se no 'desconhecido', concebido inicialmente como uma substância química" (CESAROTTO, 1989, p. 42). Além da "substância do inconsciente", a substituição da *necessidade* pela *contingência* e a desnaturalização inerente ao conceito de pulsão estariam prefiguradas nas ideias de "Sobre a coca"; já o ponto de vista econômico da metapsicologia encontrar-se-ia em estado nascente no pequeno artigo "Contribuição ao conhecimento da ação da cocaína", de 1885, estudo experimental no qual Freud relatou uma tentativa de quantificar objetivamente os efeitos da droga com o uso de um dinamômetro e do neuramebímetro de Exner.

---

46 Devemos ressaltar que aqui Cesarotto comete um pequeno engano em relação à compreensão do termo empregado por Jones. O temo em inglês *episode* – assim como sua versão em português – não implica necessariamente o caráter secundário e não fundamental do acontecimento; trata-se, sobretudo, de um evento distinguível que pode ser separado, apesar de pertencer a uma série maior.

Em uma posição mais radical, Eyguesier propôs que o encontro de Freud com a cocaína indica a porta de entrada na experiência psicanalítica de uma forma tão decisiva quanto a autoanálise de Freud. Esta teria, inclusive, um papel secundário em relação aos *insights* obtidos por influência da droga, e o seu efeito teria fornecido um dos paradigmas da teoria psicanalítica. Ora, como assinalou Cesarotto, Eyguesier – analista do campo lacaniano – é assumidamente identificado com os usuários de cocaína, dedicando grande parte de seu trabalho para exaltar as virtudes do "Vinho Mariani", à base de coca. É curioso como argumentos parecidos são utilizados por apaixonados e adversários da psicanálise! Assim temos, do outro lado da corda, um autor como Thornton, típico difamador da psicanálise; ele afirmou taxativamente que o inconsciente não existe, e que as teorias psicanalíticas são infundadas e aberrantes, já que Freud criou sua disciplina em um estado de confusão psicótica provocado pela cocaína (*apud* CESAROTTO, 1989)[47]...

Em meio a tantas opiniões diferentes, uma conclusão se sobressai: a relação de Freud com a cocaína não foi nem superficial e nem ocasional, e ficou profundamente marcada em sua vida subjetiva. Isso fica claro a partir de uma leitura atenta da monumental *A interpretação dos sonhos*, que contém as pegadas mais evidentes que conhecemos de sua autoanálise e de sua vida mental mais profunda. O tema da cocaína aparece e reaparece em diversos sonhos, tanto no conteúdo manifesto como no trabalho associativo, entrelaçando experiências profissionais, pessoais e fantasmas inconscientes. Só para começar pelos dois exemplos mais conhecidos: a culpabilidade pelos ataques sexuais, agressivos e megalomaníacos se faz presente no "Sonho da injeção dada a Irma", enquanto que o desejo de ambição emerge da análise do "Sonho da monografia botânica", aproximando o trabalho cien-

---

[47] Cf. Eyguesier, P., *Comment Freud devint drogman*, Paris: Seuil, 1983, e Thornton, E. M., *Freud and cocaine: the freudian fallacy*, Blond & Briggs, 1983.

tífico com a cocaína àquele da teoria dos sonhos – ambos tendo representado, em momentos diferentes da vida de Freud, a "grande descoberta" almejada. Mas outros sonhos também contêm material relacionado à cocaína: um dos sonhos de Roma (o do "Sr. Zucker"), os sonhos das "Três Parcas" e do "Conde Thun", o "Sonho da equitação", os sonhos "Meu filho, o míope" e "*Non vixit*", o "Sonho da dissecação da parte inferior do meu próprio corpo"... Enfim, se quisermos, temos aqui um amplo e sugestivo material para mergulhar no sentido subjetivo do episódio da cocaína para Freud[48].

Bem, mas o principal motivo de relembrarmos esta polêmica e as diversas especulações que a cercam é buscar compreender, a partir do envolvimento do homem Freud com a cocaína, qual é o possível papel desse encontro pouco discutido – Cesarotto nomeou-o de *affair* – na origem da psicanálise e, mais particularmente, qual a sua possível influência no curso do desenvolvimento de uma concepção psicanalítica das adicções.

As repercussões da "grande descoberta"

Recapitulemos, agora, os acontecimentos após a publicação de "Sobre a coca".

Quando Freud iniciou seus experimentos com a droga e distribuiu-a para diversos colegas, alguns deles relataram sucesso com seu uso, enquanto outros se mostraram mais reticentes. Este foi o caso de Breuer, "pai" profissional de Freud. A sua conhecida cautela mostrou-se justificada: pouco tempo depois, foi ele quem acompanhou a agonia de Fleischl como seu médico. Após a publicação do trabalho de Koller, Freud continuou a fazer experiências de uso da cocaína para tratar de várias doenças. Procurou aplicá-la em casos de diabete e de enjôo marítimo, obtendo algum

---

[48] Algumas indicações neste sentido foram propostas por Scheidt (1975).

resultado positivo neste último caso; um pouco depois, testou a cocaína em casos de hidrofobia. Ao mesmo tempo, recebeu muitas congratulações da comunidade médica pelo seu trabalho.

Mas Freud estava intrigado com a irregularidade dos efeitos da cocaína nos diversos pacientes, já que os relatos de experiências divergiam bastante. Desta forma, era difícil desenvolver seu emprego clínico. Procurou, então, em seu artigo seguinte (1885b), auferir a ação da droga de maneira objetiva, através do método experimental. Utilizando o dinamômetro e o neuramebímetro, Freud colheu observações – novamente em si mesmo – sobre a capacidade muscular e a presteza das reações sob o efeito da cocaína. As conclusões foram interessantes: os efeitos da cocaína só se mostraram significativos em pacientes cansados ou deprimidos, do que se depreende que a cocaína não tem ação direta sobre o sistema neuromuscular; as alterações nesse sistema são secundárias ao bem-estar artificial produzido pela droga.

A sua monografia ganhava alguma divulgação, especialmente com a publicação de um artigo nela baseado. Um laboratório americano que estava começando a sintetizar a droga contratou-o para testá-la, redundando em um informe de Freud que confirmava a qualidade da droga e previa para o preparado de Parke "um grande futuro" (GUTTMACHER, 1885, p. 123).

Mas o trabalho mais relevante veio a seguir. Freud foi convidado a fazer duas conferências sobre a cocaína (no Clube de Fisiologia e na Sociedade Psiquiátrica), que constituíram uma nova publicação: "Sobre os efeitos gerais da cocaína". Nesse trabalho, Freud (1885c) assinalou como existiam então drogas destinadas a reduzir a excitação nervosa (à maneira de ansiolíticos), mas poucos métodos para elevar a atividade psíquica (estimulantes do sistema nervoso central); esta seria, para ele, *a promessa da cocaína para o campo da psiquiatria* e do tratamento das doenças nervosas.

Contribuições para a psiquiatria

Esta conferência dirigida aos psiquiatras nos mostra o papel cumprido por Freud na história da psicofarmacologia. Robert Byck, professor de farmacologia psiquiátrica, ao tomar contato com os artigos de Freud sobre a cocaína, se deu conta de imediato que "[...] eles colocam Sigmund Freud como um dos fundadores da psicofarmacologia" (BYCK, 1974, p. xvii). A busca de uma droga estimulante para tratar a melancolia continuou na ordem do dia, e apesar de a cocaína ter sido suplantada pela medicina como droga terapêutica, o método de pesquisa rigoroso e os princípios subjacentes à investigação são equivalentes aos de outros pioneiros que se aventuraram no estudo de drogas psicoativas, tais como Moreau de Tours, Hofmann e Alles.

Em "Sobre a coca", Freud já havia chamado a atenção para uma lacuna no arsenal psiquiátrico que a cocaína poderia vir a preencher:

> [...] é fato conhecido que os psiquiatras dispõem de um amplo suprimento de drogas para reduzir a excitação dos centros nervosos, mas nenhuma que poderia servir para incrementar o funcionamento rebaixado desses centros. A cocaína tem sido receitada, neste sentido, para os mais variados distúrbios psíquicos: histeria, hipocondria, inibição melancólica, estupor e outros quadros similares. (FREUD, 1884, p. 64)

Freud cita, em seguida, relatos de diversos tratamentos bem-sucedidos em casos de hipocondria, neurastenia, prostração nervosa, histeria e melancolia, e conclui: "[...] a eficácia da coca em casos de distúrbios nervosos e psíquicos necessita investigações ulteriores, que provavelmente conduzirão a conclusões parcialmente favoráveis" (1884, p. 65). No ano seguinte, diante dos psiquiatras, Freud propôs que a aplicação da cocaína se destina a "[...] formas de doenças que interpretamos como estados de debilidade e de depressão do sistema nervoso, sem lesão orgânica" (1885c, p. 116), mencionando novamente os quadros de histeria, hipocondria e melancolia. Ele voltou a dizer, por fim, que a utilidade terapêutica da droga na psiquiatria necessitava ainda de comprovações, mas que se justificava o empreendimento de "amplas investigações" sobre o assunto.

Além do uso da cocaína para tratar distúrbios psíquicos, Freud propõe uma segunda aplicação de interesse para psiquiatria, já apresentada na monografia de 1884: o uso da droga para tratar o vício em morfina. No artigo de 1885, porém, ele reconheceu que o sucesso não se dá igualmente em todos os casos, e reiterou que *não observara* casos de vício em cocaína. Em "Sobre a coca", Freud afirmara que "[...] uma primeira dose ou repetidas doses de coca não produzem o desejo compulsivo de seguir usando o estimulante; ao contrário, experimenta-se uma certa aversão injustificada à substância" (1884, p. 62). Ora, no mês seguinte às conferências (abril de 1885), Freud passou a primeira noite de martírio ao lado de Fleischl, e constatou que ele tomava doses enormes de cocaína – cem vezes a quantidade que ele mesmo, Freud, tomava, e apenas de vez em quando. Nos dois meses seguintes, Freud passou várias noites testemunhando o "profundo desespero" de Fleischl, vendo de perto o mal que a droga lhe causava: desmaios e convulsões, grave insônia e comportamento extravagante. Instalou-se, então, uma ebriedade crônica e o *delirium tremens*. O artigo foi publicado em agosto.

Como podemos notar, Freud mostra aqui uma consciência plena dos dois principais âmbitos de interesse potencial da psiquiatria pelas drogas psicotrópicas. Em primeiro lugar, tais drogas interessam enquanto remédios destinados a sanar algum tipo de desequilíbrio psíquico – e Freud viu na cocaína exatamente aquilo que a psiquiatria tem incansavelmente buscado nos chamados antidepressivos[49]. E, em segundo lugar, as drogas vieram a se tornar uma preocupação crescente da psiquiatria devido a seu potencial abuso e vício, dando origem a um quadro psicopatológico cada vez mais frequente: a toxicomania. Este é – irônica

---

49 Ora, também em relação ao efeito afrodisíaco da cocaína Freud foi visionário, antecipando a febre do Viagra no mercado dos tratamentos medicamentosos.

e paradoxalmente – uma espécie de "efeito colateral" do feitiço das drogas mágicas, que pode se voltar contra o aprendiz de feiticeiro. Apesar de seus tropeços e precipitações, é inegável que mais uma vez aqui Freud foi movido por uma intuição e por um discernimento visionários.

Ora, ao lado da difusão das pesquisas sobre a cocaína – e quase que ao mesmo tempo –, começaram a surgir os problemas e as primeiras críticas.

Erlenmeyer foi um dos primeiros e mais mordazes críticos de Freud. Mas a questão não se mostrou tão pessoal, pois, ao longo de 1886, surgiram relatos de casos de vício em cocaína e de ebriedade devido à droga oriundos de várias partes do mundo. Mesmo Obersteiner, defensor ardoroso de Freud, que ressaltou o valor da cocaína durante a retirada da morfina, veio a reconhecer, em um segundo momento, que o uso continuado da droga podia levar ao *delirium tremens*. O ponto alto desse movimento crítico confluiu para a denominação, por Erlenmeyer, da cocaína como "o terceiro flagelo da humanidade", ao lado da morfina e do álcool.

> O homem que tentara beneficiar a humanidade ou, em todo caso, criar a reputação através da cura de "neurastenia" era agora acusado de desencadear o mal pelo mundo. Muitos devem tê-lo olhado pelo menos como um homem imprudente em seus critérios. E se sua sensível consciência formulou a mesma sentença, ela seria confirmada por uma triste experiência um pouco posterior, quando, supondo que se tratava de uma droga inócua, recomendou uma grande dose dela a uma paciente que em consequência veio a sucumbir. (JONES, 1953, p. 104)

Em "Sobre a coca", além de negar a adicção à cocaína, Freud minimizara os riscos de alta dosagem, citando o caso de um químico que tentara se envenenar com a cocaína e apenas passara mal, com sintomas de gastrenterite, e, ao refutar os "temores injustificados" das autoridades quanto a injeções de cocaína no *Adendo*, de 1885, foi bastante taxativo: "[...] para os humanos, a dosagem tóxica é muito alta, e não parece haver dose letal" (FREUD, 1885a, p. 109). Bem, não é necessário lembrar o risco hoje conhecido da *overdose* de cocaína, especialmente entre os viciados que dificilmente distinguem o que seria uma "dose muito alta". Segundo Jones, é difícil avaliar o quanto esses acontecimentos afetaram a reputação de Freud em seu meio social e científico; ele mesmo, no entanto, declarou posteriormente que o episódio acarretara "graves censuras".

Freud demorou a defender-se de tais críticas. Em 1887, publicou "Observações sobre a adicção e sobre o medo da cocaína", último de seus artigos sobre o tema, no qual buscou se posicionar diante dos novos desdobramentos. Nele, Freud começa por assinalar que as propriedades anestésicas da cocaína eclipsaram o que seria o seu uso mais promissor: no tratamento dos distúrbios nervosos. Em seguida, dedica-se a refutar as críticas de Erlenmeyer e certas observações de especialistas em garganta e olhos a respeito dos efeitos tóxicos da cocaína, e se apoia, ao mesmo tempo, nos estudos a ele favoráveis de Obersteiner e Hammond. Freud vislumbra, ainda, a ponta de um enorme *iceberg* que viria a emergir no século XX: o valor da cocaína no tratamento da morfinomania chamara a atenção não só dos médicos, mas também – e "lamentavelmente" (*sic*) – dos próprios morfinômanos. Ou seja: as "drogas mágicas" descobertas e disseminadas pelo saber médico são sempre passíveis de tornarem-se objeto de um "mau uso" nas mãos de "espíritos mais doentios".

Freud argumentou que o perigo visto por Erlenmeyr na cocaína deveu-se a um "grave erro experimental", já que este "desobedecera" à sua recomendação quanto à dosagem e utilizara a droga pela via subcutânea. Jones ressaltou, com razão, que esse argumento tinha pouca consistência e contrariava afirmações anteriores que o próprio Freud buscava agora encobrir – provavelmente de modo inconsciente. Assim, ao propor o uso da cocaína no tratamento de morfinômanos na conferência para os psiquiatras, ele fora bastante taxativo: "De acordo com toda informação que consegui coletar até este momento, só me resta recomendar, *sem hesitação*, injeções subcutâneas de 0,03 a 0,05 gramas em tais curas de abstinência, sem nenhum medo do aumento da dosagem" (FREUD, 1885c, p. 117, itálico meu). Ora, esse último artigo foi, em 1887, suprimido pelo próprio Freud de uma lista de trabalhos seus que teve de preparar quando requereu o título de professor. E ainda: para reafirmar o constrangimento de Freud com a sua recomendação de injeções em 1885, Jones mencionou um lapso de datas – anteriormente ressaltado por Bernfeld –, no qual Freud trocara, em sucessivas reedições de *A interpretação dos sonhos*, o ano de sua monografia sobre a cocaína para 1885. Ao comentar a confusa defesa de Freud em relação a Erlenmeyer, Jones ressaltou que, na época, havia um grande preconceito contra injeções hipodérmicas, e lembrou também o significado simbólico das injeções no psiquismo inconsciente[50]. "Ao procurar afastar de sua substância mágica o estigma de ser uma perigosa droga, Freud apelaria para o preconceito geral, dando a entender que as injeções hipodérmicas eram o perigo real" (JONES, 1953, p. 105). Creio, porém, que, para além do significado simbólico *geral* das injeções e dos preconceitos da época – em relação aos quais, aliás, não era do feitio de Freud se curvar –, podemos avançar mais na nossa investigação se considerarmos o sentido *singular* das injeções na experiência de Freud, como temos notícias pelo "sonho da injeção de Irma".

A adicção como objeto de investigação

Mas neste último artigo do ciclo de trabalhos sobre a cocaína, encontramos um segundo argumento de defesa, muito mais promissor: Freud levanta de modo mais explícito o problema da *idiossincrasia* do sujeito que se droga. Reconhecendo que havia reações muito diferentes para cada usuário, e que – de fato – mui-

---

50 Abraham propôs, em seu artigo pioneiro, que, quando se aplica uma injeção hipodérmica de morfina ou outra substância em um paciente insano, ele "a considera como um ataque sexual, e interpreta a seringa e o fluido de maneira simbólica" (1908, p. 67).

tos morfinômanos se tornaram cocainômanos, nosso pesquisador ressaltou a *irregularidade* dos efeitos da cocaína, atribuindo-a a um *fator predisposicional*. "Desconfio de que a razão da irregularidade do efeito da cocaína repousa nas variações individuais de excitabilidade e na variação da condição dos nervos vasomotores sobre os quais atua" (FREUD, 1887, p. 175). Como se vê, a predisposição é aqui tratada em termos fisiológicos e neurológicos; ora, um dos debates dos estudos sobre adicção refere-se a tal fator predisposicional: existe uma predisposição para a adicção? Em caso afirmativo, trata-se de um fator fisiológico, neurológico ou psíquico? Diversos psicanalistas têm se dedicado a compreender os fatores *psíquicos* da predisposição à adicção. Freud, ao criar a psicanálise, abriu caminho para uma outra dimensão do predisposicional, orientando a investigação do psíquico para um caminho diferente da psiquiatria predominantemente organicista; nesse sentido, podemos observar o salto qualitativo que estava ainda por vir.

Ainda assim, é notável o avanço implicado no deslocamento de abordagem da droga em si mesma para o sujeito que se droga. "A cocaína, por si mesma, nunca produziu uma vítima" (FREUD, 1887, p. 173). Não creio que aqui se dê apenas uma defesa enviesada da inocência da droga-ré, com quem Freud estaria identificado; podemos entrever também uma descoberta e um esboço de elaboração de um princípio metodológico fundamental. Freud reconheceu que certos *usos* da cocaína podiam ser bem perniciosos, como no caso de morfinômanos que vieram a "abraçar a nova causa". Nesses casos,

> [...] no lugar de um marasmo lentificado, observamos uma rápida deterioração moral e física, estados alucinatórios e agitação similar ao *delirium tremens*, mania de perseguição crônica caracterizada, na minha experiência, pela alucinação de pequenos animais movendo-se na pele, e a troca da adicção à morfina pela adicção à cocaína – tais foram os tristes resultados de querer exorcizar o diabo por intermédio de Belzebu. (FREUD, 1887, p. 172)

Ora, neste sentido, o *diabo não está na droga*, e sim no (mau) uso da mesma; deve-se, portanto, cuidar de não tratá-la como um "agente do mau"[51], e sim procurar o diabo, ao invés disto, no lado do sujeito que se droga – em sua idiossincrasia, em uma predisposição ou em um funcionamento adictivo já instalado. Ou seja: é preciso se debruçar sobre o enigma da adicção. A psicanálise nos fornece sem dúvida, instrumentos poderosos para avançar nesta pesquisa.

Assim, se atentarmos para o título do artigo de Freud – "Observações sobre a adicção e sobre o medo da cocaína" –, notamos um *deslocamento* de objetivos e de objeto de pesquisa que não deve ser menosprezado: agora o objeto não é prioritariamente a cocaína em si mesma, mas o problema da *adicção* ou da *aversão* a ela. Segundo esse ponto de vista, podemos considerar esse trabalho o primeiro ensaio freudiano em que se empreende uma reflexão sobre as adicções. À medida que ultrapassamos o espírito de Idade Média que trata droga como a bruxa a ser queimada, surge – ao lado do enigma da adicção – uma outra questão a ser problematizada: a aversão sistemática, demonização ou fobia em relação à droga. Freud entreviu no movimento que se erguia contra a cocaína uma reação também patológica, o outro lado da moeda da defesa apaixonada dos viciados. Alguns anos depois, em trabalho pioneiro, Ferenczi, veio a denunciar a falácia do antialcoolismo: "[...] a atividade de agitação partidária dos antialcoólicos tenta esconder o fato de que o alcoolismo é apenas uma das consequências, certamente grave, mas não a causa, das neuroses" (1911a, p. 160, nota 1). E, em outro trabalho, lembrando que "[...] a responsabilidade dos sintomas de embriaguez não incumbia, em nenhum caso, somente ao álcool" (1991b, p. 175), Ferenczi viu no antialcoolismo uma reação neurótica: o zelo excessivo, o ascetismo e a recusa do álcool seriam derivados

---

51 Atribuir um poder maligno ao objeto-droga já é, como indiquei em outro trabalho ("A droga e a coisa", in D. GURFINKEL, 2001), o resultado de uma distorção na relação sujeito-objeto característica dos adictos; ora, tal distorção também é, muitas vezes, compartilhada por aqueles que o cercam: os familiares e as comunidades social e "científica".

de pulsões sexuais recalcadas que, associadas à culpabilidade, reclamam uma punição pela privação. Ou seja: tratar-se-ia de uma hipermoral reativa e neurótica. É digna de nota a semelhança fonética dos termos alemães que, no original, designam no artigo de 1887 a *adicção* e o *medo* da cocaína: *Cocaïnsucht* e *Cocaïnfurcht*. Considerando-se as observações de Freud (1910a) sobre o duplo sentido antitético das palavras primitivas, poderíamos supor que se trata, de fato, de dois lados de uma mesma moeda? Adicção e medo: a irresistível força de *atração* e a irresistível força *de repulsão* em relação ao objeto – força centrípeta e força centrífuga.

Creio que podemos observar, neste desfecho "oficial" do episódio da cocaína, um amadurecimento significativo da relação de Freud com a droga. Do ponto de vista científico, notamos um movimento de abertura com a colocação em questão do enigma da adicção e de seu contraponto, a aversão à droga. No entanto, não se deve esquecer que se trata, de fato, de uma abertura *inicial*, já que grande parte dos instrumentos de pensamento para dar conta de tais questões ainda estava por vir; a explicação fisiológica e neurológica da predisposição é um bom exemplo de tal limitação. Do ponto de vista subjetivo, podemos supor que Freud (1887) viveu um refreamento, modulação ou "esfriamento" de suas ambições e de suas expectativas exageradas depositadas na droga; também ele precisava deslocar-se e desfascinar-se de tal objeto mágico. Foi preciso reconhecer os riscos envolvidos no seu uso para ser mais prudente: "[...] considero recomendável abandonar, na medida do possível, o uso de injeções subcutâneas de cocaína no tratamento dos distúrbios nervosos internos" (FREUD, 1887, p. 175), mas sem "jogar fora o bebê com a água": "[...] os efeitos tóxicos não devem nos levar a descartar a aplicação de cocaína para obter o fim almejado" (FREUD, 1887, p. 174). É claro que temos ainda aqui um reconhecimento parcial, uma vez que o "mal/mau" fica projetado e atribuído às seringas; essa confusão de responsabilidades é mais um reflexo do processo de elaboração da culpabilidade, que possivelmente prejudicava o seu discernimento científico.

A autoadministração e a queda da panaceia: lições para o futuro

Quais lições Freud levou do "episódio da cocaína" para o futuro da psicanálise?

Em primeiro lugar, destaco desse episódio *a sobreposição entre investigação científica e autoadministração*; Byck (1974) ressaltou, aliás, como o método da autoadministração foi também adotado por outros pioneiros da pesquisa com drogas psicoativas. Segundo os biógrafos, o uso da cocaína não foi, para Freud, pontual ou casual. Entusiasmava-o tanto a possibilidade de fazer uma grande descoberta quanto encontrar um meio de curar-se de seus males psíquicos e psicossomáticos. A depressão era, em especial, o principal sintoma a ser combatido. Creio que isso comporta consequências importantes, e reflete *algo que trabalhava* no íntimo de Freud. Ora, essa sobreposição de objetivos será reencontrada na sua *experiência de autoanálise*, ato fundador da psicanálise. E, ainda, ela constituirá um princípio metodológico da nova disciplina: o investigador só poderá avançar na compreensão e no "tratamento" de seu objeto à medida que aprofundar-se no trabalho com o próprio inconsciente – "Conhece-te a ti mesmo". Conforme tem sido bastante ressaltado, esta postura implicou uma ruptura epistemológica em relação ao conceito de ciência da época, calcado na separação rígida entre sujeito e objeto e na crença aferrada na objetividade de uma observação neutra e isenta do próprio olhar do investigador.

É curioso observar, quanto a isso, que mesmo em "Contribuição ao conhecimento da ação da cocaína" – artigo em que ensaiou uma abordagem experimental para lidar com variabilidade de reações no uso da droga –, Freud tomou a si mesmo como objeto, em um erro básico em qualquer estudo deste gênero.

> Eu mesmo me submeti repetidamente a estas duas séries de experimentos. Percebi que tais auto-observações implicam o inconveniente, para as pessoas que a realizam, de requerer dois tipos de objetividade ao mesmo

tempo. Tive de proceder dessa maneira por razões alheias a meu controle e porque nenhum dos sujeitos à minha disposição tinha reações regulares à cocaína. (FREUD, 1885b, p. 98-99)

A sua justificativa mal encobre uma racionalização pouco convincente. Sobre a suposta falta de rigor metodológico do trabalho, Jones comentou que o estudo experimental – e este foi o único trabalho publicado por Freud no gênero –, "não era seu campo efetivo": "[...] todas as ideias são boas, mas os fatos são registrados de maneira algo irregular e sem controle, o que tornaria difícil correlacioná-los com observações de quaisquer outras pessoas" (JONES, 1953, p. 102).

Se Freud queria fazer uma grande descoberta, não precisaria ter se colocado no lugar de cobaia. Mas o seu desejo o conduziu a buscar um tratamento *para si* e para aqueles que o cercavam: Fleischl, Martha, colegas, amigos, familiares e pacientes. A cocaína era apreciada principalmente por seus efeitos terapêuticos: *Freud estava mobilizado pelo desejo de curar*. O seu desinteresse inicial pela clínica médica ganhava aqui uma revisão: o *curar* entrou no horizonte de seus anseios mais profundos, ao lado do *investigar*. E ainda: o curar o outro parecia se entrelaçar com o curar algo em si mesmo. Bem, ao colocar a investigação nesse plano *reflexivo*, Freud pôs em relevo uma dimensão essencial da psicanálise: o *fazer experiência*[52]. Praticar a psicanálise é ao mesmo tempo mergulhar na experiência, colocando-se no olho do furacão do acontecer psíquico. É isso que nos ensina o fenômeno da transferência: o material psíquico, ainda que originado em um tempo-espaço longínquo, é reexperimentado ao vivo – condição *sine que non* da eficácia do tratamento.

Ora, é difícil imaginar que esta ruptura epistemológica que se anunciava tenha sido fácil, ou que tenha se dado de maneira pacífica e sem conflitos, pois aqui o cientista entra em choque

---

[52] Comentei o caráter essencial do *fazer experiência* para a prática psicanalítica em "Diálogos com Regina Schnaiderman", in *Percurso*, 35, 2005, p. 118-119.

com a tradição em que está inserido, e particularmente com os mestres que a representam[53]. A questão que podemos formular, então, é: este caráter eminentemente *transgressivo* de uma nova concepção de ciência não terá se somado, no íntimo de Freud, a outros elementos da cadeia associativa de culpabilidade ligada ao episódio da cocaína? Quem é, afinal, este novo cientista que ousa colocar-se em primeira pessoa, como sujeito da experiência? Bernfeld (1953) foi, provavelmente, o primeiro a destacar o caráter de "transgressão criativa" no episódio da cocaína já que, pela primeira vez, Freud seguiu o seu próprio caminho; Assoun assinalou, também, que essa pesquisa de Freud foi seu "primeiro empreendimento sem patrocinador" (ASSOUN apud RODRIGUÉ, 1995, p. 202), e Rodrigué viu em "Sobre a coca" um "componente subversivo" comum a *A interpretação dos sonhos*. Aqui se inaugura, assim, uma modalidade expositiva típica de Freud – a do observador observado –, acompanhando a tradição da literatura romântica germânica, que usa "[...] a experiência pessoal como matéria-prima" (RODRIGUÉ, 1995, p. 202).

Em segundo lugar, chamo a atenção para *a busca mítica de uma panaceia para todos os males*, e sua relação com a figura do médico. A cocaína foi vista por Freud, inicialmente, como uma droga mágica capaz de curar uma tal diversidade de males que talvez só a sua modéstia científica e o "superego" da comunidade de médicos tenham contido o ímpeto imaginativo de Freud em sugerir mais usos terapêuticos em "Sobre a coca". Mas o tom entusiástico do artigo não deixa dúvidas quanto à infiltração desse mito em sua pesquisa.

---

[53] Segundo Mezan, Freud construiu uma espécie de "positivismo temperado": "A grandeza de Freud consiste, a meu ver, em ter se curvado docilmente ao modo de existência próprio do território que suas pesquisas mapeavam [o território do psíquico], sem querer reduzi-lo apressadamente àqueles para cujo estudo o havia preparado sua formação acadêmica" (1996, p. 295).

Em *O estranho caso de Dr. Jekyll e Mr. Hyde*[54], Robert L. Stevenson (1886) retratou brilhantemente este mito que ronda a figura do pesquisador cientista. O médico inteligente e cativante que busca fazer uma grande descoberta, isola-se em seu laboratório e inventa uma droga que se autoadministra, despertando reações estranhas e desconcertantes. Ao invés de buscar o auxílio e a mediação dos outros da comunidade – figuras da experiência do senso comum –, mergulha cada vez mais em seu projeto. Traz à luz, assim, um outro Eu sinistro que passa paulatinamente a dominá-lo, revelando a face sombria de seu projeto científico: uma dimensão antissocial, selvagem e megalomaníaca de si mesmo até então adormecida. A duplicidade do personagem (médico e o monstro) já ganhou diversas interpretações psicanalíticas, tais como a da emergência das pulsões primitivas recalcadas ou de um processo dissociativo[55]. Quando Mr. Hyde entra em ação, estamos certamente diante de um episódio maníaco de origem química, e quando Dr. Jekyll "volta" a si após os surtos, podemos reconhecer aquele estado depressivo típico da ressaca do dia seguinte. Assim, não é difícil ver na droga misteriosa retratada por Stevenson uma espécie de cocaína, e reconhecer na *via crucis* percorrida por Jekyll/Hyde a espiral maligna dos toxicômanos

---

54 O livro foi escrito por Stevenson em três dias, a partir de um sonho febril tido logo após uma hemorragia, no ano de 1886 – exatamente na mesma época do episódio de Freud com a cocaína! É curiosa essa convergência de interesses entre o romancista e o criador da psicanálise: ambos são atraídos pelos sonhos que, aliás, vinham chamando a atenção de diversos escritores. No romantismo alemão, o sonho era visto como um meio de entrar em contato com o mundo da alma, da mesma maneira que o magnetismo e o desdobramento da personalidade; entrementes, Hervey de Saint-Denis criou um método para dirigir e controlar os sonhos, método que foi adotado, por sua vez, por Stevenson, que "[...] se serve dos personagens de seus sonhos como 'escritores-fantasmas', que ele faz colaborarem na redação de suas obras" (ANZIEU, 1989, p. 37).

55 Desenvolvi essa hipótese em "Clínica da dissociação" (in D. GURFINKEL, 2001).

graves. Curiosamente, uma paciente toxicômana de H. Rosenfeld (1960, p.155) reconheceu-se na história de Jekyll e Hyde ao assistir o filme nela baseado, e identificou-se particularmente com a divisão do Eu em duas personalidades e com a transformação de um "Eu bom" em um "Eu mau" oculto, devido à ação da droga – novamente, o mito da possessão maligna atribuída à droga diabólica.

Mas o foco que aqui nos interessa é a figura do médico/monstro. O médico cientista brilhante e ambicioso pode ser tomado por um ímpeto maligno de origem obscura; o seu aparente engajamento em uma causa para a comunidade pode esconder um projeto megalomaníaco e triunfante sobre o outro. Como sabemos, o contraponto desse surto maníaco é a queda depressiva, que, quando sobrevém, afoga o sujeito em remorso insuportável. Esse ciclo maníaco-depressivo é um dos principais modelos para compreendermos certos quadros de toxicomania: o investimento mágico em um objeto-droga é, nestes casos, motivado por uma forte idealização, que desloca para o objeto os desejos narcísicos de grandiosidade. Será que em algum momento Freud correu o risco de ingressar nessa trilha, quando abraçou apaixonadamente a causa da cocaína? Tudo indica que não; como concluiu Scheidt em seu cuidadoso estudo o desenlace da história de Freud com a cocaína atesta exatamente "[...] a solidez de uma constituição psíquica excepcionalmente sadia" (SCHEIDT, 1975, p. 18), afastando qualquer conjectura sobre a morbidez da personalidade de Freud. Ainda assim, não creio ser descabido supor que Freud foi tomado até certo ponto pelo mito do cientista-médico-gênio-louco, em busca da panaceia para todos os males.

A busca da panaceia através de uma droga mágica toca ainda em uma questão essencial, que transcende a figura de Freud: a relação complexa do saber médico com as suas drogas. Tomemos, a título de exemplo, o efeito afrodisíaco da cocaína descrito por Freud. A farmacologia e a medicina de nosso tempo já se apropriaram do projeto de inventar e oferecer ao consumidor comum tal "droga mágica" afrodisíaca: o Viagra e suas variações. Tanto na clínica quanto no campo da cultura, já se fazem nítidos os efeitos da presença de mais esse objeto na vida e no imaginário dos cidadãos; se ele cria oportunidades anteriormente inexistentes em termos das práticas sexuais, também busca proporcionar uma saída química e mágica diante das angústias derivadas da impotência psíquica e do decréscimo natural da funcionalidade orgânica do homem, devido ao avanço da faixa etária. Trata-se, neste sentido, de um recurso artificial para salvaguardar o orgulhoso domínio da macheza fálica... Notamos, pois, como a introdução de novas drogas no mercado dos tratamentos responde a demandas e cria necessidades mais complexas do que aquelas previstas no plano manifesto de seu objetivo terapêutico *stritu sensu*, abarcando uma dimensão subjetiva e imaginária muito mais ampla.

Em trabalho anterior, ao recapitular a história do uso de drogas psicotrópicas na época moderna, abordei esta relação entre o saber médico e suas drogas em termos de *um feitiço que pode voltar-se contra o feiticeiro:*

> A história da cocaína pode ser tomada como um exemplo da entrada da droga enquanto objeto na história da ciência. [...] Freud teria enfrentado muitas resistências no meio científico para mostrar que a coca – da qual foi sintetizada a cocaína em 1855 por Gardeke – não era uma "planta divina", mas uma droga. Inicialmente, o discurso médico teria negado o seu efeito farmacológico, sustentando que se tratava de puro imaginário popular. A incorporação da cocaína no discurso médico teria sido paulatina, à medida que alguns autores propuseram o seu uso como anestésico e como droga terapêutica. Parece ter sido necessário que a cocaína fosse colocada na categoria de medicamento para que pudesse ser aceita como droga. [...] O nascimento da toxicomania como objeto do saber médico tem uma certa contemporaneidade em relação ao nascimento da psicanálise, e mais do que isto: esta origem paralela encontra uma enigmática confluência na pessoa de Freud. A relação de Freud com a cocaína é objeto de grande controvérsia entre os seus biógrafos [...].
> A incorporação das drogas pelo saber médico teve um duplo aspecto. Por um lado, as drogas psicotrópicas tiveram um grande desenvolvimento farmacológico e têm sido largamente utilizadas no tratamento da "doença mental" ou dos "distúrbios mentais"; neste sentido, estão predominantemente ligadas à psiquiatria. Por outro lado, a medicina toma como objeto o uso não médico das drogas, uso que é considerado um abuso. Surgem

então as categorias nosográficas da toxicomania, da dependência de drogas, do hábito, do abuso de drogas, etc. Os dois aspectos mantêm uma relação estreita, já que o próprio uso das drogas pela medicina facilita enormemente o abuso das mesmas, e é também uma maneira de difusão; o saber médico acaba abrindo caminho – certamente não é esta a sua intenção original – para um tipo de instrumentação da medicação ou "saída" à qual as pessoas podem recorrer em determinadas situações. São mais frequentes do que normalmente se pensa os casos de dependência às medicações psiquiátricas (ansiolíticos, hipnóticos, anfetaminas anorexígenas, incluindo antipsicóticos e analgésicos narcóticos), situações encobertas que podem ou não incluir um conluio com o médico. Poderíamos dizer, quanto à relação do médico com o seu medicamento/droga, que muitas vezes o feitiço se vira contra o feiticeiro. (GURFINKEL, 1996, p. 28-30)

Como vimos, Freud já tinha consciência, ao dirigir-se à Sociedade Psiquiátrica de Viena, desta dupla pertinência das drogas psicotrópicas ao campo da psiquiatria: enquanto remédio e enquanto "veneno" (no caso de um "uso indevido", podendo levar ao vício). Mas o que Freud veio a sentir na própria pele, a partir das acusações de Erlenmeyer, foi a sensação repulsiva de ser ele mesmo este "monstruoso médico" que divulgava, defendia e promovia a "terceira praga da humanidade" – um médico-traficante! A sua "droga mágica" parecia ter traído a fidelidade com que inicialmente ele havia a ela se devotado, deixando-o em maus lençóis... Assim, neste feitiço que se volta contra o feiticeiro, a criatura (monstro) volta-se contra seu criador, o cientista-médico onipotente.

Hoje podemos levantar a hipótese: é justamente este cientista-médico onipotente que precisava ser tratado e "curado"! O resultado dessa cura foi, pelo menos em parte, o nascimento da psicanálise. Aquilo que teve o sabor de um *fracasso* – como lemos na própria *Autobiografia* – pode ser entendido como um gesto de *abertura fundante*. Não só a busca da panaceia e de uma cura mágica cai por terra, mas também o projeto de uma cura química para a dor psíquica sofre um forte abalo para Freud. Esta foi uma queda verdadeiramente *depressiva*, no sentido de um encontro elaborativo consigo mesmo e com os fantasmas infantis onipotentes e triunfantes. Jones sugeriu que o projeto cocaína foi um *atalho* que trouxe mais sofrimento do que sucesso. Sim, um atalho que procurava evitar o caminho mais árduo do princípio da realidade em detrimento das soluções mágicas; mas Freud aprendeu com a experiência, e não ficou paralisado no sofrimento e na amargura do fracasso – o tom jocoso de sua menção ao fato na *Autobiografia* bem o demonstra.

Anzieu foi um dos comentadores que melhor captou a importância e o sentido desse "fracasso fértil" de Freud, pois ele é "[...] o símbolo antecipador do fracasso de todas as drogas e o signo do longo, difícil e inevitável desvio que Freud deverá realizar em si mesmo e com seus pacientes, através da desmontagem dos encadeamentos psíquicos inconscientes" (ANZIEU *apud* OCAMPO, 1988, p. 82). Para Anzieu, esta queda da "onipotência terapêutica" e da "utopia quimioterápica" terá uma estação intermediária antes de desaguar na criação do método psicanalítico, a saber: a hipnose e a sugestão. E ainda: ela não será nunca inteiramente perpetuada, pois o fantasma da onipotência terapêutica, da cura mágica ou da panaceia nunca abandonará Freud por completo, cristalizando-se no *desejo de curar* próprio de todo psicanalista. Assim, com o episódio da cocaína, Freud incorporou de modo verdadeiramente *pessoal* a tarefa de ser um médico que trata, sem deixar de ser um pesquisador em busca de uma grande descoberta.

A cocaína, os charutos, as antiguidades, os livros... e o silêncio sobre as adicções

Mas algumas interrogações ainda permanecem: *Por que, em suas investigações psicanalíticas ulteriores, Freud nunca escreveu um ensaio sobre as adicções?* Podemos relacionar este relativo "silêncio" com as feridas de sua história pregressa com a cocaína?

É fato que a adicção e as drogas não escaparam à sua atenção. Encontramos, ao longo de sua obra, diversas menções ao assunto. Trata-se de comentários preciosos e muito elucidativos, e que nos permitem – como em um jogo de ligar pontos – construir o que poderia ser uma abordagem freudiana das adicções, ainda que ela não tenha sido explicitamente apresentada por Freud. Poder-se-ia mencionar, como exemplo, o texto de Freud (1927b) sobre Dostoiévsky. Nele, Freud ensaia uma análise da paixão pelo jogo de Dostoiévsky, assimilando-a à masturbação infantil e à culpa correlata, conforme hipótese já apresentada em carta a Fliess de 1897. Mas tais comentários se dão no contexto mais amplo de um estudo do escritor russo, examinando especulativamente sua suposta neurose em paralelo à sua vida e obra (os conflitos com o pai e a questão do parricídio; a pseudo-epilepsia como forma de ataque histérico; a tendência criminosa e a culpabilidade; a compulsão pelo jogo ligada à masturbação). As reflexões a respeito da adicção são breves e genéricas, e certamente não estão à altura do que poderíamos esperar de um ensaio de Freud sobre as adicções. Temos, aqui, apenas mais um dos fragmentos de ideias sobre o tema espalhados pela obra de Freud, que procurarei concatenar, ao longo deste trabalho, à maneira de um jogo de liga-pontos.

Ora, a ausência de um trabalho de Freud sobre o tema não deixa de intrigar o leitor atento. Afinal, quando vamos estudar histeria, neurose obsessiva, paranoia, melancolia, ou mesmo a perversão e o fetichismo, sabemos por onde começar. E no caso das adicções? Se Freud teve a preocupação de cobrir ao máximo o estudo da psicopatologia e de expandir suas reflexões para os mais diversos campos, por que esta lacuna? E, se levarmos em conta todas as suas experiências e reflexões do período compreendido pelo episódio da cocaína, ele certamente teria grandes motivos e bastante material para discutir o tema. É difícil imaginar que sua insaciável curiosidade científica e sua capacidade imaginativa simplesmente se retiraram[56]; especialmente se levar-

---

[56] Uma confirmação de que não se tratava, certamente, de desinteresse científico, é o fato de que o tema escolhido para a primeira sessão da Sociedade

mos em conta o quanto o fenômeno clínico das adicções pode contribuir para o enriquecimento da metapsicologia psicanalítica, e o quanto ele tão bem exemplifica e ilustra diversas de suas dimensões essenciais.

A questão se mostra, então, bastante pertinente, e até perturbadora: será que o "episódio da cocaína" deixou alguns "restos" na subjetividade de Freud e na construção do edifício da psicanálise que merecem ser resgatados e melhor compreendidos, em benefício de alguma revisão da construção usual da história das ideias nesse setor?

Um possível determinante dessa lacuna pode ser creditado às grandes dificuldades no tratamento de adictos, e em particular dos toxicômanos. Em uma carta a Ferenczi[57], Freud (*apud* JONES, 1955, p. 196) comentou que os viciados não são muito adequados para o tratamento psicanalítico, pois qualquer recaída ou dificuldade na análise leva-os a recorrer novamente à droga. Essa observação condiz com a experiência clínica dos que trabalham com estes casos, e nos faz lembrar o grande desafio técnico implicado nesse tipo de tratamento. Podemos retomar, aqui, a aproximação entre adicções e neuroses atuais; assim como Freud proscreveu as neuroses atuais do campo de atuação terapêutica do psicanalista, o mesmo se aplicaria às adicções? Se fosse esse o caso, a mesma revisão deste princípio de inanalisabilidade dos "casos psicossomáticos" realizada pela chamada psicossomática psicanalítica caberia ser também efetivada em relação à adicções: pois, mesmo se considerando todas as dificuldades terapêuticas, os psicanalistas têm estado cada vez mais abertos e dispostos a "comprar" esse desafio, o que tem resultado em diversos relatos que atestam a viabilidade do tratamento. No entanto, afora este comentário em

---

Psicológica das Quartas-feiras, no outono de 1902, foi "o impacto psicológico do hábito de fumar" (GAY, 1989, p. 170).

57 Carta de Freud a Ferenczi de 1 de junho de 1916. Nesta mesma carta, Freud comenta que a cocaína usada em excesso pode produzir sintomas paranoides, e que sua interrupção pode produzir o mesmo efeito.

carta para Ferenczi, Freud não se manifestou oficialmente sobre o tema. É preciso ressaltar, ainda, que o modelo da neurose atual certamente não esgota o campo clínico das adicções, mesmo que algumas semelhanças de mecanismos possam ser observadas, tais como a relativa atrofia dos processos psíquico-reprentativos e uma recorrência abusiva da via somática e do agir impulsivo.

Portanto, a indagação permanece: será que esse é um motivo suficiente para Freud furtar-se a refletir e a escrever sobre o assunto? Se lembrarmos as dificuldades no tratamento com pacientes psicóticos e perversos, compreenderemos que os impasses da analisabilidade não se aplicam somente aos adictos, e que os obstáculos terapêuticos não impediram Freud de se lançar em uma teoria psicanalítica da psicose e da perversão.

Podemos seguir uma outra linha de abordagem para compreender este "silêncio" inquietante. A pista que nos conduziu a ela encontra-se também em uma carta, escrita alguns meses antes, mas desta vez por Abraham, e dirigida a Freud[58]. Por essa fonte "indireta", somos informados de um suposto "ponto cego" de Freud: analisar pacientes adictos. Segundo a carta nos faz entender, Freud teria dito a Abraham que não poderia analisar bem adictos por uma "razão pessoal profunda": "[...] você considerou sua paixão por fumar um impedimento na investigação de certos problemas" (ABRAHAM *apud* FALZEDER, 2002, p. 324). Nessa passagem, Abraham escreve ao mestre sobre suas próprias dificuldades em analisar certos casos de anorexia histérica, que atribui a "razões pessoais mais profundas", assim como Freud teria lhe confidenciado no que tange ao atendimento de adictos.

Essa não é uma "grande revelação", e nem uma notícia de todo surpreendente. O intenso apego de Freud aos charutos é público e notório; sabemos que ele os consumiu por praticamente toda a vida e com grande prazer, mesmo tendo consciência dos

---

58 Carta de Abraham a Freud de 13 de fevereiro de 1916 (in FALZEDER, 2002, p. 323-324).

maleficíos do seu hábito. Os seus colegas e médicos costumavam se preocupar com o assunto desde a época de Fliess, que atribuía a arritmia cardíaca de Freud ao hábito de fumar. Ele o proibia de fumar, mas Freud não aguentava e recaia, percorrendo um movimento de sobe e desce que acompanhava suas oscilações de humor. Na verdade, Freud sentia que *necessitava* dos charutos para trabalhar, e em certa ocasião apelidou-os de "meios de trabalho", em analogia aos alimentos, que são os "meios de vida" (GAY, 1989, p. 353). Tal hábito contribuiu para o desenvolvimento do câncer na boca de que foi vítima, devido ao qual sofreu por quinze anos.

As biografias trazem diversas informações que confirmam a força desse hábito, assim como a importância que ele tinha em sua economia pessoal; assim, por exemplo, uma das privações materiais que mais aborreceram Freud nos anos do pós-guerra era a escassez de charutos e, ao perceber um tumor em sua boca, manteve a sua descoberta em segredo durante algum tempo por medo de que os médicos lhe impusessem a retirada dos charutos. *Não há dúvida que se tratava de uma verdadeira adic*ção. Em 1930, quando seu estado de saúde deixou-o finalmente intolerante aos charutos – e após um período de rebeldia contra Schur, médico pessoal a quem estava tão ligado e que lhe recomendara a abstinência, escreveu: "[...] deixei totalmente de fumar, depois que isso me serviu durante exatamente cinquenta anos como proteção e arma no combate com a vida. Assim, estou melhor do que antes, mas não mais feliz" (FREUD apud GAY, 1989, p. 518). E, em carta a Jones, após descrever o seu estado de saúde bastante precário e alarmante, acrescentou que "[...] *o pior de tudo* é que tinha desenvolvido uma intolerância absoluta por charutos" (FREUD apud GAY, 1989, p. 518). Ainda nesse momento, Freud se lamentava de estar pagando um preço muito alto pela vida que lhe restava[59]...

---

59   Uma medida da força deste vício pode ser auferida pela comparação feita por Freud, em carta a Lou Andreas-Salomé, entre o fumar charutos e sua "paixão impossível de resolver" pela filha Anna: "Era tão incapaz de renunciar a Anna quanto deixar de fumar" (ROUDINESCO; PLON, 1998, p. 258).

Para Peter Gay, o vício de Freud por charutos indicava, justamente, os *limites* até onde ele pôde chegar em sua autoanálise:

> [...] havia claramente profundezas em sua mente que a autoanálise nunca alcançou, conflitos que ela nunca foi capaz de resolver. A incapacidade de Freud em parar de fumar ressalta vividamente a verdade contida em sua observação sobre uma disposição extremamente humana, que ele chamou de saber-e-não-saber, um estado de apreensão racional que não resulta numa ação compatível. (GAY, 1989, p. 390)

Não se trata de uma grande revelação porque não é nada surpreendente que um analista tenha seus pontos cegos. Cada um, devido sua idiossincrasia e suas "razões pessoais profundas", está sujeito a uma limitação de seu campo de visão. Freud estava sujeito a essa mesma lei, por mais heroicas que tenham sido sua trajetória e sua obra, por maior que tenha sido o alcance de sua autoanálise e por maior que fosse sua capacidade pessoal de elaboração psíquica. Como todo psicanalista bem o sabe, isso não é motivo de vergonha; muito ao contrário, se trata da inevitável "equação pessoal" de cada analista, com suas virtudes e limitações.

Avançando nesta linha de investigação, podemos arriscar algumas especulações.

Haverá alguma ligação entre a relação de Freud com a cocaína e seu vício em charutos? A hipótese é bastante verossímil, se levarmos em conta a frequente "troca de objetos" que é típica dos adictos. Freud começou a fumar com 24 anos – no início só cigarros, e logo a seguir apenas charutos –, prosseguiu por mais cinquenta anos e deixou de fazê-lo somente em uma situação-limite, quando seu organismo não tolerava mais a fumaça devido ao câncer na boca. Lutou por diversas vezes contra o vício, sempre sem sucesso, mesmo que tudo e todos concorriam para que parasse. O uso da cocaína começou em 1884 – catorze anos depois do tabaco – e prosseguiu até meados dos anos 1890, mas nunca teve o caráter de dependência adictiva dos charutos. Sabemos, ainda, pelas cartas a Fliess, que no período de sua autoanálise Freud recorrera livremente ao vinho nos momentos mais difíceis. "Um ou dois copos faziam com que se sentisse mais otimista do que quando inteiramente sóbrio, mas não conseguiam aplacar suas dúvidas por muito tempo. Além disso, estava envergonhado, disse a Fliess, por 'me permitir um novo vício'" (GAY, 1989, p. 107). O efeito euforizante era, assim, também buscado no vinho, e o desânimo e o sentimento de vergonha subsequentes reforçam a hipótese de um estado depressivo subjacente.

As duas cartas acima mencionadas são de 1916, muito tempo depois do episódio da cocaína. Freud já era um homem maduro e realizado, criador de uma nova disciplina científica e líder de mão firme de um movimento em expansão; os motivos que o faziam necessitar recorrer a uma solução química euforizante para combater suas angústias e incertezas tinham sido, supostamente, superados. No entanto, o homem Freud ainda era o mesmo, e sentia ainda necessidade dos charutos para poder trabalhar. Nessa mesma época – conforme veremos mais adiante –, Abraham estava empenhado em desenvolver a teoria das organizações pré-genitais da libido em sua parceria com Freud, e particularmente preocupado com a chamada fase oral. Os problemas do narcisismo e da ambivalência, da melancolia, da mania e das adicções encontravam-se na ordem do dia; ora, talvez Freud também estivesse, de alguma forma, sintonizado com o assunto "adicções", daí os dois comentários epistolares.

O terceiro elemento que podemos acrescentar, ao lado da relação com a cocaína e com os charutos, é a paixão de Freud pelas antiguidades. Ele colecionou-as ao longo de toda vida, com dedicação, método e enorme entusiasmo, tendo lido muito sobre o assunto e acompanhando sempre as descobertas arqueológicas. Suas primeiras peças foram adquiridas nos anos 1880, mas seu desejo de constituir uma verdadeira coleção data dos anos 1896-1900 – na época da autoanálise e da elaboração de *A Interpretação dos sonhos* e, curiosamente, após abandonar a cocaína. No início, ele comprava as peças, com o pouco dinheiro que tinha, em antiquários de Viena e durante suas viagens e, ao longo dos anos, passou a receber regularmente presentes de diversos colegas, amigos e admiradores na forma de novas peças estes objetos passaram a simbolizar, assim, os laços de amizade com tais pessoas, sendo lembranças ao mesmo tempo de um passado longínquo e de amigos distantes ou ausentes. O seu consultório era uma "floresta de esculturas" espalhadas por todas as superfícies disponíveis, que chamava a atenção de todos. No final de sua vida, a coleção, composta de mais de 3 mil objetos, quase se perdeu quando foi confiscada pelos nazistas, mas pôde ser salva graças à intervenção de Marie Bonaparte; ela foi recomposta nos mesmos moldes de seu *locus* original, no espaço de trabalho remontado por Freud em sua nova residência, em Londres. Em seu testamento, deixou-a para sua filha Anna, juntamente com seus livros de psicanálise e de psicologia!

Peter Gay chegou a considerar esta paixão de Freud uma espécie de vício, e Freud mesmo teria se referido a ela a seu médico nestes termos: "[...] um vício cuja intensidade só é menor do que seu vício pela nicotina" (SCHUR *apud* GAY, 1989, p. 168). Ora, falar em vício parece um abuso interpretativo e uma extrapolação psicopatológica, pois, neste caso, se tratava de um interesse cultural altamente sublimado e saudável, conectado a diversos sentidos subjetivos muito profundos – tais como o fascínio por Roma e o mundo ensolarado do mediterrâneo, os vagos ecos de uma herança ancestral e da infância remota, e a criação de uma concepção de terapêutica calcada na metáfora de reconstrução arqueológica[60].

Há ainda uma paixão anterior, que pode ser considerada precursora da ligação de Freud com as antiguidades: o "vício" por livros. Em sua análise do "sonho da monografia botânica", em *A interpretação dos sonhos*, Freud se autodenomina um "bibliomaníaco" – ou "rato de biblioteca" (FREUD, 1900, p. 452). Ele relata que em seu tempo de estudante se tornou um grande aficionado por possuir livros – "a primeira paixão de minha vida" –, e comenta, de modo espirituoso, como logo descobriu que as paixões acarretam, com frequência, "amargos dissabores", pois, aos dezesseis anos, acumulou uma dívida tão alta na livraria que

---

60 Em diversas ocasiões, Freud comparou o trabalho do psicanalista com o do arqueólogo; "As pedras falam", disse em uma conferência sobre histeria (FREUD, 1896).

era incapaz de saldar[61]. Teve que recorrer então à ajuda de seu pai – que, como sabemos, transmitira a Freud o desejo de seguir uma carreira intelectual que ele mesmo não fora capaz de ter – e, como reconheceu anos depois, usou como desculpa pelo seu erro o fato de se tratar de uma "boa causa".

Ora, ainda que se questione o caráter patológico do apego de Freud às antiguidades e aos livros, há que se considerar que se tratava de um colecionador! Se a "necessidade oral" ditava a exigência de charutos enquanto Freud trabalhava, seu olhar e sua inspiração se alimentavam também da visão das estatuetas, pinturas e objetos espalhados pela escrivaninha e pelas paredes. Considerando a figura do colecionador sob a ótica de uma "paixão anal"[62], poderíamos especular sobre algum traço adictivo na paixão pelas antiguidades. E, se insistirmos ainda um pouco mais nesta linha investigativa, poderíamos considerar a paixão de Freud pelas antiguidades uma transformação bem-sucedida de uma tendência adictiva, já que nesta atividade se dá, essencialmente, um trabalho simbólico sobre as origens – origens da civilização e origens do sujeito psíquico. A função transicional do objeto, nesse caso, parece ter sobrepujado o caráter fetichista do mesmo... As antiguidades são como objetos transicionais para lidar com os outros ausentes e distantes e com a passagem do tempo: os soterramentos e esquecimentos, as marcas constitutivas da cultura humana e individual e, sobretudo, aquilo que Freud veio a denominar a transitoriedade da vida. Os livros também contêm, essencialmente, um sentido de ligação na linha do tempo: a ligação entre a tradição cultural acumulada do passado, da qual viemos, e o desejo de criar algo novo a partir dela, imprimin-

---

[61] Como ocorre com os viciados em drogas e em jogo, aprisionados aos traficantes e agiotas...

[62] "Se o irremediável gosto de Freud pelos charutos atesta a sobrevivência de necessidades orais primitivas, sua coleção de antiguidades revela resíduos na vida adulta de prazeres anais igualmente primitivos" (GAY, 1989, p. 168). Ver, adiante, capítulo sobre a adicção enquanto paixão anal.

do uma marca própria nesta história. Afinal, através dos livros escritos, um autor busca realizar suas fantasias de imortalidade[63].

Mas retornemos um pouco mais ao silêncio de Freud sobre as adicções. Este poderia ser também atribuído – ainda – a uma decisão deliberada e estratégica de não se expor diretamente, deixando esse tema polêmico e difícil para seus discípulos. De fato: Ferenczi abraçou a dimensão político-social da questão ao confrontar Bleuler e o movimento antialcoolista, enquanto Abraham assumiu a tarefa mais "científica" de articular adicções e teoria da sexualidade. Esta hipótese parece um pouco inverossímil, pois não era do feitio de Freud recuar diante de certos confrontos científicos. De qualquer modo, as marcas subjetivas de ter promovido e espalhado pelo mundo "o terceiro flagelo da humanidade" – conforme acusação de Erlenmeyer em relação à cocaína – não devem ter sido fáceis; e, mesmo que outrora tenha se orgulhado de ser o portador de uma "peste", o caminho da prudência pode ter sido preferencialmente escolhido.

Bem, todas estas especulações têm um valor apenas relativo. Mesmo não tendo se dedicado explicitamente a construir uma psicanálise da adicções, o principal legado de Freud foi ter criado a psicanálise; pois, ao fazê-lo, ele certamente forneceu os alicerces e os instrumentos fundamentais para tal projeto. As indicações sobre o assunto espalhadas ao longo de sua obra, sua teoria sobre o psíquico e os fundamentos da sua psicopatologia são material mais do que suficiente para concebermos as bases de uma teoria psicanalítica sobre as adicções. Ora, justamente devido a estas circunstâncias históricas, uma psicanálise das adicções foi desde cedo construída através da colaboração de diversas vozes, além daquela do próprio Freud. Tal particularidade é uma marca desse campo de investigação, e é esse conjunto de vozes que procurei aqui abarcar e "fazer falar".

---

63 O caráter complexo das paixões adicctivas, não redutíveis à sua dimensão psicopatológica, será discutido no capítulo "Paixão, caráter e seus paradoxos", no qual voltaremos à bibliomania de Freud.

4
Vício e hipnose

Os anos que sucederam o "episódio da cocaína" foram decisivos para a fundação da disciplina psicanalítica. No início deste período, foi-se definindo para Freud o seu objeto de trabalho – o estudo das "doenças nervosas" – em uma dupla perspectiva: enquanto clínico que se propõe a tratá-las e enquanto cientista que se propõe a compreendê-las. Ainda não havia a psicanálise, mas a opção pela psiquiatria foi tomando forma. Em 1883 Freud iniciou seu trabalho na clínica psiquiátrica do Hospital Geral de Viena, sob a direção de Meynert, e em 1885 já se apresentou diante da Sociedade Psiquiátrica de Viena em uma palestra sobre os usos terapêuticos da cocaína em diversas afecções psíquicas. Mas esse ramo da medicina era pouco desenvolvido em Viena, e a ambição de Freud levou-o ao centro pioneiro da Europa. O estágio em Paris ao lado de Charcot, entre 1885 e 1886, significou um mergulho mais decisivo na consolidação de seus rumos profissionais. Lá ele conheceu de perto a hipnose e a histeria, e voltou transformado: demitiu-se do Hospital para dedicar-se à clínica privada, e finalmente pôde realizar o grande sonho de casar-se com sua amada. Foi nesse novo contexto que Freud publicou seu último trabalho sobre a cocaína, em 1887, enquanto Martha estava grávida da primeira filha. Um mês depois do nascimento de Mathilde – nome escolhido para homenagear a esposa de Breuer –, Freud conheceu Fliess através deste último.

O "período de incubação", entre 1886 e 1891, foi caracterizado pela sua "[...] formação autodidata como psicoterapeuta" (GAY, 1989, p. 73). Freud descobriu-se cada vez mais insatisfeito com as técnicas de tratamento disponíveis e, apoiado na experiência pioneira de Breuer com Anna O. (que Freud conhecia desde 1883), deu início à criação de seu próprio método. Experimentou a eletroterapia, a hidroterapia e as curas de repouso, e abandonou-as no início dos anos 1890; trilhou, então, um paulatino percurso, apoiando-se na técnica da sugestão hipnótica, em direção à "cura pela fala".

Bem, o tema das adicções ressurge, de modo discreto, ainda no período da hipnose.

Em artigo de 1890[64], após defender com seu habitual poder persuasivo as vantagens do tratamento pela sugestão e hipnose, Freud reconhece um possível "efeito colateral" quando de sua aplicação continuada: nestes casos "[...] se instala uma habituação da mesma, e uma certa dependência do médico hipnotizador que não se contava entre os propósitos iniciais do tratamento" (FREUD, 1905, p. 1024); e refere-se a esse fenômeno, adiante, como "uma espécie de adicção à hipnose" (1905, p. 1026)[65]. No mesmo artigo, ele inclui, ainda, entre as diversas indicações terapêuticas da hipnose – tais como o tratamento dos estados nervosos, dos transtornos "imaginários" (hipocondria) e das dores e paralisias derivadas de doenças orgânicas efetivas –, o seu uso na "[...] interrupção dos hábitos compulsivos, como o alcoolismo, a morfinomania e as aberrações sexuais" (1905, p. 1025).

---

64 A data atribuída a *Psicoterapia (tratamento pelo espírito)* foi, por muito tempo, 1905; a confusão só foi esclarecida na década de 1960, quando se descobriu que em 1905 se deu a *terceira* edição do livro que continha o artigo de Freud, cuja primeira edição havia sido em 1890.

65 No original: *"Sucht nach der Hypnose"*.

Assim, apenas três anos depois de "Observações sobre a adicção e sobre o medo da cocaína", Freud voltou a tocar no tema das adicções. Nota-se como nesse segundo momento, porém, o médico das doenças nervosas passou a contar com um novo instrumento de trabalho: a *psicoterapia*. Se diante dos psiquiatras Freud havia defendido, antes, o uso da cocaína com estimulante para tratar a melancolia e outras afecções, agora ele passa a prescrever o uso da hipnose em diversos casos[66]. *A farmacoterapia foi substituída pela psicoterapia*. Nesse artigo, escrito para ser incluído em um manual coletivo de medicina de caráter semipopular, Freud atribui à "moderna medicina" a tarefa de estudar o vínculo "inegável" entre o corporal e o psíquico, assim como o desafio de tomar para si algo na verdade que sempre praticou: o uso da palavra como o meio mais poderoso de um homem influenciar o outro (1905). Trata-se, assim, da *instrumentalização médica da "magia" da palavra*.

Como se sabe, Freud praticou a hipnose e a sugestão entre 1886 e 1896, tendo como seus mestres Charcot, em Paris, e Bernheim (discípulo de Liébeault), da escola de Nancy. Além da longa estada em Paris, Freud esteve por algumas semanas em Nancy, e traduziu, prefaciou e divulgou as obras dos dois mestres. Havia divergências entre estes, e Freud oscilou em termos de alinhar-se a um ou a outro dos mestres; a controvérsia concentrava-se na relação entre sugestão e hipnose: Charcot colocava a hipnose em primeiro plano, e Bernheim fazia da sugestão o ponto central da hipnose. No meio vienense, Freud contava, de um lado, com o antecedente do respeitado Breuer, que já empregara a hipnose com fins terapêuticos, e, de outro, estava exposto à falta de apoio de muitas autoridades médicas que manifestavam

---

[66] Em 1886, logo após retornar de Paris, Freud proferiu duas conferências sobre hipnotismo nas mesmas associações médicas às quais havia se dirigido em 1885 a respeito da cocaína: a Associação de Fisiologia de Viena e a Sociedade de Psiquiatria (STRACHEY, 1966, p. 100, nota de rodapé; JONES, 1953, p. 103).

opiniões alarmistas e céticas – inclusive Meynert, seu antigo chefe no Hospital.

    Este tipo de repercussão – um misto de repúdio e retraimento cauteloso – guarda uma semelhança com o período da cocaína e, anos depois, com a polêmica em torno da sexualidade. De fato, Freud parece ter sempre tido uma atração pelas coisas "de baixo"[67], com as quais flertou de um modo discreto e elegante: a droga mágica dos médicos desajustados e dos poetas loucos, a mágica sinistra dos "magnetizadores" – charlatões da arte de curar –, a sexualidade escandalosa e os desejos suprimidos da "boa" consciência. Este traço não deixou de imiscuir-se na nova disciplina a ser criada: pois, em que pese a difusão, os progressos e a institucionalização da psicanálise, continuamos convivendo com uma cientificidade sempre *na borda*.

    Mas o *affair* de Freud com a sugestão e a hipnose também teve seus dias contados. Antes de tudo, deve-se considerar que Freud começou a utilizar a hipnose de uma maneira diferente da sugestão hipnótica, seguindo o método de Breuer de usar o hipnotismo para determinar a origem dos sintomas neuróticos. A hipnose é integrada, desta forma, ao método catártico. Já nos primeiros anos da década de 1890, Freud começou a mostrar-se insatisfeito com a hipnose, como se observa nos relatos de tratamentos registrados nos *Estudos sobre histeria*. Ele se deparou com várias situações em que a hipnose é impossível ou ineficaz – atribuindo estes fracassos, de início, à sua própria imperícia –, e percebeu ser possível obter "efeitos de sugestão" sem a necessidade de colocar o paciente em estado de hipnose. Desenvolveu, ainda, alguns recursos auxiliares – como a exigência de "concentração", a "técnica da pressão" na testa e dos "olhos fechados" –, que

---

[67] Recordemos a epígrafe de *A interpretação dos sonhos*, retirada de Virgílio, "Se não puder dobrar os deuses de cima, comoverei o Aqueronte", já mencionada por Freud em uma carta a Fliess de 1896. Aqueronte é o nome de um dos rios do inferno, e simboliza, aqui, o submundo inconsciente do desejo recalcado.

vão sendo sucessivamente abandonados. No capítulo dedicado a apresentar o método da psicanálise em *A interpretação dos sonhos*, esses "recursos auxiliares" não são mais mencionados (com exceção da recomendação dos olhos fechados), e, em "Sobre o início do tratamento", Freud (1913a) reconhece no uso do divã o único remanescente – relíquia? – do "ritual" da hipnose.

A menção às adicções no artigo de 1890 pode ser compreendida segundo dois planos distintos.

Em primeiro lugar, Freud postula uma *adicção à hipnose*. O objeto da adicção não é mais, aqui, uma droga psicoativa; não se trata de uma toxicomania. Esta novidade é significativa por indicar, de saída, o interesse que há em não se atrelar o enigma da adicção à natureza química de seu objeto; nessa mesma direção, vemos Freud incluir as "aberrações sexuais" dentre os hábitos compulsivos, indicando a possibilidade de uma "sexualidade adictiva"[68]. Assim, surgem no horizonte duas novas formas de adicção: a adicção à hipnose e ao sexo.

Ora, a "adicção à hipnose" está correlacionada à questão do poder de um indivíduo sobre o outro, que implica um vínculo de *dependência*. A aproximação entre adicção e dependência tem sido bastante discutida, sendo esses termos, inclusive, usados como sinônimos (drogadicção, dependência de drogas)[69]. Haverá alguma relação entre a dependência em relação a uma pessoa e a dependência em relação a uma droga – um objeto inanimado? Essas duas formas de dependência não indicam, justamente, diferentes *qualidades* adictivas[70]? Como sabemos, o estudo da de-

---

[68] Muitos tempo depois, Joyce McDougall (1982, 1986, 1995) veio a propor a expressão "neossexualidade" para designar uma "sexualidade adictiva".

[69] Abordei este paralelo em "Drogas, adicções e toxicomania" (GURFINKEL, 1996).

[70] É fundamental que levemos em conta a dimensão coisificante do objeto nas adicções, e em particular na toxicomania ("A droga e a coisa", "Sujeito quase", in D. GURFINKEL, 2001); entre o animado e o inanimado, encontramos certamente um leque com diferentes texturas na relação de objeto.

pendência é um tema caro aos psicanalistas ditos "das relações de objeto", e encontramos em Winnicott (1951, 1956, 1971) e em Bleger (1967) uma base para a abordagem das adicções segundo o modelo da dependência[71]. A adicção à hipnose nos remete, ainda, à questão dos efeitos colaterais da psicoterapia, esta também sujeita ao vício; a psicanálise, por mais que tenha se afastado da sugestão hipnótica, carrega em si um resto irredutível desta origem no fenômeno muitas vezes desconcertante e incontrolável da transferência. Trata-se de um instrumento de trabalho valioso e imprescindível, mas que pode se voltar contra o feiticeiro, em uma "transferência selvagem"[72] ou em uma "adicção de transferência" (BOLLAS, 2000).

Sabemos que a hipnose será dissecada e analisada, muitos anos depois, através de uma rigorosa leitura propriamente *psicanalítica*: em *Psicologia das massas e análise do Eu*, Freud resgatará essa prática abandonada como *modelo* para compreender a influência e o poder do líder sobre a massa, e ressignificará a hipnose como uma "formação de massas a dois". Essa revisitação muito nos interessa, já que nos permite compreender uma certa dimensão da adicção, considerada segundo o protótipo da paixão amorosa[73]. Devemos observar, no entanto, que a hipnose

---

[71] O trabalho de Susana Dupetit (1983) é um bom exemplo de uso de tal referencial teórico para compreender as adicções.

[72] Ao referir-se à "diabolia" selvagem de um *sinistro* (*Unheimliche*) que toma conta de certas situações de transferência, Fédida assinalou que "[...] a elucidação deste enigma certamente seria favorecida por uma pesquisa conjunta sobre *a hipnose na psicanálise e sobre a droga no tratamento do toxicômano*" (FÉDIDA, 1988, p. 93).

[73] Vale lembrar que Le Poulichet (1987) foi uma das pesquisadoras da interface entre toxicomania e psicanálise que ressaltou a aproximação entre hipnose e adicções na obra de Freud, e – apoiando-se em Fédida – soube dela extrair consequências metapsicológicas relevantes.

e a dependência em relação ao líder-hipnotizador ainda não são compreendidas, em 1890, através da lente da teoria da libido[74].

O segundo plano a ser considerado concerne à *terapêutica* das adicções: segundo Freud propõe no artigo de 1890, tais "hábitos compulsivos" podem ser tratados pela hipnose. Se anos atrás ele apostava no uso da cocaína para tratar a morfinomania – seguindo o mesmo princípio de muitos tratamentos psiquiátricos atuais, que se baseiam na chamada "dependência cruzada" –, agora o instrumento farmacológico é substituído pelo poder de influência da palavra. Nota-se como esse poder só existe devido ao contexto em que a palavra é proferida, ou seja, sob hipnose; é apenas quando o hipnotizado está de tal forma entregue ao hipnotizador que a palavra deste último pode se tornar mais forte que o misterioso poder de atração do objeto adictivo.

Ora, essa proposição nos mostra que, em tese, um vínculo de dependência *humano e psíquico* pode ser mais forte e eficaz do que uma dependência a uma "coisa" inanimada e material, mesmo considerando-se o seu efeito químico direto no sistema nervoso central. *A aposta neste poder é o cerne do "tratamento pelo espírito".* Toda psicoterapia se baseia, em parte, no poder da palavra advindo de uma situação de dependência; esta é uma das dimensões inerentes ao fenômeno da transferência, que implica, conforme propôs Lacan, um "suposto saber" atribuído àquele que trata. Com o estabelecimento do método psicanalítico, um contexto especial será proporcionado pelo *setting*, que cria o ritual e o cenário para o desenrolar da transferência; não é sob hipnose, mas é *sob transferência* que o poder mágico da palavra e da dependência em relação ao outro pode operar. Deve-se notar que, ainda

---

[74] Daqui emerge uma indagação: podemos aproximar este período, ainda pré-psicanalítico – o tempo da "hipnose sem o sexual", berço de uma prototeoria da dependência – , a uma primeira etapa da construção freudiana anterior ao estabelecimento do modelo "estrutural-pulsional" que, segundo Greenberg e Mitchell (1983), guarda algo da "sensibilidade" do modelo "estrutural-relacional" dos psicanalistas das relações de objeto?

assim, um resto hipnótico sempre permanece no horizonte da "nova técnica": pois o poder mágico nunca é totalmente suplantado pelo poder simbólico da palavra de "esclarecer", ou pelo ato da interpretação que desvela o sentido inconsciente do sintoma.

No tratamento da adicção, o grande desafio é, pois: como engendrar um poder da palavra que suplante a imensa força de atração que une o adicto a seu objeto, instrumentalizando a força hipnótica da dependência em relação ao outro para fazer frente à dependência patológica em relação a um objeto-coisa, ao qual se está fixado?

* * *

O salto do somático ao psíquico é, como sabemos, um dos enigmas que mais intrigou a Freud. Se, ao adotar o caminho da psiquiatria, ele primeiro propôs-se a um tratamento *do* psíquico por meios químicos e, paulatinamente, voltou-se para um tratamento *pelo* psíquico, ele nunca deixou de situar-se *entre* o somático e o psíquico, como nos mostra o estudo da sexualidade e o conceito de pulsão. Mais do que nunca, a adicção – e a toxicomania, em particular – nos coloca no olho do furacão deste *entre*: entre a dependência física e a dependência psíquica, entre um tratamento médico, farmacológico, socioterápico ou psicoterápico, ou, ainda, entre a neurose atual e a psiconeurose, e entre a neurose e a perversão.

Observemos como essas ideias do período da hipnose, perdidas na poeira do tempo, podem eventualmente ressoar na obra ulterior de Freud e em uma reflexão psicanalítica sobre os vícios; a aproximação entre paixão e adicções será particularmente propícia a revisitar e a ressignificar o modelo da hipnose.

5
Sexualidade e adicções: entre o somático e o psíquico

Com a sexualidade surgindo no horizonte, anuncia-se uma nova e poderosa lente para estudarmos as adicções; estamos, aqui, atravessando o umbral que separa o Freud pré-psicanalítico do Freud criador da psicanálise.

A base de uma psicanálise das adicções se encontra, historicamente, na teoria da sexualidade. Mas se, usualmente, partimos da teoria da sexualidade apresentada por Freud (1905) nos *Três ensaios sobre a sexualidade*, neste caso é importante retomar algumas formulações que antecederam e prepararam essa obra seminal. Na última década do século XIX, Freud explorava, em paralelo ao seu trabalho com a histeria, uma outra vizinhança do campo das "doenças nervosas": a neurastenia e a neurose de angústia. O protótipo das "neuroses atuais" foi, como veremos agora, uma das primeiras referências psicopatológicas para pensar as adicções, e contém ressonâncias que se estendem até nossos dias.

O "vício primário"

Comecei a compreender que a masturbação é o primeiro e o único dos grandes hábitos, o "vício primário", e que todas as demais adicções, como a adicção ao álcool, à morfina, ao tabaco, etc., só surgem ao longo da vida como seus substitutos e deslocamentos. A importância que esta adicção tem na histeria é imensa, e talvez se encontre aqui, no todo ou em parte, o meu grande obstáculo, que ainda não pude esclarecer. Naturalmente surge, por decorrência, a dúvida sobre se tal adicção é curável ou se a análise e a terapia devem deter-se aqui, conformando-se em converter a histeria em neurastenia (FREUD, 1897c, p. 3594).

Esses comentários de Freud, em uma carta a Fliess, merecem uma análise cuidadosa.

Antes de tudo, deve-se observar como agora a sexualidade é colocada em uma plano fundamental, pois é em uma das formas de sua expressão – a masturbação – que se encontra o *protótipo* de todas adicções. Se antes Freud já notara um *tipo* de adicção ligado ao sexual – que ele denominara vagamente como "aberrações sexuais" –, agora se trata do vício *primário*. Ora, sabemos como a busca pelo primário sempre esteve no modo de pensar freudiano: a defesa primária, o processo primário, o recalcamento primário, o narcisismo primário... O *primário* é sempre pensado em contraste com um *secundário*, constituindo um tempo anterior ao mesmo tempo lógico e cronológico, e uma dimensão fundante e originária dos fenômenos psíquicos. O primário relaciona-se, ainda, com as noções de *primitivo* e de *originário*.

Mas a masturbação é uma adicção? Será que Freud se refere aqui a certas situações em que a masturbação ganha de fato um caráter compulsivo e irrefreável, *tornando-se* um vício? Ou será que ela é, em si, "viciante"?

É necessário examinarmos o estatuto que tinha a masturbação para Freud, especificamente em relação ao eixo universal/patológico. Freud (1912a) mostrou-se muito cuidadoso ao abordar o tema, como vemos em seus comentários no simpósio sobre a masturbação. Ele reafirmou suas proposições dos *Três ensaios sobre a sexualidade* sobre a presença regular e pouco reconhecida da masturbação na vida infantil e sobre a existência de três etapas da masturbação de acordo com a idade: a masturbação do lactante, da infância e da puberdade. Em seguida, atacou a questão: a masturbação é prejudicial? A sua resposta é complexa e, ao observar que nas neuroses essa prática em alguns casos se torna prejudicial, distingue três modalidades de *dano*. Em primeiro lugar, há um dano orgânico, ligado à frequência exagerada e à satisfação insuficiente; esse aspecto refere-se à etiologia da neurose atual. Em segundo, há um dano ligado ao estabelecimento de um *protótipo psíquico* segundo o qual a satisfação se obtém sem necessidade de uma modificação no mundo exterior. E, em terceiro, em casos em que a masturbação se prolonga da adolescência à vida adulta, observa-se um "infantilismo psíquico", ou seja: a fixação nos fins sexuais infantis. Estes dois últimos fatores referem-se ao campo da psiconeurose.

"A masturbação é a executora da fantasia" (FREUD, 1912a, p. 1707). Ao ressaltar a importância das fantasias que tão frequentemente acompanham ou substituem o ato masturbatório – "[...] este reino intermediário entre a vida ajustada ao princípio do prazer e a governada pelo princípio da realidade" (1912a, p. 1707), Freud opina que os desenvolvimentos e sublimações sexuais da fantasia não representam progressos e que, apesar de eventualmente proteger o sujeito de uma queda na perversão e dos malefícios da abstinência sexual, se tratam de uma evitação do crescimento proporcionado pelo trabalho psíquico com os objetos da realidade. Neste sentido, a nocividade da masturbação enquanto atividade *primária* se deve à facilitação que proporciona para a perpetuação de uma vida de fantasia, em detrimento do investimento objetal que deve advir *secundariamente* ao autoerotismo. Essa inflação da fantasia é o caldo de cultura para a psiconeurose.

Nota-se como a segunda modalidade de dano indica como a prática onanista pode instaurar um protótipo psíquico de autossatisfação patológica, prenunciando aqui a questão do *narcisismo*. Neste aspecto, podemos entrever no trecho da carta uma questão que Freud perseguiu ao longo de praticamente sua obra e que, de certa maneira, também o perseguiu sem descanso: aquilo que aqui denominou "meu grande obstáculo". Se ele buscava, por um lado, chegar a uma "grande descoberta", acabava sempre deparando com "um grande obstáculo". Tanto no campo teórico da "solução" do enigma da neurose quanto no campo clínico de seu tratamento, tais obstáculos ganharam várias versões: as "mentiras" e seduções das histéricas, o investimento narcisista do Eu que retira a libido do objeto e acaba com a transferência na psicose, a compulsão à repetição, a reação terapêutica negativa e o sentimento inconsciente de culpa (com a pulsão de morte à espreita), e a rocha da castração – obstáculos que indicam ou procuram explicar os limites do analisável. Seria o "vício primário" uma resposta ainda hoje plausível para o inanalisável?

Outro aspecto a ser ressaltado quanto à proposição da masturbação como o vício primário refere-se à questão do *objeto* da adicção. Pois este protótipo primário não envolve um objeto (a droga, a bebida, o jogo, etc.) como outras formas de adicção, o que nos sugere que uma das dimensões distintivas da adicção é a ação compulsiva, e menos o objeto da adicção. Como veremos mais adiante, a atividade masturbatória considerada como um *agir* prenuncia novas perspectivas para a investigação psicanalítica.

O modelo da neurose atual e a toxicidade da libido

O "dano orgânico" atribuído à masturbação – o primeiro fator destacado por Freud – é, em geral, o menos reconhecido pelos psicanalistas. Para compreendê-lo, é necessário retomarmos a teoria da neurose atual. Esta foi construída em meados da década de 1890 e, apesar de pouco consagrada, foi reafirmada enfaticamente por Freud quinze anos depois no simpósio sobre a masturbação e vinte anos depois, em 1917, nas *Conferências introdutórias à psicanálise*.

A oposição entre psiconeurose e neurose atual constituiu uma das primeiras grandes divisões psicopatológicas propostas por Freud. Se, por um lado, ambas guardam uma etiologia sexual, por outro, o "sexual" das primeiras é *psíquico e infantil*, enquanto que nas outras ele é *somático e atual*. As psiconeuroses são resultantes de uma tentativa de se *defender* da reativação das marcas mnêmicas da sexualidade infantil recalcada, as quais retornam devido a certas circunstâncias desencadeantes; elas são, neste sentido, "neuropsicoses de defesa" – sendo a noção de "defesa" o princípio conceitual que preparou o terreno para a teoria do recalcamento, pilar fundamental da teoria psicanalítica das neuroses. As neuroses atuais, em contraste, resultam de certas práticas sexuais que implicam uma satisfação inadequada; nelas, um excesso ou mau escoamento da libido produz uma formação neurótica comum e ordinária, em geral caracterizada por um estado de angústia simples e/ou por diversos distúrbios funcionais somáticos.

"A constipação, a cefaleia e a fadiga dos chamados neurastênicos não podem ser referidas histórica ou simbolicamente a vivências efetivas" (FREUD, 1912a, p. 1705), como nas psiconeuroses. Tais sintomas "[...] carecem de 'sentido', isto é, de significação psíquica [...], constituindo processos exclusivamente somáticos" (FREUD, 1917b, p. 2364). Freud nos lembra de que a função sexual *não é nem puramente psíquica e nem puramente somática*, e que exerce sua influência tanto no campo da vida psíquica quanto na "vida corporal". Essa dupla face do sexual – que posteriormente será atribuída à pulsão, conceito-limite entre o somático e o psíquico – é muitas vezes negligenciada.

Para Freud, a gênese dos sintomas das neuroses atuais só pode ser qualificada de *tóxica*. Ou seja: há uma toxicidade da dimensão somática da libido que está ligada a um regime econômico do *atual*, determinando variações em termos de saúde ou de um estado neurótico ordinário. Freud foi ainda mais longe em suas especulações, e supôs a existência de substâncias químicas no organismo de natureza libidinal. Daí a crença popular nos "filtros do amor" e a ideia de que a paixão é uma forma de embriaguez. Ora, *a hipótese de um quimismo do sexual possibilita uma aproximação entre sexualidade e adicções.*

> As neuroses atuais apresentam, em todos os detalhes de sua sintomatologia e em sua peculiar qualidade de influir sobre todos os sistemas orgânicos e sobre todas as funções, uma analogia incontestável com os estados patológicos ocasionados pela ação crônica de substâncias tóxicas exteriores ou pela supressão brusca das mesmas, isto é, com as intoxicações e com os estados de abstinência. (FREUD, 1917b, p. 2364)

A neurose atual é, pois, uma espécie de intoxicação libidinal.

A "analogia incontestável" entre o mecanismo das neuroses atuais e a intoxicação não é meramente alegórica, como se vê no artigo "A sexualidade na etiologia das neuroses", de 1898. É justamente nesse trabalho que encontramos a primeira menção de Freud às adicções em um artigo científico desde o trabalho sobre a hipnose, trazendo a público as ideias que só havia até então compartilhado com Fliess. Freud dirige-se aqui aos médicos a fim de convencê-los da importância central do fator sexual na etiologia das neuroses, e a fim de alertá-los quanto à necessidade de alterar os seus métodos terapêuticos em função dessa descoberta. Ele enfatiza a necessidade de uma clareza diagnóstica das formas de neurose para orientar as indicações terapêuticas, e concentra-se no diagnóstico diferencial entre psiconeurose e neurose atual.

Após uma descrição detalhada dos problemas clínicos ligados à neurastenia e de uma avaliação crítica dos tratamentos realizados em balneários na época, Freud aborda o tema da masturbação e dos "hábitos sexuais". Para ele, a masturbação é a causa de muitos casos de neurastenia, e o fato de os médicos não quererem reconhecê-lo torna a vida dos pacientes muito mais difícil, pois eles travam uma luta contra a masturbação muito difícil de vencer por si só. Freud (1898) propõe, nesses casos, uma "cura de abstinência" – um processo de quebra do hábito do onanismo que deve contar com a colaboração e com "[...] contínua vigilância do terapeuta" (p. 324). Há aqui um grande desafio, pois, "[...] abandonado a si mesmo, o masturbador recorre à cômoda satisfação habitual sempre que experimenta alguma contrariedade" (FREUD, 1898, p. 324). É por extensão à cura de abstinência da neurastenia que Freud retorna ao tema das adicções:

> Esta observação pode ser aplicada também às demais curas de abstinência, cujos resultados positivos continuarão sendo aparentes e efêmeros enquanto o médico se limitar a tirar do doente o narcótico, sem preocupar-se com a fonte da qual surge a necessidade imperativa do mesmo. O "hábito" não é nada mais do que uma expressão descritiva, sem valor explicativo algum. Nem todos os indivíduos que tiveram ocasião de tomar durante algum tempo morfina, cocaína, etc. contraem a toxicomania correspondente. Uma minuciosa investigação nos revela, em geral, que estes narcóticos buscam compensar – direta ou indiretamente – a falta de prazeres sexuais, e naqueles casos em que não for possível restabelecer uma vida sexual normal, pode esperar-se com certeza uma recaída. (FREUD, 1898, p. 324)

Aqui temos, mais uma vez, uma breve e discreta menção de Freud à questão das adicções. Mas ela revela uma compreensão da dimensão clínica em jogo, e uma percepção aguda quanto à necessidade de construção de uma *concepção* sobre as adicções. Não basta uma visão que descreva o fenômeno do vício, ou uma visão equivocada que atribua a causa da toxicomania às propriedades do objeto-droga, pois grande parte dos usuários de drogas não se tornam toxicômanos! Faz-se necessário compreendermos a *fonte* de onde surge o impulso irrefreável ao objeto – e Freud encontra a resposta no fator sexual.

No mesmo artigo, Freud não articula direta e *especificamente* as adicções à masturbação; ele propõe que a força do impulso adictivo se origina em uma insatisfação sexual, cuja compensação é buscada no objeto-droga. Mas a teoria da neurose atual está aqui subjacente: Freud supõe que o restabelecimento de uma "vida sexual normal" seria o tratamento mais indicado para as adicções, já que, ao contrário de medidas paliativas (por exemplo, internação em balneários), esse caminho atingiria a raiz do problema. À maneira das neuroses atuais, o tratamento das adicções seria uma "cura de abstinência", e exigiria, portanto, uma "terapêutica atual".

Ao aproximar adicções e neuroses atuais, Freud aponta uma direção para o pensamento teórico-clínico significativo: é um equívoco buscar entender o sintoma adictivo segundo o modelo da psiconeurose. Essa proposição, ainda que genérica, é bastante procedente; de fato, pouco se pode esperar de uma terapêutica que vise interpretar o ato adictivo como uma formação do inconsciente, supondo aí um sentido ou um simbolismo geralmente inexistente. Esta desadaptação das adicções à teoria da psiconeurose é, provavelmente, um dos motivos de sua baixa popularidade entre os psicanalistas.

A teoria da neurose atual não ganhou o mesmo desenvolvimento que a teoria das psiconeuroses por diversos motivos, sendo o mais óbvio o fato de esse tipo de afecção não se prestar, em princípio, ao tratamento psicanalítico. Freud foi claro, tanto no artigo de 1898 quanto nos trabalhos subsequentes: tal tratamento é indicado para as psiconeuroses, ao passo que as neuroses atuais necessitam de uma abordagem médico-educativa. Trata-se de uma orientação que busca implementar um regime de hábitos sexuais saudáveis, em substituição aos "maus" hábitos adquiridos. No lugar da interpretação dos fenômenos inconscientes, a prescrição de um regime sexual; naturalmente, conta-se com o poder sugestivo da palavra do médico para que a prescrição possa ser adotada e mantida. Assim como a terapêutica, também a pesquisa psicanalítica seria alheia ao tema:

> [...] os problemas relacionados às neuroses atuais, cujos sintomas são, provavelmente, consequência de lesões tóxicas diretas, não se prestam ao estudo psicanalítico; este não pode proporcionar esclarecimento algum sobre eles, e deve, portanto, entregar este trabalho para a investigação médico-biológica. (FREUD, 1917b, p. 2365)

É bem verdade que esse estado de coisas é um pouco mais complexo, pois são muito frequentes os casos de "neuroses mistas": uma mescla de psiconeurose e neurose atual. Os fatores etiológicos se combinam, e as duas dimensões interagem reciprocamente. Essa observação clínica sofreu, com o tempo, uma elaboração metapsicológica; assim, Freud veio a postular que "[...] o sintoma da neurose atual constitui com frequência o nódulo e a fase preliminar do sintoma psiconeurótico" (1917b, p. 2366).

Afinal, se toda psiconeurose tem uma história e um momento de emergência no qual fatores desencadeantes determinam a sua eclosão, dentre tais fatores pode-se certamente incluir um estado neurótico comum. Nesses casos, a neurose atual entra na série etiológica como um "fator debilitante", e "[...] a etiologia auxiliar que ainda faltava para a emergência da psiconeurose é proporcionada pela etiologia atual da neurose de angústia" (FREUD, 1898, p. 326). Freud já havia ressaltado como uma "facilitação orgânica" codetermina certas conversões histéricas, e reiterou anos depois que uma alteração somática patológica (por inflamação ou lesão) pode despertar a elaboração de sintomas, "[...] convertendo o sintoma proporcionado pela realidade em representante de todas as fantasias inconscientes que estavam à espreita, aguardando a primeira oportunidade de manifestar-se" (1917b, p. 2366). Nesses casos, diz Freud, podem-se seguir duas estratégias terapêuticas: abordar psicanaliticamente a neurose ou adotar um tratamento somático; o acerto da escolha só poderá ser avaliado por seus efeitos, já que "[...] é muito difícil estabelecer regras gerais para estes casos mistos" (1917b, p. 2366).

No simpósio sobre a masturbação, Freud também dera a entender que a exclusão das neuroses atuais da terapêutica psicanalítica talvez não devesse ser tão taxativa, revendo sua posição anterior sobre este ponto:

> [...] hoje eu reconheço – no que antes não acreditava – que um tratamento analítico pode ter também uma influência terapêutica indireta sobre os sintomas atuais, uma vez que coloque o indivíduo doente em uma situação de abandonar a nocividade atual, modificando seu regime sexual. Encontramos aqui, evidentemente, uma perspectiva promissora para nosso afã terapêutico. (1912a, p. 1706)

Sim, pois – de fato – a superação das inibições neuróticas derivadas do recalcamento coloca o sujeito em melhores condições quanto ao seu "regime atual"; e também a recíproca é verdadeira: a psiconeurose não favorece em nada o estabelecimento de um regime sexual saudável.

O químico, o sexual e a experiência de prazer

O parentesco entre adicções e neuroses atuais recoloca em pauta uma questão controvertida: o quimismo do sexual.

Ferenczi (1911b) propôs que, no estado maníaco, se dá uma "produção endógena de euforia" que é análoga ao efeito de intoxicação por drogas psicoativas. (ele se apóia em trabalho anterior de Gross). Também Freud, em seu conhecido comentário sobre o uso de drogas em O *mal-estar na cultura*, abordou o paralelo entre a intoxicação química e os processos psiconeurológicos de prazer/desprazer:

> [...] em nosso próprio quimismo devem existir, da mesma maneira, substâncias que cumprem uma finalidade análoga [análoga às substâncias psicoativas que, ingeridas, provocam sensações de prazer e anulam sensações desagradáveis], pois conhecemos pelo menos um estado patológico – a mania – no qual se produz uma conduta similar à embriaguez, sem incorporação de droga alguma. Também em nossa vida psíquica normal a descarga de prazer oscila entre a facilitação e a coerção, diminuindo ou aumentando a receptividade para o desprazer. É bastante lamentável que esta raiz tóxica dos processos mentais tenha ficado obscura até agora para a investigação científica. (1930, p. 3026)

O quimismo da intoxicação exógena pode ser aproximado, assim, de um quimismo endógeno: o quimismo do sexual e o quimismo do prazer, ambos interligados no pensamento freudiano. Mesmo que a teoria da psicossexualidade tenha revelado uma independência da sexualidade humana em relação aos processos biológicos e às determinações somáticas, a correlação entre somático e psíquico nunca foi negligenciada por Freud – ainda que algumas leituras unilaterais de sua obra tenham tentado expurgar o biológico e o somático da psicanálise. Muito ao contrário, vemos Freud até o fim lamentando a falta de conhecimentos psiconeurológicos e desejando uma complementação da investigação psicanalítica com aquela derivada desse campo científico vizinho. A proposição da pulsão como um conceito-limite entre o somático e o psíquico e a teoria das neuroses atuais são exemplos dessa preocupação de Freud, às quais podemos acrescentar, certamente, a psicanálise das adicções.

Ora, as intuições de Freud anteciparam muitas das descobertas ulteriores da neurologia e da farmacologia e abriram caminho para o trabalho de diversos psicanalistas criativos. Nessa direção, Byck (1974) assinalou o pioneirismo de Freud para campo da farmacologia, já no período da cocaína. Couvreur (1991), por sua vez, nos lembra uma descoberta recente que é, também, sugestiva: em casos de transtornos do comportamento alimentar, se verificou a produção intracerebral de substâncias opioides de efeito morfínico ameno, confirmando o paralelismo entre quimismo exógeno e quimismo endógeno, assim como o parentesco entre as toxicomanias e outras adicções sem drogas. Ao mesmo tempo, a correspondência entre o efeito euforígeno de certas drogas e o estado maníaco tem se consolidado, também, como uma espécie de exemplo-modelo desse paralelismo.

Alguns autores veem na suposição de Freud da existência, no organismo, de substâncias químicas de natureza libidinal uma antecipação da descoberta dos hormônios sexuais. Em suas especulações, Freud manifestou uma dúvida sobre se se trataria de duas substâncias diferentes – uma masculina e outra feminina – ou uma única. De fato, as pesquisas posteriores revelaram uma situação complexa: os hormônios da hipófise (FSH e LH) atuam em ambos os gêneros, enquanto que a testosterona, produzida nos testículos, está associada aos caracteres masculinos, e os estrogênios e a progesterona, secretados pelos ovários, atuam no sistema feminino. Os estrogênios são responsáveis pela formação das características primárias e secundárias femininas, e a progesterona está relacionada à preparação do útero e das mamas para o processo reprodutivo, ou seja, mais ligada à maternidade. Em suas incursões especulativas na interface somatopsíquica, Freud antecipou, também, a estrutura do neurônio (no *Projeto de uma psicologia para neurologistas*), assim como a heterogeneidade fundamental da qualidade do funcionamento cerebral entre os estados de sono sem sonho e os períodos de sonho (sono REM).

Radó (1926, 1933) trabalhou com a hipótese de um "orgasmo farmacológico" análogo a um suposto "orgasmo alimentar", aproximando, assim, o quimismo do toxicômano com a economia libidinal e seu suposto quimismo endógeno. Este modelo condensa vários elementos: ele atrela intrinsecamente o prazer e a sexualidade na figura do orgasmo, aproxima o circuito alimentar, o erotismo oral e o circuito genital, e se permite, sobretudo, uma circulação bastante livre entre as dimensões somática e psíquica de tais experiências humanas. Wulff (1932) fez, também, uma curiosa observação concernente à fronteira psicossoma para o campo das adicções. Segundo ele, muitos neuróticos se tornam toxicômano devido ao sono/sonho artificial que a droga lhes proporciona, dando livre acesso às delícias da satisfação pulsional inconsciente. Essa ideia parece muito simples, mas se torna bastante sugestiva quando Wulff nos mostra que, em alguns casos de histeria, a atuação adictiva surge como um substituto perfeito dos ataques histéricos. Tais ataques se situam, por si mesmos, no limite entre o somático e o psíquico, pois são ao mesmo tempo a derivação catártica e direta, em ato, do sexual, e a representação simbólica, de forma encenada, de certos enredos ligados à história psicossexual pregressa; mas, ao se transformarem em um sintoma propriamente toxicomaníaco, eles radicalizam a queda em direção ao somático própria das neuroses atuais.

Em seu cuidadoso estudo sobre a adicção bulímica, Brusset (1991) ressaltou alguns destes aspectos, sublinhando o interesse de uma "biologia do prazer".

> A existência de endorfinas como substâncias opioides produzidas no cérebro em certos comportamentos abre o caminho da biologia do prazer e do gozo (e correlativamente o da dor). As endorfinas proporcionam euforia e apaziguam (a serotonina intracerebral parece desempenhar um papel de paraexcitação). Novos modelos permitirão talvez proporcionar uma teoria renovada das relações da representação psíquica em suas fontes somáticas, bem como explicar os efeitos da atividade representativa no corpo na dupla perspectiva da patologia psicossomática e do gozo. (1991, p. 159)

Vê-se como aqui se descortina um projeto de pesquisa científica bastante ambicioso, e que necessariamente recoloca as questões sobre a correspondência, o paralelismo, a determinação e a derivação recíproca entre o somático e o psíquico, à maneira do espírito mais aberto de Freud. Sem cair no organicismo, os psicanalistas podem reconhecer que

> [...] a anorexia mental, a bulimia e a toxicomanias implicam processos fisiológicos que não são apenas consequências, mas também causas: a causalidade, implicando a recursividade em todos os níveis, vai, assim, do psíquico ao somático e ao comportamento, do comportamento ao somático e do somático ao psíquico. (BRUSSET, 1991, p. 159)

Neuroses atuais e psicossomática

Apesar do declínio da investigação e da terapêutica da neurose atual pela psicanálise – "lebre levantada" e parcialmente enterrada pelo próprio Freud –, a temática voltou a fazer história e passou a ser resgatada no campo pós-freudiano, especialmente no estudo dos fenômenos psicossomáticos. Observou-se que diversos sintomas e afecções psicossomáticas também não apresentavam o sentido simbólico dos sintomas psiconeuróticos, constituindo – tal qual nas neuroses atuais – "processos exclusivamente somáticos", ainda que correlacionados com eventos emocionais e tensões da vida pulsional do paciente. A tensão pulsional não chega a transpor-se para um plano simbólico e representativo, e não é objeto da "elaboração psíquica", que é a marca da psiconeurose. Tais sintomas foram designados *somatizações*, a fim de distingui-los das *conversões* histéricas. Essa discussão foi inicialmente promovida pela Escola Psicossomática de Paris, sendo Pierre Marty uma de suas figuras pioneiras, e, ao longo dos anos, observamos que tal "espírito teórico-clínico" tem se espalhado e vem sido absorvido por diversos psicanalistas, ainda que a origem histórica nem sempre seja totalmente reconhecida[75].

O resgate do modelo da neurose atual foi importante, mas é claro que esse modelo serviu como inspiração, e sofreu uma reelaboração significativa. A ênfase nas práticas sexuais *estritu sensu* não se manteve, ainda que o modelo da derivação direta da tensão pulsional para o soma, sem mediações psíquicas, perdurou. Tais tensões já não são mais consideradas exclusivamente do plano sexual; as moções agressivas passam a cumprir um papel proeminente nessas afecções. E, mais do que tudo, agora as atenções se dirigem para a estruturação do aparelho psíquico em si mesma: afinal, por que a esperada elaboração psíquica dos estímulos somáticos *não* se dá – ou se dá de modo incompleto e deficiente? Essa é a questão que impulsionou uma nova direção da investigação psicanalítica. E, sobretudo, à medida que uma elaboração teórica foi surgindo para responder a essa questão, compreendeu-se que havia, sim, um importante campo de atuação terapêutica para o psicanalista nestes casos clínicos. Uma nova meta do tratamento surgiu: fomentar as condições de elaboração psíquica do sujeito, ou buscar converter uma neurose atual em psiconeurose, no sentido inverso ao que Freud previra na carta a Fliess... Bem, e as ferramentas de trabalho para tanto não serão mais apenas a interpretação, mas também aquilo que Winnicott designou "manejo" e Lacan chamou de "ato analítico".

Ora, a problemática da deficiência de elaboração psíquica não se restringe aos pacientes psicossomáticos. Outras formas clínicas mostraram-se, nesse aspecto, afins ao modelo da neurose atual, tais como certas estruturas caracteriológicas e narcisistas, os casos-limite, certas depressões de natureza esquizoide, certas

---

75 Para uma melhor apreciação do papel do modelo da neurose atual para a psicossomática psicanalítica, consultar Laplanche (1998), Ferraz (1997) e M'Uzan (2001).

personalidades impulsivas e, é claro, as adicções[76]. Alguns autores da psicossomática psicanalítica têm desenvolvido uma rica linha de pesquisa sobre o tema. Baseados no parentesco entre adicções e neuroses atuais, eles têm assinalado a precariedade da organização psíquica dos adictos, assim como a pertinência de tais quadros a uma "clínica do agir". Assim, Fain (1981) propôs uma aproximação metapsicológica da toxicomania e, posteriormente, Fain (1993), na companhia de Donabedian (1993), Smajda (1993) e Szwec (1993), desenvolveu uma teorização sobre os chamados "procedimentos alto-calmantes" que têm nas adicções um dos seus *modos operandi*.

Assim, creio que a aproximação entre adicção e neurose atual é, de fato, bastante pertinente[77]. Enquanto modelo psicopatológico, a teoria das neuroses atuais nos faz levar em conta a falha da elaboração psíquica e a predominância de um circuito econômico-quantitativo sobre o representativo-qualitativo. A falha da função onírica é um bom protótipo de tal situação. O sexual e o pulsional não deixam de estar em jogo, mas predominantemente na sua faceta atual de uma derivação direta ao corpo, tanto no âmbito de seu funcionamento somático, quanto na esfera da ação. Ou seja: o corporal serve como receptáculo e destino da descarga energética da tensão pulsional, e a pulsão conta muito mais por sua "pressão" (*Drang*) – um dos seus quatro atributos fundamentais, segundo Freud.

---

[76] Em trabalho anterior, abordei o paralelo clínico entre as adicções e os fenômenos psicossomáticos sob esse prisma, propondo a expressão "colapso do sonhar" para melhor precisar a natureza da falha de elaboração psíquica aqui referida (D. GURFINKEL, 2001).

[77] Sylvie Le Poulichet assinalou que a inclusão das intoxicações no quadro das neuroses atuais "pode sem dúvida parecer disparatada, mas os avanços freudianos concernentes às neuroses atuais são de fato ricos em paradoxos e devem ser confrontados com a clínica" (1993, p.543). E ainda: "[...] me parece extremamente notável que Freud tenha situado os processos tóxicos fora da dimensão do sentido, mesmo que não tenha extraído disto tudo o que poderia" (1987, p. 98).

O modelo da dualidade neurose atual/psiconeurose nos possibilita colocar em pauta a questão da articulação psique-soma. A temática estava presente desde o período da cocaína, quando Freud buscava uma droga mágica que, por influência direta sobre o sistema nervoso, pudesse minorar os sofrimentos da alma – projeto de uma terapêutica farmacológica –, e prosseguiu no período da hipnose, a partir da qual Freud vislumbrou o poder mágico da palavra para influenciar tanto o psíquico quanto o somático, e formalizou o tratamento *pelo* psíquico. As observações de Freud quanto a tal articulação, no texto "Psicoterapia", são notáveis e ousadas, adiantando hipóteses controvertidas até para a investigação psicossomática atual.

Nesse artigo, Freud (1890) partiu da interação recíproca entre o somático e o psíquico, e descreveu uma série de situações em que o psíquico influencia o somático. Baseando-se em suas observações clínicas das doenças nervosas (neurastenia e histeria), ele postulou que a causa de todos os transtornos corporais que se apresentam encontra-se no psiquismo – tratando-se, portanto, de "[...] padecimentos meramente funcionais do sistema nervoso" (1890, p. 1016). Em seguida, ele estendeu suas observações, como é de praxe, do campo do patológico para uma "psicopatologia da vida cotidiana". Freud apontou que toda expressão de emoções é sempre acompanhada de mudanças corporais concomitantes: "[...] tensões e relaxamentos da musculatura facial, direcionamento dos olhos, ingurgitação da pele, atividade do aparelho vocal e atitude dos membros, sobretudo as mãos" (1890, p. 1016); no caso dos afetos de medo, ira, dor psíquica e êxtase sexual, as manifestações são ainda mais evidentes (alterações da circulação sanguínea, das secreções e da musculatura voluntária). Mas mesmo os processos mais intelectuais – como o pensamento em repouso, que é constituído basicamente por "representações" – também são de certo modo "afetivos", "e a nenhum falta a expressão somática e a capacidade de alterar processos corporais" (1890, p. 1017).

Freud assinalou, em seguida, que os estados depressivos se refletem em alterações da nutrição e no envelhecimento precoce, enquanto que, nas situações em que predomina uma excitação prazerosa ligada ao sentimento de felicidade, o organismo floresce e recupera algumas manifestações da juventude. Os afetos influenciam também na resistência do organismo a doenças infecciosas: a depressão é, muitas vezes, causa direta de doenças, e os "afetos tumultuosos" agravam doenças já presentes. Ora, *mesmo a duração da vida* é influenciada por tais fatores: ela pode ser abreviada por afetos depressivos, ou ser repentinamente interrompida devido a um susto violento, uma ofensa, uma injúria ou mesmo uma alegria inesperada. Também a *vontade* e a *atenção* influem profundamente os processos corporais – a dor é um ótimo exemplo –, e desempenham um papel importante como estimulantes e inibidores de doenças orgânicas: "[...] é bem possível que o propósito de sarar e a vontade de morrer não carecem de importância para o desenlace de algumas enfermidades, ainda que graves e de caráter duvidoso" (FREUD, 1890, p. 1018). As *expectativas* cumprem também um importante papel: se o medo e a "expectativa ansiosa" podem facilitar o adoecimento, "[...] a *expectativa confiante* ou esperançosa é uma força curativa com a qual na realidade temos que contar em todos nossos esforços terapêuticos ou curativos" (1890, p. 1018).

Assim, Freud vai bastante longe em sua crença no poder do psíquico. Se mesmo os processos mais intelectuais e representacionais são *afetivos* e, portanto – na acepção própria da palavra –, afetam o corporal, e se até o medo de ser contaminado predispõe um sujeito, no caso de uma epidemia, a se contaminar mais facilmente – e esse exemplo é dado por Freud –, não estaríamos diante da fantasia de onipotência do pensamento, típica do obsessivo e do homem primitivo? Não é esta dimensão primitiva da magia que Freud (1913) veio a identificar no homem primitivo e no neurótico? Será que o poder mágico e curativo das drogas (cocaína) migrou agora para o psíquico e para a palavra, a ponto de a "expectativa confiante" (desejo?) ser tida como uma "força curativa" tão poderosa?

Podemos supor que essas observações sobre a influência do psíquico no somático correspondem, no fundo, a uma "amplificação hipocondríaca" da fantasia deslocada para o corporal, criando "doenças imaginárias" e "curas mágicas"? Bem, o próprio Freud ressaltou que não se devem menosprezar as "dores imaginárias", já que, "[...] qualquer que seja a causa da dor, mesmo que se trate da imaginação, as dores nem por isto são menos reais e menos violentas" (1890, p. 1018). Vemos aqui surgindo *o valor e a verdade* do psíquico, postulado fundamental para a criação da psicanálise. Trata-se do mesmo princípio que se desdobrará no valor atribuído ao sonho – visto não apenas como "vã espuma" – e na metamorfose da teoria da sedução em teoria da fantasia inconsciente. O valor e a verdade do psíquico culminarão no conceito de uma *realidade psíquica* referida ao inconsciente, "o psíquico verdadeiramente real".

Ora, se há aqui algum "exagero juvenil e ingênuo" de Freud, não creio que devamos jogar fora o bebê com a água suja, pois muitas de suas observações estão na ordem do dia da pesquisa em psicossomática psicanalítica. O postulado através do qual Marty reabriu o campo das doenças somáticas para a investigação psicanalítica foi o de que a economia psicossomática do indivíduo influencia de modo inequívoco a aquisição e a evolução de praticamente todos os processos de adoecimentos. Esse postulado é tomado em sua radicalidade, e posto à prova na teoria e na clínica; hoje podemos reconhecer nas formulações da Escola Psicossomática de Paris, uma das grandes contribuições para a psicanálise na segunda metade do século XX.

Marty defende, na verdade, uma concepção *monista* da psique-soma: "[...] nossa linha abandona abertamente o princípio do dualismo psique-soma, cujo valor se dilui e desaparece na prática" (MARTY, 1984, p. 10). A "influência" do psíquico sobre o somático, especialmente em termos de seus reflexos sobre os processos de adoecimento, é compreendida, sobretudo, através do conceito de *mentalização* (MARTY, 1998), herdeiro da ideia de elaboração psíquica das excitações que, para Freud, diferencia as psiconeuroses das neuroses atuais. Ali onde a mentalização falha, sobrevém uma espécie de "intoxicação do somático", sobrecarga que abre as portas para as disfunções do soma. Nestas, incluem-se tanto doenças leves e de remissão espontânea, que cumprem, muitas vezes, a função paradoxal de estancar um processo de desorganização através de uma doença (as "regressões reorganizativas"), até processos violentos de adoecimento grave e progressivo. Para Marty, muitos processos de adoecimento que culminam na morte são marcadamente codeterminados por um desequilíbrio na economia psicossomática, em um indivíduo com uma estrutura particularmente vulnerável (má mentalização). As condições psíquicas do sujeito são, assim, determinantes de sua saúde ou de doença somáticas, "condições" que incluem a estrutura psíquica do sujeito (fator constitucional) e as circunstâncias atuais (traumatismos, perdas, conjuntura relacional). É notável que, dentre as manifestações visíveis da uma deterioração do psíquico e da vitalidade do sujeito que abre caminho para somatizações graves, Marty ressalta os estados depressivos e, mais particularmente, uma forma de depressão que qualificou de *essencial*.

Vemos, assim, como as observações de Freud, formuladas em um período pré-psicanalítico e que se atêm ao plano descritivo e fenomenológico, sem ambicionar uma teoria mais elaborada sobre os meios de influência do psíquico no somático, convergem de maneira surpreendente com a psicossomática psicanalítica, que nasceu depois de sua morte. Ora, a crença na onipotência mágica do psíquico e no poder curativo da palavra do médico talvez constitua um pano de fundo de toda investigação psicossomática...

Adicções, psicossoma e "técnica ativa"

Bem, no que se refere às adicções, percebemos que as breves notas de Freud sobre o tema, publicadas nesse período – quando compreendidas sob o pano de fundo da teoria das neuroses atuais –, nos permitem reconhecer aqui uma espécie de gênese do *estudo das adicções sob a ótica da articulação psicossomática*.

Em *Psicoterapia*, Freud lembrou a interferência das drogas psicotrópicas no circuito psiquessoma, assinalando que a introdução de tóxicos no cérebro perturba as funções psíquicas e pode "[...] despertar determinados estados patológicos" (1890, p. 1015). As drogas, assim, ao agir no aparelho somático, produzem efeitos no psíquico, "despertando", inclusive, sua dimensão patológica. É claro que essa simples descrição não abarca o enigma central: o que faz um indivíduo sucumbir à compulsão ao objeto? Mas, ainda assim, ela é importante por conter uma intuição sobre uma das dimensões fundamentais do problema: as toxicomanias implicam um apelo a um circuito direto – um "curto circuito", uma "ligação direta" – do soma à psique, que só é passível de ser atingido por uma intoxicação química. Essa ação única e específica é possibilitada, como indicam as pesquisas, por uma espécie de mimetização da ação de substâncias existentes no próprio sistema nervoso. Ao produzir efeitos psíquicos pela ação direta no somático, o *curto- circuito dessa ligação direta* tem como corolário a atrofia progressiva e sistemática da elaboração psíquica das excitações, em uma espécie de ataque ao trabalho do pensamento[78]. Assim, o toxicômano obriga o psicanalista a recolocar na ordem do dia a dupla face – somática e psíquica – dos caminhos da libido, e resgatar a hipótese um pouco empoeirada do quimismo do

---

78 Essa afirmação é abusiva em sua generalização, mas nos serve aqui, por ora, em função da discussão em questão.

sexual e da toxicidadade da libido[79]. *O apelo ao somático não pode ser mais ignorado.*

Também levamos algumas lições e indagações, oriundas desse período, em relação à *terapêutica* da adicções. Freud já havia defendido, em 1890, o tratamento psicoterápico das adicções. Este se assenta no poder sugestivo da palavra do médico, e compreende sempre o risco dos efeitos colaterais: a dependência em relação a ele. Neste aspecto, a hipnose é, segundo Freud, "uma faca de dois gumes". Em 1898, Freud enfatizou que as "curas de abstinência" só serão bem-sucedidas se partirem de uma compreensão de sua etiologia sexual e se, portanto, aplicarem uma terapêutica que se dirija a esse fator. Esta continua sendo psicoterápica e dependendo do poder mágico da palavra do médico, mas toma a forma de uma prescrição educativa sobre os hábitos sexuais. Pelo fato de as adicções serem assimiladas ao modelo das neuroses atuais, a indicação de tratamento será médico-psicoterápica (Freud não fala mais no uso de meios químicos, abandonados com o declínio do projeto cocaína), mas não psicanalítica. Esta última, concebida então exclusivamente como um trabalho de desvendamento de sentidos simbólicos ocultos do sexual *psíquico*, não se prestaria ao tratamento das neuroses atuais e, por dedução, das adicções.

Ora, estas proposições nos fornecem, por um lado, uma direção inicial para a compreensão e para a terapêutica da adicções, mas representam também um freio na investigação psicanalítica das adicções. Pode compreender-se o relativo desinteresse sobre o tema que perdurou por muito tempo; além das enormes dificul-

---

79 Deve notar-se que o modelo da neurose atual, ao colocar o assento no quimismo do sexual e na toxicidade da libido, adequa-se mais à *toxicomania* – portanto, a *uma das formas* de adicção. À medida que avançamos, na história das ideias, para o modelo da relação de objeto – seja em Freud ou depois dele – notamos que tal modelo nos permite compreender melhor as adicções *de modo mais geral*, mesmo que nele se conserve o fundo sexual e o pulsional do investimento objetal.

dades enfrentadas pelo clínico que se propõe a tratar de pacientes adictos, a *concepção de adicção aparentada às neuroses atuais* contribuiu para uma certa proscrição do tema. Com o passar do tempo, conforme o valor do "fator atual" foi sendo resgatado e a concepção da terapêutica psicanalítica ampliada para abarcar modos de funcionamento psíquico não psiconeuróticos, esse estado de coisas pôde se alterar.

Algumas noções fundamentais desse período podem, assim, ser resgatadas hoje, ganhando, *a posteriori*, uma significação mais clara. Em primeiro lugar, deve-se cuidar de não aplicar o modelo do sentido sintoma psiconeurótico para o sintoma adictivo. O fator atual e o curto-circuito da ligação direta psique-soma parecem cumprir nesses casos, em contraste, um papel proeminente. A noção de *hábito* é também aqui fundamental; ela pode ser pensada segundo o modelo dos "hábitos sexuais" e seus desvios, formulação que se baseia em uma concepção higiênica (a existência de um "regime saudável") que é por muitos criticada.

Esta será uma via trilhada por Ferenczi (1925) muitos anos depois, em seu estudo sobre a "metapsicologia do hábito" e a "técnica ativa". As decorrências de sua proposta para uma possível terapêutica das adicções é notável: certos "maus hábitos", conforme se cristalizam, podem exigir do analista uma "técnica ativa" que almeje, através de proibições e injunções, liberar a libido estancada e indisponibilizada para servir ao trabalho de análise. É curioso notar que, se a "mudança de hábito" era buscada, logo no início, pela influência hipnótica, essa mesma meta foi, em certo momento, abraçada pela "técnica ativa". No lugar da hipnose – e nos momentos em que a associação livre parece mostrar-se impotente –, surge a técnica ativa, indicando que uma vez mais o poder mágico da palavra do médico precisa ser invocado ali onde o trabalho de interpretação é ineficaz.

A aproximação entre técnica ativa e adicções procede em vários sentidos, especialmente em relação ao problema crucial da *abstinência*. A técnica ativa procura instaurar uma abstinência para pôr em movimento uma análise estagnada; mas e quando a impossibilidade de abstinência é o cerne do problema e a alma do sintoma, como nas adicções? O tratamento das adicções instaura necessariamente *uma crise do dispositivo psicanalítico da cura pela fala*, o que nos obriga a apelar a outras forças de influência "direta" do terapeuta. Afinal, a abordagem psicanalítica pode fazer frente ao apelo da ligação direta do somático ao psíquico, ou deveríamos decretar mais uma inanalisibilidade? Recordemos que, sobre isso, Freud escreveu a Ferenczi que os viciados não são muito adequados para o tratamento psicanalítico, pois qualquer dificuldade na análise leva-os a recorrer novamente à droga[80]. Ora, o problema da abordagem terapêutica das adicções através da psicanálise permanece na ordem do dia. Podemos afirmar, hoje, com segurança, que as adicções se inscrevem em uma série de problemáticas clínicas que têm desafiado o dispositivo clássico da psicanálise, e que têm colocando aos analistas a tarefa urgente de adaptar sua "técnica" às novas circunstâncias que se apresentam.

* * *

A aproximação entre adicções e neurose atual nos leva a olhar com desconfiança para todo esforço de compreender o "sentido do sintoma" adictivo. Ela nos leva, também, a ratificar e, ao mesmo tempo, a retificar a crítica que tem sido feita nos últimos anos sobre o "esquecimento", no interior da própria psicanálise, do papel da sexualidade na etiologia das neuroses e na constituição psíquica do homem. Trata-se de reafirmar o papel importante desse fator, mas também de ressaltar que um certo tipo de apagamento do sexual se deu, sobretudo, em relação à etiologia atual e ao *somático* da libido. Os modelos biológicos – como aquele utilizado por Freud em *Além do princípio do prazer*, ou a "metabiologia" de Ferenczi – são em geral tomados como alegorias metafóricas do psíquico, e um pensamento sobre a face somática

---

80 Carta de 1 de junho de 1916, (*apud* JONES, 1955, p. 196).

strictu sensu ficou obscurecido. Ora, uma abordagem psicanalítica das adicções que leve em conta a dupla face psiquessoma em jogo contribui certamente para resgatar esses valores. Afinal, qualquer um que queira se aproximar da clínica das adicções não pode negligenciar o poder químico do tóxico em atacar diretamente a articulação somatopsíquica, e talvez se sinta impelido a revisitar a dimensão da teoria freudiana que concebe o somático e o químico imbricados no psíquico e no sexual.

6
Sexualidade e adicções: entre a neurose e a perversão

No capítulo anterior, acompanhamos a gênese de um pensamento psicanalítico sobre as adicções baseado no modelo das neuroses atuais. Mas ainda que esse modelo hoje nos pareça interessante e sugestivo, ele não faz parte do campo hegemônico da psicanálise; as menções seguintes de Freud às adicções estão apoiadas mais no *psíquico* do sexual, e sugerem uma aproximação com a psiconeurose – e, mais particularmente, com seu negativo, a perversão[81].

A abordagem freudiana da sexualidade que ficou mais consagrada foi aquela que surgiu na primeira década do século XX, e

---

81 Nessa discussão, é sempre bom levar em conta as observações de Freud sobre as "neuroses mistas": afinal, as neuroses comportam uma complexidade tal que a distinção estrita entre duas formas psicopatológicas "puras" – atual ou psiconeurose – se mostra por demais limitadora.

que se traduziu na publicação dos *Três ensaios sobre a sexualidade*. Aqui reconhecemos uma verdadeira teoria do sexual. Ora, ao definir a neurose como o negativo da perversão, Freud abriu um novo caminho para a psicanálise das adicções. Pois o fenômeno adictivo pode ser referido, por um lado, à intensidade particularmente persistente de certos erotismos parciais e, por outro, à desarticulação da organização sexual genital calcada no trabalho do recalcamento. Essa visão foi abraçada por Abraham, que escreveu o primeiro trabalho inteiramente dedicado ao estudo da adicções da história da psicanálise. O álcool desfaz o trabalho do recalcamento e as sublimações, revelando a sexualidade perversa que ali estava subjacente; eis a hipótese de base do trabalho. O que acrescentamos aqui é que Abraham negligenciou justamente a forma de perversão que mais nos fala de perto ao fenômeno adictivo: o fetichismo, pois tanto nele quanto nas adicções estamos diante de uma fixação exacerbada que subverte, de saída, a lei da contingência do objeto.

Da queda da sedução ao nascimento da fantasia

Além do conhecido trecho da carta a Fliess citado no capítulo anterior que propõe a masturbação como o "vício primário" (FREUD, 1897c), outras duas cartas desse período anterior aos *Três ensaios...* merecem ser aqui lembradas. Quase um ano antes, em 11 de janeiro de 1897, Freud escreveu uma carta em que tentou discriminar, a partir de alguns exemplos clínicos, a etiologia da psicose, da neurose e a da perversão segundo os princípios da teoria da sedução. Um homem perverso-sedutor passou a sofrer de graves ataques de dipsomania [alcoolismo] a partir dos cinquenta anos; segundo Freud, tais ataques sempre começavam

> [...] com diarreia, ou ainda, com catarro nasal e rouquidão (sistema sexual oral!), quer dizer, com a reprodução das próprias vivências passivas. Até a época de sua doença, no entanto, este homem havia sido um perverso, quer

dizer, uma pessoa sã. A dispomania se produz por uma intensificação – ou melhor, pela *substituição* – do impulso sexual por aquele outro, a ele associado (o mesmo acontece provavelmente com o velho F., com sua mania de jogo). (FREUD, 1897a, p. 3558)

Aqui vemos Freud, novamente, tecendo breves comentários sobre uma situação de adicção, o que nos faz ver que o assunto não lhe passava totalmente despercebido. O alcoolista mencionado na carta é tio de um paciente de Freud. Este investiga as relações familiares a fim de descobrir o evento de sedução que produziu os diversos distúrbios psíquicos; este tio perverso – já que sedutor – foi agente de um trauma sexual que produziu uma histeria em seu paciente, e este último teve relações com sua própria irmã, que se tornou psicótica. Nesse momento de suas reflexões, Freud considera que o que produziu tal psicose é o fato de o trauma sexual ter se dado quando a menina era muito pequena (menos de dois anos), em contraste com os casos de neurose O tio se tornou alcoolista apenas com cinquenta anos; antes ele era "são", apesar de perverso-sedutor. Nesse momento, seus impulsos sexuais foram substituídos pela adicção ao álcool, com duas características específicas: a mobilização do erotismo oral e a reprodução de experiências passivas (segundo a teoria da sedução, os "sedutores" foram, um dia, eles mesmos objeto de um ataque sexual no qual assumiam uma posição passiva). Vemos, aqui, dois aspectos que irão perdurar nas concepções sobre a adicção: a ideia de uma substituição do sexual pela conduta adictiva e a importância do erotismo oral.

Nessa época, Freud procurava a etiologia da neurose nos traumas sexuais ocorridos na infância. O relato clínico da carta parece um tanto grotesco justamente pelo caráter anacrônico de tal princípio, e pela forma convicta e acrítica com que Freud o adota. Ora, na famosa carta da "queda" da teoria da sedução, escrita oito meses depois, nos encontramos com um outro Freud. Ele declara não acreditar mais em tal teoria sobre a etiologia das neuroses, enumera os motivos de sua mudança de opinião e demonstra um espírito crítico extremamente aguçado. Admira-se de não se encontrar deprimido:

> [...] mas como me encontro justamente no estado oposto, devo considerar minhas dúvidas o resultado de um trabalho intelectual e enérgico, podendo me sentir orgulhoso de ainda ser capaz de exercer semelhante autocrítica, depois de já ter me aprofundado tanto em meu ponto de vista. Serão estas dúvidas apenas um episódio no meu progresso em direção a novos conhecimentos? (FREUD, 1897b, p. 3579)

Ora, sabemos que sim; o mundo psicanalítico será sempre grato a esta capacidade de Freud para a autocrítica.

Podemos comparar esse momento de "queda", aliás, com outros dois, anteriores a ele e menos conhecidos: o abandono da cocaína e da hipnose. Todos esses episódios foram muito produtivos, dando ensejo a um processo de elaboração fundamental; em uma palavra, foram "quedas" de natureza depressiva, no sentido kleiniano do termo. Freud abandonou, primeiramente, a busca de uma panaceia para todas as dores na forma da farmacoterapia, que muitas vezes atrai os médicos como um canto de sereia, e que pode neles despertar um "monstro" adormecido. Esse abandono teve um correspondente pessoal: o abandono de devaneio de uma "solução final" para as próprias privações, garantindo-lhe fama e sucesso. Ao deixar a hipnose, Freud afastou-se um pouco mais ainda das soluções mágicas; estas não se encontravam mais em uma droga mágica, mas no poder mágico da palavra. Ele não abandona a cura pela palavra, mas procura desvesti-la ao máximo da aura de magia, e tomá-la como um veículo de sentidos latentes e como um instrumento de interpretação da realidade psíquica que daí emerge. Em lugar da magia, o trabalho psíquico.

Com a queda da teoria da sedução, também um grande trabalho psíquico pessoal estava em curso:

> [...] era tão atraente a perspectiva da eterna fama e do bem-estar garantido, a independência plena, viajar, poupar meus filhos das graves preocupações que me impediram de aproveitar a juventude! Tudo isto dependia de que o problema da histeria fosse resolvido. Agora tenho que me acostumar novamente a silenciar e ser humilde, a me preocupar e a economizar, pou-

par, e ao falar isto me lembro de um pequeno conto que tenho em minha coleção: "tire o vestido, Rebeca, que o casamento terminou." (FREUD, 1897b, p. 3580)

Como no período da cocaína, Freud continuava esperando fazer uma "grande descoberta" que lhe desse fama e dinheiro, libertando-o, imaginariamente, de todas as privações e sofrimentos. Isto é muito próximo da solução mágica da farmacotimia: um objeto euforizante que afasta magicamente a depressão advinda do sentimento de pequenez do Eu. Creio, assim, que um grande trabalho psíquico – a um só tempo pessoal e intelectual – estava em curso.

A carta na qual Freud propõe a masturbação como o protótipo de todos os vícios foi escrita três meses depois. É evidente, assim, que entre ela e a carta de janeiro – que relata o caso do tio alcoolista de um paciente – Freud vivera uma reviravolta, que se refletiu claramente em seu pensamento sobre as adicções. A mensagem é clara: o fator exógeno de um trauma sexual sofrido é substituído por um fator inerente à sexualidade, e, portanto, o problema volta-se para o próprio sujeito e sua história. Ao invés de enfocarmos um tio sedutor e perverso, devemos olhar para a relação do sujeito com sua própria história psicossexual. Freud refere-se, também, ao seu "grande obstáculo": "[...] a importância que esta adicção [a masturbação] tem na histeria é imensa, e talvez se encontre aqui, no todo ou em parte, o meu grande obstáculo, que ainda não pude esclarecer" (FREUD, 1897c, p. 3594). Nesse momento, ele se lança novamente ao trabalho e, de fato, como dito na carta anterior, suas dúvidas quanto à teoria da sedução fizeram-no progredir em direção a novos conhecimentos. Mas ele continua procurando uma "solução" para seu "grande obstáculo": o esclarecimento do enigma da histeria, mas também a "cura" mais eficaz dela. Por que, afinal, os tratamentos enfrentam tantas dificuldades? Acompanhamos, assim, através de suas idas e vindas, a construção paulatina do pensamento freudiano; ora, é a teoria da sexualidade que veio a ocupar o lugar da "grande descoberta" anteriormente almejada.

Em sendo o vício primário da masturbação um obstáculo intransponível, os limites do analisável ganham um novo contorno. Pois a nova dúvida que surge é "[...] se tal adicção é curável ou se a análise e a terapia devem deter-se aqui, conformando-se em converter a histeria em neurastenia" (FREUD, 1897c, p. 3594). A cura pela palavra só tem poder no âmbito da psiconeurose, detendo-se quando se trata de uma neurose atual. Nesse sentido, o tratamento psicanalítico das adicções fica posto em questão: será que os vícios "secundários" podem ser abordados pela psicoterapia analítica? A histeria pode ser tratada, mas curar um vício... Como tantas vezes já ocorreu na história da psicanálise, também aqui *o incurável muda de endereço*.

Ao se colocar a masturbação no centro da psicanálise das adicções, ocorre uma mudança essencial em relação ao ponto de vista da teoria da sedução: agora se trata, sobretudo e literalmente, de uma questão do sujeito com sua própria sexualidade, com seu próprio corpo. Esse hábito é *primário*; tal afirmação é de grande importância, já que ela contrasta vivamente com a concepção que será desenvolvida por alguns autores das relações de objeto, para os quais a masturbação compulsiva é *secundária* e resultante de perturbações nas relações objetais – estas, sim, primárias. É importante lembrarmos, ainda, que a masturbação não se restringe ao plano somático, já que ela é a "executora da fantasia". A fantasia, que habita o reino intermediário entre o prazer e a realidade, é o veículo de um desenvolvimento da vida psíquica para além do somático e do operatório, mas é também a matéria-prima da psiconeurose.

Ora, com o abandono da teoria da sedução, é justamente a fantasia que vem ocupar o seu lugar. É essa grande mudança que abriu caminho para os *Três ensaios sobre a sexualidade*.

A neurose, o negativo da perversão

> Nem todos os bebês chupam o dedo. Supomos que isto só ocorre com aqueles para os quais a importância erógena da zona labial se encontra constitucionalmente reforçada. Se tal importância persiste, tais bebês podem se inclinar, na idade adulta, a beijos perversos, à bebida e ao excesso no fumar; mas, se sobrevém o recalcamento, sofrerão de repugnância à comida e de vômitos histéricos. Devido à duplicação de funções da zona labial, o recalcamento se estende para a pulsão de autoconservação. Muitas das minhas pacientes com perturbações anoréxicas, globo histérico, opressão na garganta e vômitos foram, na infância, grandes 'chupadoras' (FREUD, 1905b, p. 1200).

Essa pequena passagem de *Três ensaios sobre a sexualidade* contém vários ensinamentos sobre a concepção de adicção que então se delineava.

Antes de tudo, vemos como a natureza sexual das adicções é reafirmada. Elas são entendidas, nesse momento, como uma derivação direta, na vida adulta, de um erotismo parcial constitucionalmente exacerbado. O fator "constituição" não é aqui esclarecido, mas, conforme Freud (1917a) veio a formular melhor em trabalhos posteriores, ele deve compreender, além da disposição hereditária, a disposição adquirida na primeira infância. Mas, agora, em vez da masturbação genital, encontramos em um lugar "primário" um outro vício: o chupar, ou o autoerotismo oral. Essa mudança é importante. Ela aponta a etiologia das adicções para um ponto de origem bem mais remoto – a vida emocional do bebê – e abre caminho para uma linha de investigação que se tornará clássica na abordagem das adicções. A masturbação, considerada aos olhos de Freud tão importante, passou a ser inserida no círculo mais amplo do autoerotismo; este, por sua vez, passou a ser considerado uma das três características essenciais das manifestações sexuais infantis, juntamente com a gênese, por apoio, nas funções fisiológicas vitais e a sua vinculação com uma zona erógena[82].

Ainda assim, o papel da masturbação na gênese das adicções não foi abandonado. Muitos anos depois, em seu estudo sobre Dostoiévsky, Freud (1927b)[83] a considerou o fator determinante de todos os casos de compulsão ao jogo, e reafirmou não ter analisado nenhum caso de neurose grave no qual os conflitos em relação à masturbação infantil não tenham tido um papel central. Podemos supor que o jogo compulsivo não comporta o elemento oral tão óbvio quanto o alcoolismo e o vício em cigarros, e que a questão do desafio ao pai e do complexo de castração se coloca em primeiro plano. Não creio, porém, que, quando falamos em fixação oral nas adicções, devemos nos ater apenas ao sentido fenomenológico mais estrito "daquilo que entra pela boca".

Ora, a referência ao autoerotismo em geral, que engloba o chupar e a masturbação genital, também nos remete a uma questão que transcende o nível estritamente fenomenológico. Pois *o autoerotismo é, antes de tudo, um prescindir do objeto*. Freud já toca na essência do problema quando propõe que, se a satisfação sexual oral é de início atrelada à amamentação, ela logo se separa da necessidade de satisfazer a fome:

> [...] a criança não se serve, para a sucção, de um objeto exterior a ela, e sim, preferencialmente, de uma parte de seu próprio corpo, tanto por que assim é mais cômodo como por se fazer, assim, independente do mundo exterior que não é capaz ainda de dominar. (1905, p. 1200)

Se não é possível dominá-lo, fuja dele; este é o lema do princípio do prazer. Conforme vimos no capítulo anterior, Freud con-

---

82 O "apoio" só foi acrescentado por Freud como o terceiro elemento da sexualidade infantil na revisão dos *Três ensaios*, de 1915, após o tema ser mais bem elaborado por ele (ver artigo sobre a gênese da cegueira histérica – FREUD, 1910b).

83 Freud examina, aqui, o romance *O jogador*, do próprio Dostoiévski (2000), sobre o assunto. Conferir também o trabalho de Rosenthal (1987).

siderava que um dos malefícios da masturbação advém daí: ela se oferece como um protótipo segundo o qual se obtém satisfação sem necessidade de uma modificação no mundo exterior. Se essa via se cronifica, se instaura uma autossatisfação patológica e, quando a masturbação se prolonga da adolescência para vida adulta, observa-se um "infantilismo psíquico". A nocividade da masturbação se deve, também, à facilitação que proporciona para a perpetuação de uma vida de fantasia em detrimento do investimento objetal, criando o caldo de cultura para a psiconeurose.

Não é difícil reconhecer, aqui, o prenúncio do conceito de narcisismo, ou de uma estratégia de investimento libidinal que busca driblar e evitar o desafio e as agruras da relação com o outro, voltando-se reflexivamente para o Eu como objeto. A busca crônica de um circuito de satisfação alternativo, de caráter autoerótico, é uma marca distintiva de todas as adicções, evidenciando o seu caráter eminentemente narcisista. Na ótica das relações de objeto, devemos falar em uma "independência patológica", em vez de uma "autossatisfação patológica"; a saída adictiva é essencialmente uma *via alternativa* que substitui a relação com o objeto ali onde ela fracassou, reagindo defensivamente ao estado de dependência inerente à relação.

A passagem dos *Três ensaios* acima citada toca, também, na questão crucial do *apoio*, tão importante na clínica das adicções. O apoio do sexual no autoconservativo devido à "dupla função" das zonas erógenas permite uma série de movimentos, tanto no sentido do desenvolvimento quanto no sentido de suas distorções. Por um lado, o descolamento do desejo em relação às necessidades da ordem vital põe em marcha o desenvolvimento psicossexual do sujeito e sua errância no mundo dos objetos. Por outro, o recalcamento da sexualidade pode atingir as funções vitais, deslocando para o corpo o teatro dos conflitos psicossexuais; este é mecanismo próprio da histeria de conversão (assim, no que se refere ao erotismo oral, por exemplo, se produzem sintomas conversivos orais: vômito, tosse, dores, tiques, etc.). Nas adicções, o mecanismo é ainda mais complexo e difere daquele da histeria: elas forjam para si uma "neonecessidade", buscando a satisfação sexual à maneira das pulsões de autoconservação; denominei esse fenômeno "reversão da lógica do apoio", através da qual se dá uma espécie de perversão do circuito pulsional[84].

Ora, se o recalcamento não fizer seu trabalho e os erotismos infantis persistirem, teremos os adictos e os perversos. *Pois a neurose é o negativo da perversão.*

Freud parte, nos *Três ensaios...*, de um minucioso exame das diversas formas de perversão[85]. Conclui, então, que a pulsão sexual é formada de diversos elementos componentes que, se em geral estão fundidos, aparecem separados nas diversas formas de perversão. Deste modo, cada uma das perversões nos mostra "isoladamente" uma pulsão parcial em ação. Em seguida, Freud reafirma que as psiconeuroses repousam sobre forças pulsionais de caráter sexual, e que os sintomas são a expressão de sua vida sexual. Eles são a substituição ou a retranscrição de tendências e desejos psíquico-afetivos impedidos de emergir na vida consciente, devido à ação cerceadora do recalcamento. Os histéricos, acometidos pela concomitância de uma necessidade sexual particularmente intensa e de uma repressão sexual igualmente grande, evitam o conflito que daí emerge através da transformação da ideias libidinais em sintomas. Ora, a sexualidade que emerge da análise desses sintomas é composta predominantemente das pulsões parciais que se exteriorizam direta e conscientemente nas perversões, na forma de intenções fantasiadas ou de atos. Portanto, é justamente a sexualidade perversa que se manifesta indiretamente nos sintomas neuróticos, como seu negativo.

Assim, os "chupadores", ao sofrer o recalcamento, desenvolvem vômitos, opressão na garganta, etc. Mas, se o recalcamento

---

84 Ver, adiante, o desenvolvimento dessa discussão no capítulo sobre a paixão oral.

85 Sobre a evolução da teoria da perversão em Freud e algumas de suas expansões no campo pós-freudiano, consultar o livro *Perversão*, de Flávio Carvalho Ferraz, desta mesma coleção.

não faz seu trabalho, tornam-se propensos a "perversões orais": a beijos perversos, à bebida ou ao excesso no fumar; prosseguindo nesse inventário, podemos acrescentar a tendência à compulsão alimentar, à toxicomania e a outras adicções. A hipótese que aqui surge, e que influenciará os principais trabalhos da época sobre o tema, é aquela que aproxima adicções e perversão, no sentido de ambas serem consideradas uma derivação direta – em positivo – das pulsões sexuais parciais, ali onde falha a ação negativante do recalcamento.

Alcoolismo e sexualidade: o artigo pioneiro de Abraham

Abraham escreveu, em 1908, "As relações psicológicas entre a sexualidade e o alcoolismo", o primeiro artigo psicanalítico inteiramente dedicado ao tema das adicções. O texto é denso e abarcativo – mesmo que não muito extenso –, e ainda conserva algum valor aos olhos do leitor de hoje. Ele exprime exemplarmente a visão do tema a partir da teoria freudiana da sexualidade, que havia sido recentemente apresentada e sistematizada em *Três ensaios*. Assim, além do significado histórico e de seu pioneirismo, o trabalho interessa por ser um bom retrato de uma forma de compreender as adicções a partir da teoria da sexualidade – o que, aliás, já se faz evidente no próprio título do trabalho.

É digno de nota que Abraham tenha se interessado por essa área da psicopatologia antes mesmo de ingressar nas fileiras da psicanálise, tendo então já publicado dois artigos sobre o assunto (ABRAHAM, 1902, 1904). Como ressaltou Jones,

> Abraham mostrou um interesse especial pelos problemas da dipsomania e da toxicomania. Os quase únicos trabalhos que ele escreveu nos dias pré-analíticos, à exceção daqueles evidentemente inspirados pelos interesses de seu professor, foram sobre os efeitos do uso de drogas. Seu primeiro trabalho sobre as relações existentes entre alcoolismo e sexualidade mostrou a natureza essencial da conexão entre os dois e constituiu a base de todo o

nosso conhecimento posterior sobre o assunto. Na verdade, a única contribuição posterior de importância sobre o tema tratou da relação inerente entre alcoolismo e homossexualidade, uma ligação que, de modo curioso, Abraham apontou apenas em relação às mulheres. (1926, p. 19)[86]

Ora, ser "a base de todo o nosso conhecimento posterior sobre o assunto" não é pouca coisa! É claro que Jones escreveu isso em 1926[87], o que exige, obviamente, uma atualização de tal afirmação; o próprio Abraham avançou na discussão sobre o assunto posteriormente, especialmente no artigo de 1916 sobre a fase oral. Ainda assim, a importância do artigo não se perdeu, e é de se lamentar que ele seja tão pouco conhecido.

Abraham defendeu, em seu artigo, que na etiologia do alcoolismo deve ser considerado em primeiro lugar um "fator individual", antes de qualquer "fator externo" (influências sociais, educação defeituosa, problemas hereditários, etc.), e que só é possível investigar o "fator individual" com êxito ao se levarem em conta as relações entre alcoolismo e sexualidade. Após uma recapitulação da teoria freudiana da sexualidade, Abraham propõe que "[...] o álcool atua sobre a pulsão sexual suprimindo as resistências e aumentando a atividade sexual" (1908, p. 61). Por decorrência, as pulsões parciais e a sexualidade polimorfo-perversa da infância, que, usualmente, sucumbem ao recalcamento e à sublimação, voltam abertamente a dominar a cena: *os produtos da sublimação são suprimidos* ou debilitados pelo efeito do álcool.

Em um plano mais geral, observamos a supressão das inibições mentais que resultam da sublimação da libido, e, de modo mais específico, diversos tipos de pulsões parciais ganham rédea

---

86 A relação entre alcoolismo e homossexualidade, aqui aludida, foi proposta por Ferenczi (1911a, 1911b), acompanhando uma sugestão do próprio Freud (1911b).

87 Esse trabalho de 1926 foi escrito logo após a morte de Abraham. É uma excelente fonte de pesquisa, já que apresenta um panorama amplo e equilibrado sobre a vida e a obra de um dos mais importantes representantes da época heroica da fundação da psicanálise.

solta, em uma espécie de "perversificação" da conduta. A homossexualidade[88] se manifesta na maneira com que os homens tipicamente se relacionam nos bares, através de beijos e abraços, em uma intimidade corporal e em uma cumplicidade muito mais estreitas. O exibicionismo e a escopofilia também se exacerbam: à medida que a barreira da vergonha cai com o álcool, surgem as piadas obscenas e uma sedução grosseira. O sadismo e o desejo de domínio sobre o objeto são evidentes. Associados ao uso do álcool, testemunhamos brigas e crimes brutais e, nos festins coletivos, o surgimento da figura do "rei da bebida". Encontramos, ainda, no artigo de Abraham, uma curiosa observação sobre um costume que é mais antigo do que poderíamos supor: nos rituais de "trote" com os estudantes calouros, os veteranos exigem submetimento e obrigam suas "vítimas" a beber, o que exacerba, em um ciclo vicioso, as atuações sádicas, e podem produzir "acidentes" sérios. E, no plano da intimidade familiar, observamos a barreira do incesto sendo derrubada pelo álcool, sobrevindo atuações por vezes muito dramáticas.

O segundo tipo de efeito do uso do álcool é o incremento da atividade sexual. O álcool produz a sensação de aumento de capacidade sexual e estimula o "complexo de masculinidade" – uma espécie de "arrogância do macho" –, conectada, para Abraham, a uma fantasia de identificação do macho com o poder divino, o Criador. As sensações vividas durante o estado de embriaguez são facilmente associadas à excitação sexual; daí os diversos significados do objeto-bebida, expressos em diversos mitos: a fonte de uma força vital, uma substância originária da "embriaguez amorosa", o sêmen e uma "poção do amor". Segundo Abraham, os homens tornam-se aficcionados ao álcool, pois este lhes proporciona um exaltado sentimento de hombridade, uma capacidade para a atividade e uma iniciativa enérgica. As mulheres, por

---

88 A associação entre homossexualidade e perversão, proposta por Freud nos *Três ensaios*, hoje não se sustenta mais, e exige uma reavaliação crítica.

sua vez, não necessitam tanto do álcool, já que são apreciadas por sua passividade e pela resistência à conquista amorosa; quando elas mostram uma forte inclinação para o álcool, isso se deve a um componente homossexual marcado[89].

Mas os efeitos do álcool não devem ser estudados apenas em si mesmos; é fundamental considerarmos também o quadro que resulta da cronificação do alcoolismo. Assim, os efeitos de remoção do recalcamento não são apenas momentâneos; eles se cristalizam na forma de traços de caráter: o bebedor compulsivo torna-se excessivamente emocional e grosseiramente confiante, trata sempre os outros como velhos amigos, é sentimentalista e sem-vergonha. Quanto ao incremento libidinal, o álcool mostra-se, com o tempo, um "falso amigo", pois a intoxicação, quando crônica, produz o efeito inverso, reduzindo a capacidade sexual do homem.

A relação com o eixo neurose/perversão que, como vimos, é o que norteia a teoria da sexualidade de Freud da época, é evidente no artigo de Abraham. Ele vê uma semelhança entre o alcoolismo e as perversões em dois aspectos: em primeiro lugar, a pessoa se recusa a reconhecer os efeitos que o alcoolismo produz em sua vida e a deterioração que está em curso e, em segundo, ela não querer abrir mão do que deveria ser um tipo de "prazer preliminar" – o álcool ingerido para aumentar a virilidade – a fim de investir libidinalmente a atividade genital propriamente dita. O bebedor persegue e fica fixado na excitação dos sentimentos sexuais provocados pela bebida enquanto um fim em si mesmo – como uma espécie de prazer preliminar –, abandonando a atividade sexual normal. Por um desvio e uma fixação subsequente, o alcoolista deixa de lado as mulheres e dedica-se apenas ao álcool. O ciúme típico dos alcoolistas é atribuído por Abraham ao decréscimo da potência sexual: o alcoolista escolheu o "prazer sem

---

89 Essa é, obviamente, mais uma das afirmações que exigem uma atualização, dada a revolução dos costumes, a grande transformação na divisão de papéis entre os gêneros e todos os avanços sobre a concepção de sexualidade feminina que se seguiram desde então.

aborrecimento" do álcool em detrimento das complicações da relação com as mulheres, mas, como se envergonha dessa troca, recalca e desloca a o sentimento de culpa para a companheira[90].

Ora, em analogia à formula enunciada por Freud sobre o sintoma neurótico, Abraham propõe que *o alcoolismo é a atividade sexual do bebedor*. Como o neurótico que apresenta falsos motivos para seu sintoma através da racionalização, o alcoolista nega os aspectos mais difíceis que o conduziriam aos determinantes de fundo do problema, e se aferra a uma série de explicações e pretextos para o uso do álcool: "[...] pela mesma razão que o neurótico protege seus sintomas, o bebedor luta em defesa de seu alcoolismo" (ABRAHAM, 1908, p. 66).

Ao final do artigo, Abraham estende sua abordagem para a toxicomania e o uso de drogas, tecendo alguns breves comentários. Ele defende que a questão sexual se encontra subjacente também a eses casos. Assim, o medo e a intolerância de certos pacientes histéricos à prescrição de drogas psicotrópicas se devem à excitação sexual que elas evocam, desencadeando angústia neurótica e fenômenos conversivos; algo semelhante ocorre com a intolerância de certas pessoas ao álcool. E, também nos psicóticos, a correlação entre sexualidade e o uso de narcóticos fica clara: alguns pacientes dese tipo interpretam a injeção de morfina com um ataque sexual, e a seringa e seu conteúdo segundo um simbolismo sexual, à maneira de uma equação simbólica.

Temos, assim, nesse artigo de Abraham, um bom exemplo de aplicação da teoria da sexualidade ao problema do alcoolismo. O que está em causa neste tipo de adicção é *um desmanche do trabalho do recalcamento e da sublimação*, resultando em uma espécie de "perversificação" da conduta. A ingestão contínua e compulsiva do álcool se torna a atividade sexual do neurótico, e fortes resistências se erguem para salvaguardar a "escolha" do indivíduo por

---

90 Sobre a correlação entre ciúme, homossexualidade, paranoia e alcoolismo, consultar os trabalhos de Freud (1911b, 1921b) e Ferenczi (1911a, 1911b), anteriormente citados.

essa forma de gozo. Desta forma, ocorre uma evitação do desafio envolvido na psicossexualidade adulta, que é substituído por um desvio. Como em uma perversão, a organização da vida libidinal em torno do genital é abandonada, e em seu lugar surge uma fixação exacerbada a um objeto que retém o sujeito nos prazeres preliminares. O "fator individual" que Abraham defende como predominante na etiologia do alcoolismo se refere, pois, ao casamento que se estabelece entre a droga e a constituição psicossexual do indivíduo, levando a um tipo de formação psicopatológica singular que fica entre a neurose e a perversão.

Pulsão e fetichismo

Abraham perdeu a oportunidade, porém, de assinalar uma das formas de perversão mais evidentemente associadas às adicções: o fetichismo. Uma recapitulação do conceito de pulsão e de seus atributos deixará o nosso argumento mais claro; afinal, a teoria das pulsões é o substrato conceitual mais amplo no qual a teoria freudiana da sexualidade se insere[91].

A teoria das pulsões é, sem dúvida, um dos aspectos mais abstratos da metapsicologia, e nem por isto menos importante.

> A teoria das pulsões é, por assim dizer, nossa mitologia. As pulsões são seres míticos, grandiosos em sua indeterminação. Não podemos prescindir delas em nenhum momento do nosso trabalho, e ainda assim não estamos seguros de vê-las claramente nem por um instante. (FREUD, 1932, p. 3154)

Aqui Freud sintetiza de maneira brilhante o paradoxo em que nos encontramos no que se refere às pulsões: a sua indeterminação e o seu caráter mítico não entram em choque com a sua grandiosidade e importância para o psicanalista.

---

[91] As ideias que se seguem foram anteriormente apresentadas no meu livro *A pulsão e seu objeto-droga: estudo psicanalítico sobre a toxicomania* (GURFINKEL, 1996).

O conceito de pulsão articula os pontos de vista econômico e dinâmico da metapsicologia freudiana, e abre caminho em direção à tópica e à noção de desenvolvimento da libido. Talvez o seu sentido mais essencial seja o princípio de uma dualidade irredutível no psiquismo, que se mantém por toda a obra freudiana; daí o seu caráter "dinâmico", de forças perpetuamente em conflito na base de todo o funcionamento mental. A noção de pulsão aparece em 1905, nos *Três ensaios...*, diretamente ligada à sexualidade; esta é sua marca inicial. Assim, "[...] para explicar as necessidades sexuais do homem e do animal, a biologia supõe a existência de uma pulsão sexual, do mesmo modo que para explicar a fome supõe uma pulsão de nutrição" (FREUD, 1905, p. 1172). Aqui já vemos a dualidade que vai caracterizar a primeira teoria das pulsões: autoconservação e sexualidade. Freud propõe um processo de desenvolvimento da libido no qual a pulsão sexual vai sofrendo sucessivas transformações; é no início desse processo que ocorre a diferenciação entre sexualidade e autoconservação, uma vez que a pulsão sexual nasce apoiada nas funções postas a serviço da conservação da vida, mas logo se faz independente dela. Este momento inaugural da sexualidade constitui o autoerotismo, que sofrerá um longo processo até atingir a escolha objetal adulta.

Em *A pulsão e seus destinos*, Freud definiu pulsão como

> [...] um conceito limite entre o anímico e o somático, como um representante psíquico dos estímulos procedentes do interior do corpo que atingem a alma, e como uma magnitude de exigência de trabalho imposta ao anímico por consequência de sua conexão com o somático. (1915a, p. 2041)

Essa definição decorre de um modelo econômico do aparelho psíquico, segundo o qual ele teria como função primordial um "controle dos estímulos", ou "[...] suprimir os estímulos que chegam a ele, reduzi-los ao seu nível mínimo, e, se isto fosse possível, se manter livre de todos os estímulos" (FREUD, 1915a, p. 2041). Esse postulado é a tradução do princípio do prazer. Freud apresenta, então, os quatro elementos fundamentais que caracterizam a pulsão: a pressão, o alvo, o objeto e a fonte.

A "pressão" é a quantidade de exigência de trabalho própria da pulsão. É marca geral da pulsão ter um caráter ativo, de impulso, uma força constante que exige trabalho psíquico, pois a pulsão é, no final das contas, o próprio motor do psiquismo, a força constante que o mantém funcionando. Se, por um momento, ela pode ter um alvo passivo (por exemplo, na posição masoquista), ela nunca deixa de manter a sua essência ativa. Ora, *no caso das adicções essa pressão se transforma em urgência irremediável*. Na clínica da toxicomania, a urgência se coloca em todos os momentos, sempre de maneira invasiva, ameaçando a possibilidade de pensamento:

> [...] a urgência frente à falta da droga, a urgência por preservar a vida, a urgência em responder aos múltiplos pedidos dos pacientes, a urgência em criar estruturas terapêuticas "adequadas". Toda esta urgência se nos impõe como aquilo que, isolado de toda multiplicidade, aparece na toxicomania sob a forma de irrupção compulsiva, como este momento de puro acontecimento onde justamente não há palavras. (OCAMPO, 1988, p. 21)

Se a pulsão impõe uma exigência de trabalho ao aparelho psíquico, uma pressão, a vida pulsional do toxicômano pressiona-o a uma busca sem trégua de droga; a pressão de trabalho psíquico se recoloca, pois, enquanto urgência de droga. Partindo dessa hipótese, várias questões emergem: qual a natureza e o significado dessa transformação? Notemos que não se trata apenas de uma transformação nos destinos da pulsão, mas de uma transformação no que seria um de seus elementos fundamentais. A passagem da pressão para a urgência seria apenas uma diferença de intensidade – a urgência sendo a radicalização da pressão – ou uma diferença de qualidade que traz consequências novas?

O "alvo" (ou "meta") da pulsão é, antes de tudo, a satisfação; esta é alcançada pela supressão da estimulação originada na fonte. Nesse sentido, o alvo da pulsão nada mais é do que realizar o mandato do princípio do prazer. Mas, ao mesmo tempo, Freud define o alvo como os diversos caminhos que conduzem a este fim mais geral: assim, todas as pulsões têm em comum um alvo mais geral, que é a satisfação, e um alvo específico que as caracteriza. Nesse sentido específico, o alvo sexual é "o ato ao qual a pulsão impulsiona" (FREUD, 1905, p. 1172). Se o objetivo mais geral desse ato é obter satisfação, ele tem em cada caso uma maneira própria de fazê-lo, meios que seguem determinados padrões que se repetem, e estes padrões constituem o alvo no seu sentido específico. A diversidade de alvos que caracterizam as várias pulsões está por vezes ligada à fonte ou à zona erógena em questão (alvo oral, anal, genital) ou mais ligada à relação com o objeto (alvo masoquista, exibicionista).

Bem, e como se coloca o alvo da pulsão nas adicções? Nessa concepção de 1915, sob o reinado do princípio do prazer, o alvo é antes de tudo a busca de satisfação; mas e o alvo no seu sentido mais específico? Ora, o alvo que tem sido tradicionalmente associado às adicções é o oral: incorporar, "pôr para dentro um objeto" – imaginária ou concretamente – pela boca; como vimos, Freud mesmo sugeriu essa correlação na passagem dos *Três ensaios...* citada no início deste capítulo. Ainda assim, outras possibilidades podem ser levantadas, aproximando as adicções de uma paixão anal ou de uma problemática fálica.

E como compreender o "objeto" da adicção? Se é que podemos chamá-la "objeto", que espécie de objeto é este? E que enigma nos coloca ele para a própria noção de pulsão?

Freud definiu o objeto da pulsão como "[...] a coisa na qual ou por meio da qual a pulsão pode alcançar a sua satisfação" (FREUD, 1915a, p. 2042), e atribuiu-lhe uma característica fundamental: a variabilidade ou contingência, sendo a fixação o seu oposto. O objeto é o elemento mais variável da pulsão; não se acha ligado originalmente a ela, mas sim a ela subordinado à medida que serve à busca de satisfação. O objeto não é necessariamente exterior ao sujeito, podendo ser uma parte de seu próprio corpo, e este é o caso do autoerotismo; pode ser indefinidamente substituído no decorrer da evolução psíquica, estando então perpetuamente sujeito e condenado a ser deslocado. A fixação da pulsão em um objeto é, por sua vez, justamente o estancamento dessa variabilidade, dessa infinita possibilidade de deslocamento:

ela ocorre com bastante frequência, segundo Freud, em etapas muito primitivas do desenvolvimento, pondo fim à mobilidade própria da pulsão, e tendo como efeito uma intensa dificuldade de separação do objeto.

Seguindo essa concepção, o objeto da adicção pode ser entendido como a "coisa" na qual ou através da qual a pulsão busca satisfação. Mas trata-se de um objeto qualquer, que vem ocupar esse lugar circunstancialmente, ou ele guarda características ou efeitos específicos? Trata-se simplesmente de um objeto possível, ou devemos falar em um objeto "desviante", que implica uma anormalidade? Qual seria a natureza dessa "anormalidade"? Ora, é justamente aqui que o fetichismo se faz presente como o modelo mais evidente para pensarmos a adicção, dentro do leque de "desvios" da sexualidade descritos por Freud sob a rubrica de "perversões".

Freud (1905) descreveu o fetichismo como a substituição do objeto sexual normal por outro relacionado a ele, sendo este, em geral, uma parte do corpo ou um objeto inanimado. Ele procurou, em seu trabalho, construir critérios para distinguir o "normal" do patológico, sem deixar de reconhecer que é próprio do amor um certo grau de fetichismo. As condições do patológico se dão quando há uma fixação sobre o objeto-fetiche (investimento que se coloca no lugar do "alvo normal"), ou quando ele se separa da "pessoa" e se torna por si mesmo único objeto sexual. Fixação, independência do objeto de origem e exclusividade seriam as características do fetichismo. Nas adicções, o que observamos é justamente uma fixação ao objeto no seu sentido extremo, objeto que tende a ser o único objeto de investimento pulsional. Quanto mais avança o processo adictivo, mais tal objeto ganha um lugar de exclusividade, que não deixa espaço para mais nada.

Tomemos o exemplo da toxicomania. Se o uso de drogas pode ser entendido como uma busca de prazer, e nisso não há nada de "anormal", em alguns casos ele passa a ter o mesmo caráter de exclusividade e fixação muito intensas que aparece no fetichismo, em uma relação que se estabelece aqui com um objeto inanimado – uma "coisa" – que fica no lugar de todas as coisas. Podemos, então, postular esta característica como específica das adicções: a fixação da pulsão a um objeto, fixação tão exacerbada que Ocampo chegou a caracterizá-la como "perversão da pulsão"[92]. O que está pervertido na pulsão é a própria lei que a fundamenta, a da contingência do objeto. Se o que caracteriza o objeto é sua subordinação à pulsão, conforme lhe sirva na busca de satisfação, na toxicomania é a pulsão que parece se subordinar ao objeto-droga, como se este fosse o único capaz de proporcionar satisfação[93].

Vejamos alguns retratos da experiência clínica, a fim de ilustrar a relação entre adicção e fetichismo.

Marcele é uma mulher com aproximadamente quarenta anos, casada há mais de vinte com um homem com quem se droga constantemente. Hoje, é incapaz de ter uma relação sexual sem o uso de cocaína, ou seja, a droga serve, literalmente, como um objeto que é condição imprescindível para o gozo. Se a droga não está à mão, Marcele exige de seu parceiro que a obtenha para se dispor a ter uma relação sexual, o que garante a eles a possibilidade de ter prazer. Trata-se, portanto, de uma relação de dependência em que confluem a droga, o sexo e o amor, e tudo girando em torno de um objeto-fetiche.

---

[92] Piera Aulagnier também destacou a fixação ao objeto como a marca distintiva da toxicomania, em contraste com o usuário de droga comum: "Quando falo da relação passional entre o sujeito e o objeto droga [...] não me refiro ao fato de que para certos sujeitos a droga esteja entre os objetos ou atividades fontes de um prazer, que não se torna por isso um prazer exclusivo. O sujeito, neste caso, continua desejando outras formas de prazer e investindo outros objetos e outras finalidades" (AULAGNIER, 1985, p. 150-151).

[93] Essa concepção da perversão da pulsão como traço distintivo das adicções é compartilhada por Claudio Waks e José Waldemar Turna, para quem, "[...] na toxicomania, o objeto não é mais subordinado na sua contingência à pulsão; parece ser a pulsão que se submete à primazia do 'objeto-droga'" (WAKS; TURNA, 2010, p. 165).

A necessidade de uma substância como acessório indispensável nas práticas sexuais é mais comum do que imaginamos. Com mais frequência do que a cocaína, o álcool é usado como um recurso desinibidor regular dos encontros sexuais. Hoje, para alguns homens de faixa etária um pouco mais avançada, o Viagra cumpre também essa função, para além de seu efeito químico: dependendo do caso, trata-se de uma espécie de "acompanhante fóbico", de "prótese fálica" ou de objeto-fetiche. No caso de outro paciente, um homem de 45 anos, a atividade quase que exclusiva de seu repertório sexual era a relação anal com mulheres, o que exigia uma parafernália de acessórios usados em um contexto marcadamente ritualizado; no seu kit-sexo, o álcool e o comprimido de Viagra eram ingredientes indispensáveis, demonstrando uma rigidez, um aprisionamento e um estreitamento crescente nas possibilidades de experimentação sexual.

Para concluir, é interessante lembrarmos aqui o significado da palavra "adicto"[94], muitas vezes utilizada no lugar da palavra "mania" (drogadicção ou toxicomania, por exemplo). A origem etimológica do termo provém do latim (*addictu*); nos tempos da República Romana, assim era denominado o homem que, para pagar uma dívida, se convertia em escravo por não dispor de outros recursos para cumprir o compromisso contraído. Afora o interessante aspecto que poderia ser levantado quanto a que dívida estaria o adicto pagando, quero aqui ressaltar o "tornar-se escravo". Diz-se, usualmente, que o toxicômano se torna escravo da droga; quero chamar aqui a atenção para o fato de que *a pulsão se torna escrava do objeto*, com no caso do fetichismo.

No entanto, não podemos assimilar inteiramente as adicções ao fetichismo. Dois aspectos se destacam com diferenças importantes. Em primeiro lugar, o fetichismo não comporta o sentido

---

[94] Ver discussão terminológica no capítulo "Conceito psicanalítico de adicção".

tão claro de uma neonecessidade[95], como no caso das adicções[96]. E, em segundo lugar, nas adicções não encontramos de forma tão regular e evidente um sentido simbólico do objeto subjacente, como no fetichismo; neste, o fetiche é um símbolo do falo materno imaginário, cuja inexistência precisa ser negada; nas adicções, os sentidos simbólicos são variados ou, muitas vezes, encontram-se ausentes, conforme o modelo das neuroses atuais nos faz deduzir.

As adicções e a clínica da dissociação

A aproximação entre adicções, fetichismo e perversão conduz-nos ainda a um elo de fundamental importância: a questão da dissociação.

Em artigo de maturidade sobre o fetichismo, Freud (1927a) propôs dois elementos como distintivos desse quadro clínico: a sideração frente à castração e uma típica reação de defesa diante de tal impacto – a divisão do Eu. O Eu, para lidar com as consequências insuportáveis da descoberta da realidade da castração, se divide em duas partes: uma que é capaz de reconhecer tal realidade e outra que, simultaneamente, a nega. Essa negação se dá através de uma recusa perceptiva da ausência do pênis na mulher – uma forma de alucinação negativa – e de um fenômeno restitutivo que reconstrói tal realidade pela invenção do objeto-feti-

---

[95] Sobre a adicção como uma neonecessidade, consultar a seção final do capítulo "A paixão oral: a comilança".

[96] Joyce McDougall (1982, 1986, 1995) propôs que concebamos a perversão como uma espécie de "neossexualidade", em referência ao conceito de neonecessidade; ao fazê-lo, creio que ela atenuou a diferença que acabo de assinalar entre adicções e fetichismo. Essa interessante visão, que recompõe os termos e "inverte" a concepção corrente, nos leva a indagar: não seria a perversão sexual – concebida como uma neossexualidade – uma forma particular de adicção, pensada como uma neonecessidade?

che, que nada mais é do que um substituto da ideia imaginária do falo da mãe de que não se suporta abrir mão. Cria-se, assim, uma espécie de neorrealidade.

Na clínica das adicções, a presença de processos dissociativos é notável. O cotidiano do trabalho com tais pacientes é repleto de situações nas quais a pessoa reconhece e, ao mesmo tempo, nega diversos aspectos da realidade, de modo bastante próximo à descrição de Freud – ainda que a questão da castração não esteja necessariamente no centro do problema. Vejamos um exemplo[97]:

Marco Antônio chegou ao meu consultório em estado deplorável. Como outros tantos toxicômanos, ele não se interessava muito pela ideia de "tratamento", mas via-se pressionado pela família no momento em que a "sujeira" toda tinha vindo à tona. Sua vida estava bastante tomada pela relação com a cocaína: não tinha qualquer atividade de trabalho ou estudo, e seus poucos vínculos sociais giravam em torno dela. O uso da droga, muitas vezes associado ao álcool, estava adquirindo proporções alarmantes, e dava-se de maneira compulsiva, característica das adicções. Tinha problemas de dívidas com traficantes, o que acabou por envolver o pai na história. Membro de uma família de bom nível econômico, sempre teve suas dificuldades de certa forma toleradas, ou pior, não vistas e encobertas. Tinha forte tendência à obesidade, e havia emagrecido com a cocaína. Dizia, então: "[...] eu quero ficar no quarto, não quero conversar com ninguém; não quero vir aqui". Era tido na família como alguém

---

[97] Esse material clínico foi anteriormente apresentado em artigo em que discuto extensamente o conceito de dissociação, abordando a sua história na obra de Freud e na psicanálise pós-freudiana, com destaque para Winnicott. As acepções desse termo são muito variadas, o que torna a discussão difícil e complexa; ainda assim, creio ser de grande valor teórico-clínico a proposição de uma "clínica da dissociação" no campo psicanalítico, o que certamente toca muito de perto a problemática das adicções ("Clínica da dissociação", in D. GURFINKEL, 2001).

afável, "de casa", carinhoso e atencioso; chegou, porém, em estado de total isolamento.

Após dois anos de trabalho, Marco já era capaz de se apropriar um pouco de suas questões, já que até então a sua vida parecia ser um problema exclusivo de seus familiares. Praticamente parou o uso de cocaína, que passou a lhe aparecer em sonhos; mas a fissura ainda era grande. Começou a namorar, vivendo uma relação intensa, à qual se via muito ligado afetiva e sexualmente. Os problemas trazidos para análise mudaram: não mais as pressões familiares por seu uso de droga – e a necessidade de aliviar-se disso –, mas a sua saúde, a sua potência sexual e a sua preguiça no trabalho. Ele saiu, gradativamente, da letargia e tornou-se uma "pessoa ativa". Nessa época, ele falava sem parar das atividades que fazia, e de como preenchia o vazio: jogando bingo todos os dias, fazendo exercícios e em conversas com a mãe. Passaram-se mais seis meses e sua namorada engravidou. Eles se casaram, tiveram um filho, ganharam um bom apartamento e o apoio da família. Marco "pegou mais firme" no trabalho que havia iniciado – um negócio apoiado pelo pai – e sentia-se alimentado por descobrir suas possibilidades de realização. Até certo ponto, conseguiu de fato se empenhar em algo: vestiu o terno e a gravata. Dizia-se contente com a mulher e o filho, e sua relação com família de origem fortalecia-se.

Nesse período, Marco relatou uma situação que chamou bastante minha atenção. Ele costumava voltar do trabalho para casa de metrô, e na estação anterior à da sua casa vivia um drama peculiar que guardava para si – e até hoje para mim –, uma dimensão sensorial vívida e perturbadora. Nessa estação existia uma casa clandestina de jogos, a qual ele estava frequentando cada vez de maneira mais assídua. Quando a porta do metrô abria nessa estação, ele não sabia o que ia acontecer, e ficava assistindo à cena passivo e impotente. Havia ali uma força estranha. Ele se via, nesses momentos, incapaz de tomar qualquer decisão; só lhe restava esperar o tempo que a porta permaneceria aberta e assistir a qual seria o desenlace da situação naquele dia. A sua vida parecia satisfatória, lhe proporcionando situações de prazer e de realização. Mas havia a necessidade de um "muito" que não era nela satisfeita, um "muito" que o ligava a diferentes objetos: à comida, à cocaína e agora ao jogo; "sem um vício, a vida fica sem graça". A sua vida se estabilizara em uma adaptação de eficácia relativa, mas na condição da manutenção de um "mundo paralelo" totalmente diferente do seu habitual, dele mantido rigorosamente separado e secreto. Nas sessões subsequentes, ele começou a me levar, um pouco, a conhecer os personagens, os hábitos e a atmosfera desse mundo paralelo. Marco estava perdendo muito dinheiro, e isso o desesperava; o sentimento de impotência – em si mesmo e depositado no "tratamento" – só reforçava a dimensão demoníaca e sua compulsão. O preço a pagar não era para ele, até então, maior do que o gozo experimentado.

Não é possível, para o psicanalista, contentar-se com uma aparente cura sintomática por hiperadaptação. As vivências de Marco Antônio diante da porta do metrô expressam a vulnerabilidade do sistema de defesa por ele construído para fazer frente a sua compulsão adictiva. A "nova vida", conquistada a duras penas, não era suficiente, e só podia ser mantida se ele pudesse continuar visitando seu mundo "do outro lado da porta", uma neorrealidade que respondia às suas necessidades emocionais mais profundas e sombrias. A intensidade sensorial dessa porta – juntamente com o fato de ter encontrado o mesmo elemento significante em casos similares – me chamou a atenção. Penso que a porta, com seu caráter de separação de espaços, divisão de mundos, se apresenta como uma boa figuração da experiência dissociativa.

Encontramos, curiosamente, esse mesmo elemento no *Estranho caso de Dr. Jekyll e Mr. Hyde*, de Robert Louis Stevenson, que, como já vimos, pode ser entendido como um "caso" que nos fala de perto sobre a clínica das adicções. A primeira cena da novela, que dá o tom que acompanha toda a narrativa, se dá diante de uma porta; aliás, o título do primeiro capítulo é "História da porta". A porta em questão é aquela dos fundos do gabinete do

Dr. Jekyll, por onde sai e entra Mr. Hyde; ora, é só no final da tragédia que os personagens envolvidos têm o *insight* de que o covil do monstro é o laboratório de seu criador! E é justamente uma "droga mágica" que produz a transformação de Dr. Jekyll em Mr. Hyde, ou seja, ela é o passaporte para o mundo atrás do espelho que, quando falta, precipita o final trágico da narrativa.

Menciono aqui esse exemplo clássico a fim de sugerir que a pesquisa da clínica da dissociação pode ser muito enriquecida se nos debruçarmos sobre um certo tipo de literatura que já fez história: a literatura do duplo. O tema foi especialmente trabalhado no século XIX e não passou despercebido a Freud, como se depreende de seu estudo sobre *o estranhamente familiar*, a partir de conto de Hoffmann. Ora, o sinistro pode ser revisitado com a seguinte pergunta: trata-se do retorno do recalcado ou do colapso de uma experiência dissociativa? Outros exemplos significativos, além do caso do Dr. Jekyll e dos contos fantásticos de Hoffmann, são O *retrato de Dorian Gray*, de Oscar Wilde – no qual o retrato pode ser entendido como um equivalente da porta-espelho acima mencionada, a Grande Porta do Inferno –, O *Horla*, de Maupassant, e, mais recentemente, O *colecionador*, de John Fowles, que examinaremos detidamente em outro capítulo. Dentro do extenso acervo cinematográfico que toca no tema, um bom exemplo é o filme *Gêmeos – mórbida semelhança*, de D. Cronemberg.

A clínica da dissociação pode ser tomada, pois, como um protótipo para se compreender uma dimensão perversa que se faz presente em muitos casos de adicção. Essa perversão pode ser entendida, em sua dimensão fetichista, como o efeito de um desvio e a fixação de toda energia sexual em um objeto-fetiche, que rouba a cena e substitui inteiramente qualquer outra forma de prazer. Mas ela pode ser entendida também como uma espécie de "perversão do caráter", que faz despertar os monstros perversos escondidos pelos "doutores" de respeito, que se apresentam como uma fachada encobridora[98]. Voltaremos a esta discussão em diversos momentos do nosso percurso, procurando compreender o inquietante fenômeno da "degradação do caráter" que acompanha tão amiúde os casos de adicção.

Bem, se recordarmos que o recalcamento é o mecanismo princeps da psiconeurose, podemos concluir que, ao estudarmos as adicções nesta báscula entre a neurose e a perversão, nos situamos entre uma "clínica do recalcamento" e uma "clínica da dissociação".

---

[98] Outra via profícua de se trabalhar as adicções a partir do modelo do fetichismo é aquela que as compreende como uma patologia no campo dos objetos transicionais, segundo a concepção de Winnicott. Seguir por essa linha extrapolaria, no entanto, os objetivos almejados neste livro; para um aprofundamento no tema, consultar o artigo "Sujeito quase" (in D. GURFINKEL, 2001).

7
A paixão, um amor tóxico

A psicologia do amor, como uma extensão da teoria da sexualidade, tem se mostrado um campo profícuo para a psicanálise das adicções. Afinal, um dos modelos mais interessantes para compreendermos as adicções é a paixão amorosa. O que é um adicto senão um sujeito apaixonado por seu objeto?

O gênese do amor se encontra, para Freud, no campo da sexualidade. O amor surge à medida que a pulsões sexuais parciais, originalmente anárquicas e predominantemente autoeróticas, sofrem um desenvolvimento progressivo até formar um feixe de pulsões que se dirige a um objeto; eis a chamada "escolha de objeto". Nesse sentido, o amor nada mais é do que o conjunto das pulsões investindo um objeto (FREUD, 1915a); nele – deve-se acrescentar – sempre está implicado um Eu, que em uma dialética com o outro oscila entre as posições de sujeito e de objeto do amor[99].

---

99 Para um exame mais detalhado do assunto, ver "A mítica do encontro amoroso e o trabalho de Eros" (GURFINKEL, 2008b).

E quando o amor se torna paixão, dando a impressão de uma *harmonia perfeita*?

O bebedor e sua paixão "perfeita"

Examinemos uma passagem em que Freud descreve o amor do homem pelo vinho:

> Pensemos na relação entre o bebedor e o vinho. O vinho oferece ao bebedor sempre a mesma satisfação tóxica, tantas vezes comparada pelos poetas com a satisfação erótica – e, de fato, tal comparação procede também do ponto de vista científico. Nunca se ouviu dizer que o bebedor tenha precisado trocar constantemente sua bebida por ela ter perdido, depois de consumida, seu atrativo. Pelo contrário: o hábito estreita cada vez mais o laço que une o bebedor com o seu tipo de vinho preferido. [...] As confissões de nossos grandes alcoolistas sobre as suas relações com o vinho – as de Boecklin, por exemplo – revelam uma harmonia perfeita, que poderia servir de modelo para muitos casamentos. Por que há de ser então tão diferente a relação entre o amante e seu objeto sexual? Em minha opinião – e por estranho que pareça – é de se suspeitar que na natureza mesma da pulsão sexual exista algo desfavorável à consecução de uma plena satisfação. (1912b, p. 1716)

Essa passagem é surpreendente, tanto pela força da analogia proposta – a satisfação tóxica do bebedor equivale à satisfação erótica do amante, reafirmando a linha de abordagem que aproxima sexualidade e adicções –, quanto pela ideia de uma "harmonia perfeita" que Freud assimila do testemunho dos bebedores, de forma acrítica. É estranho como em um texto tão implacável, que desfaz qualquer ilusão sobre a perfeição no amor e no sexo, Freud tenha "escorregado" para uma aparente idealização, concedendo à paixão adicta um lugar privilegiado. Será isso uma ironia?

No artigo em que se insere esse fragmento, Freud nos descreve um estado geral de *degradação* na vida erótica: os homens e as mulheres sofrem grandes limitações no usufruto da sexualidade. O sintoma neurótico de impotência é tomado como protótipo para estudar tal insatisfação. Freud mostra-nos que esse sintoma se origina de complexos inconscientes relacionados a fixações incestuosas, resultantes de inibições no desenvolvimento da libido. Não se deu uma integração satisfatória da corrente carinhosa, originária dos cuidados recebidos pela criança na infância, com a corrente sensual, que desponta na adolescência; tal integração só é possível com o afastamento dos pais e a escolha de objeto exogâmica, já que a ligação incestuosa é proibida: "[...] neste momento, o grau máximo de amor sensual trará consigo a máxima valorização psíquica do objeto, levando à supervalorização normal do objeto sexual pelo homem" (FREUD, 1912b, p. 1711).

A impotência surge quando tal passagem não se realiza por completo, seja devido a interdições reais, seja devido à força de atração dos objetos infantis. Em consequência, na sua vida sexual, o sujeito precisa afastar continuamente o fantasma de tais objetos através de um mecanismo de *dissociação*: de um lado, a mulher-prostituta, a mulher da rua, com quem se tem prazer, mas se tem pouco afeto, e, de outro, a mulher-mãe, que fica em casa e é supervalorizada – a tal ponto que não pode ser tocada. O que não é possível é a "supervalorização normal do objeto sexual pelo homem". Se a corrente sensual se encontrar com a erótica em um único objeto, o horror do incesto impede imediatamente qualquer possibilidade de prazer através do sintoma conversivo genital. Assim, a "degradação" referida no texto de Freud comporta dois sentidos: por um lado, se trata da grande limitação no usufruto da sexualidade e, por outro, se refere ao estatuto do objeto sexual. Este precisa ser dissociado do objeto de amor e, portanto, desvalorizado e denegrido: "[...] uma vez degradado o objeto, a sexualidade pode ser exercida livremente, com desempenho significativo e intenso prazer" (FREUD, 1912b, p. 1712).

Após essa exploração sobre a psicopatologia da impotência, Freud dá um salto e nos mostra que esse não é um problema de alguns, mas de *todos*. A impotência, muito mais difundida do que se supõe, é, nas suas mais diversas formas e graus, uma marca da vida erótica do homem civilizado. A cisão entre as correntes sensual e erótica é uma característica da civilização, e, para se atingir uma liberdade sexual, se faz necessário vencer o "respeito" à mulher e o horror ao incesto. Há, portanto, uma degradação da vida erótica que é *generalizada*.

Poderíamos pensar que esse é um problema de época, e que, após um século, tivemos uma revolução sexual que transformou totalmente este estado de coisas. Mas Freud se adiantou também a isso, e previu que mesmo uma transformação dos costumes não iria mudar, em essência, o mal-estar do sexual. Pois, segundo ele, "[...] na natureza mesma da pulsão sexual exista algo desfavorável à consecução de uma plena satisfação" (1912b, p. 1716). E isso se deve a dois fatores. Em primeiro lugar, ao fato de que o novo objeto nunca é igual ao objeto primitivo, ou seja, uma substituição nunca deixa de ser apenas uma substituição; dada essa defasagem inerente, a escolha de objeto é marcada pela inconstância e pela "fome de estímulos". Em segundo, há certos componentes da sexualidade infantil que não podem ser integrados à sexualidade adulta e devem ser inutilizados, sofrendo recalcamento – o interesse anal e o sadismo, por exemplo –; isso enfraquece e limita consideravelmente a possibilidade de um prazer pleno.

Em meio a todas essas afirmações bombásticas que denunciam a "dura realidade" da vida amorosa e sexual, Freud concebeu um oásis: o bebedor estreita cada vez mais o laço que o une a seu objeto, constituindo uma "harmonia perfeita" que poderia servir de modelo para muitos casamentos. Sabemos que as coisas não são bem assim – certamente não nos casamentos, mas também na paixão dos adictos. O círculo vicioso da adicção conduz a um desgaste e a um ponto de saturação a partir do qual o sistema de gratificações buscadas não mais funciona. É preciso considerar, ainda, que a diferença fundamental entre a paixão pelo outro e a paixão pelo álcool reside no fato de o primeiro caso se tratar de um objeto vivo, e no segundo, de um objeto inanimado. Um objeto inanimado é muito mais fácil de controlar onipotentemente, mas se acha bem mais distante em termos de uma relação de objeto autêntica; deste ponto de vista, o grau de degradação na relação com o objeto-álcool é certamente maior.

Ora, a "harmonia perfeita" nada mais é do que o ideal almejado pelo sujeito apaixonado. Na paixão, é justamente o caráter inerentemente insatisfatório da sexualidade que é combatido com todas as forças, sendo negado veementemente por meio da afirmação delirante de um "paraíso artificial". O quadro que Freud pinta sobre a relação do bebedor com vinho expressa exatamente essa ambição da paixão amorosa, seja ela dirigida a uma pessoa ou a uma substância química. Não sabemos se isso é uma ironia, uma figura de linguagem ou um "escorregão" de Freud[100]; a ideia é "jogada" no texto e não é retomada, e lhe serve apenas de apoio para mostrar como na sexualidade e no amor tal harmonia *não* existe. Para nós, o que interessa é a notável abertura proporcionada por essa passagem do texto de Freud, já que ela contém em si as contradições da adicção enquanto uma forma de paixão.

A paixão amorosa nos proporciona novos caminhos para avançar no estudo do enigma da adicção.

Assim, se o fetichismo é uma fixação no plano das pulsões, *a paixão é uma fixação no plano do amor*. Ela se distingue do amor "ordinário" tanto no plano quantitativo quanto no qualitativo. No primeiro caso, a paixão é sempre exacerbada, exagerada, e prima pelo excesso; no plano qualitativo, muitas interrogações emergem: por que o outro é colocado neste pedestal, a ponto de toda a libido refluir do Eu para o objeto? Esta renúncia voluntária do amor-próprio lembra a autodepreciação do melancólico que, como sabemos, encobre um profundo ódio ao objeto e é uma espécie de elação narcísica do Eu às avessas. Por que essa supervalorização do outro? O que significa essa idealização do objeto? A sensação de quem está próximo de um apaixonado é de uma certa desconfiança de tamanha abnegação, gasto de energia e dedicação ao outro. E, de fato: "há algo de podre no reino da

---

[100] Neste caso, poderíamos especular sobre o seu ponto cego com o tema das adicções.

Dinamarca". Ora, o elemento escondido aqui é a *dimensão narcísica do amor*, encoberta pela sua formação reativa que é a devoção exagerada. A dependência em relação a outra pessoa, que já havia chamado a atenção de Freud nos tempos da hipnose, implica uma alienação fundamental do sujeito, que delega quase que inteiramente ao outro suas necessidades narcísicas de se sentir valorizado (o "amor próprio"); anos depois, Freud (1921a) irá especificar que o que é delegado ao "líder" (e ao hipnotizador) é a instância ideal da vida psíquica – o chamado "ideal do ego"[101].

A paixão e a adicção podem ser referidas ao campo da psicopatologia do amor; se, no modelo das neuroses atuais, falávamos em uma sexualidade tóxica, podemos agora nos referir a um *amor tóxico*. A impotência analisada por Freud em seu artigo pode ser entendida como a marca neurótica inevitável da civilização; mas cabe também referi-la à natureza incompleta da sexualidade e do amor. Em nota escrita um mês antes de morrer, Freud referiu-se à índole inerentemente insatisfatória da masturbação infantil: "[...] sempre falta algo para a plena descarga e satisfação – *esperando sempre alguma coisa que jamais chegava* [em francês, no original]" (1938, p. 3431). Na psicanálise pós-freudiana, essa *falta inerente* tem sido cada vez mais considerada uma condição geral da constituição sexual e da relação amorosa, com enormes implicações para a vida psíquica humana e seus diversos descaminhos.

---

101 Muito antes de *Psicologia das massas* e análise do ego, Ferenczi (1909) já havia proposto uma analogia entre o estado amoroso e o estado hipnótico, relacionando-os à transferência de protótipos infantis própria de toda neurose. Ele definiu sugestão e hipnose como "a criação artificial de condições onde a tendência universal (geralmente recalcada) para a obediência cega e a confiança incondicional, sobrevivência do amor e do ódio infantil-erótico pelos pais, é transferida do complexo parental para a pessoa do hipnotizador ou do sugestionador" (p. 108). Nesse trabalho do período inicial de sua obra, Ferenczi realizou uma análise crítica da técnica da hipnose, sob a ótica da teoria da libido, comparando-a com o fenômeno da transferência, e discutiu o manejo ético diferencial dela, conforme a proposta da psicanálise.

Com Lacan, temos uma verdadeira epistemologia da falta. Essa noção está ligada, em sua teorização, a uma interpretação do pensamento de Freud que enfatiza a instabilidade fundamental do objeto da pulsão e o lugar central do falo como estruturante do sujeito. Assim, a sexualidade "[...] se estruturará em torno da falta: através do Falo, por onde não há falta. Ou pela pulsão, a que não tem objeto determinado. Poderíamos dizer, para resumir, que na teoria de Freud a falta tem lugar teórico" (MASOTTA, 1987, p. 37). O falo e a falta estão relacionados com o complexo de castração proposto por Freud: "[...] a noção ou a estrutura freudiana de Complexo de Castração serve para que percebamos a função da falta na constituição sexual do sujeito humano" (MASOTTA, 1987, p. 33); é o falo que introduz a falta e a castração, pois nos faz ver "[...] que existe um 'corte' no real, fissuras, orifícios, feridas, ou seja, a castração" (MASOTTA, 1987, p. 38).

A impossibilidade de suportar esta condição faltante está relacionada a diversas reações psicopatológicas; o protótipo dessas reações pode ser localizado na situação de perda do objeto[102]. Esta perda, quando não é suportada, conduz a mecanismos de negação que atingem graus diversos, até a alucinação. Freud propôs uma aproximação entre a satisfação alucinatória do sonho e os mecanismos da psicose, na qual o que é colocado em suspenso é o juízo enquanto mecanismo do princípio da realidade. Haveria uma perda afirmada pela realidade que é negada por ser insuportável, uma retração dos investimentos no Eu e um afastamento da realidade que implica a interrupção do juízo; tal afastamento – uma forma de dissociação – seria análogo ao mecanismo recalcamento.

Em uma pequena e sugestiva nota, Freud relacionou a alucinação do sonho e da psicose com as "alucinações tóxicas".

---

102 O tema da perda do objeto – pouco desenvolvido aqui – é de grande relevância para a clínica das adicções, e remete-nos ao protótipo da melancolia e ao mecanismo de incorporação.

> Atrevo-me a sugerir em conexão com isto que as alucinações tóxicas – o delirium alcoólico, por exemplo – devem ser interpretadas de maneira semelhante. Aqui a perda insuportável imposta pela realidade seria precisamente a perda do álcool. Quando se administra este último, acaba a alucinação. (FREUD, 1915b, p. 2090, nota 1405)

Com este "atrevimento", Freud abriu caminho para pensarmos o problema da toxicomania em conexão com suas hipóteses sobre os sonhos, o narcisismo e os princípios de funcionamento mental. É curioso como essa nota trata do "negativo" da observação fenomenológica usual, ou seja: é na *falta* do álcool que se dá a alucinação. Essa contradição é muito interessante, pois revela um paradoxo próprio da toxicomania, assim como o lugar da falta como um elemento central. Tal paradoxo é abordado por Olievenstein, que sublinhou que o produto-droga é, no limite, sem efeito, pois, quando ele está presente, a dependência não se manifesta.

Alguns estudos sobre a toxicomania, influenciados, sobretudo, pela psicanálise francesa, têm ressaltado a importância da questão da falta. Segundo Ocampo,

> [...] para compreendermos melhor a importância que tem o problema da diferença na problemática do toxicômano, nos parece útil situá-la em relação a esta noção central, verdadeiro fundamento da relação do sujeito com o mundo, que é a falta do objeto como precursor da problemática edípica e do complexo de castração. (OCAMPO, 1988, p. 115)

Olievenstein *et al.* propuseram a "falta da falta" como uma interessante fórmula para resumir a problemática do toxicômano, e articulou a falta com a questão do prazer, tão premente nesses quadros clínicos. "Sabemos que é da falta da falta que o sujeito tem medo. Porque sem esta falta, é o enfrentamento com a falta fundamental, arcaica, que pode ser novamente encontrado" (1990, p. 14).

> [...] o sofrimento da falta não é apreensível senão em relação com o prazer [...] o toxicômano inscreve na sua memória a imagem idealizada e superestimada do prazer, e a decepção com tudo o que encontra em seu caminho é o que o leva a transgredir sempre mais [...] onde procura encontrar [...] uma completeza para a sua identidade fragmentada. (OLIEVENSTEIN *et al.*, 1990, , p. 16)

Ora, o projeto de plenitude na satisfação e no amor indica uma tendência adictiva em operação, ou seja, a necessidade de um recurso que crie a ilusão de onipotência ali onde a impotência e as limitações inerentes ao humano não podem ser toleradas. Aqui surge uma questão: entre a impotência e onipotência, qual é a potência possível? Ora, a verdadeira degradação não se origina da insatisfação própria do sexual; *ela nasce da intolerância a tal condição inerente ao humano* e revela paulatinamente sua face mais sombria conforme avança a espiral adictiva.

A paixão é, assim, uma das mais ricas derivações da teoria sexual para a psicanálise das adicções; é esta pista que perseguiremos insistentemente nos próximos capítulos. Ao comparar o homem apaixonado ao bebedor, Freud deu a largada a uma linhagem de estudos sobre as adicções sob essa nova ótica, tais como podemos acompanhar em *Os destinos do prazer*, notável trabalho de Piera Aulagnier (1985), que é retomado por Sophie de Mijolla-Mellor (2008)[103]. Abordada a partir do modelo da paixão, a adicção pode ser concebida como a doença do difícil equilíbrio entre investimento no objeto e investimento no Eu: devido a essa "doença", o Eu fica a um só tempo devastado e esvaziado pela paixão, permanecendo inteiramente à sombra do objeto. Segundo os impasses de um amor narcísico, uma devoção exagerada comporta também uma devoração do objeto, revelando o lado sombrio dos paroxismos do amor. Assim, a "paixão oral", que estudaremos em detalhe, pode ser vista como uma "fome de totalidade": a radicalidade e a impiedosidade do "ataque pulsional", no qual ter o objeto equivale a destruí-lo. No caso da "paixão anal", a dimensão narcísica evidencia-se no tratamento que é dado ao outro: um prolongamento do Eu que é objeto de um domínio sádico.

---

[103] Ver também Slavutzky (1995), que abordou o vício de jogar como uma forma de paixão.

Proselitismo e devoção ao objeto idealizado

O apaixonado é um garoto-propaganda de seu objeto. Esse fato não tem recebido a devida atenção e merece uma análise mais detida. Trata-se de compreender que é inerente às adicções algum grau de *proselitismo* – atividade através da qual um indivíduo se empenha em fazer adeptos, e a converter os outros às suas próprias crenças.

O apaixonado louva incessantemente as qualidades do objeto, elevando-o a um pedestal olímpico. Poderíamos ver nisso uma grande devoção amorosa, mas é preciso também reconhecer a outra face da moeda. Em sua fixação, esse viciado não desiste do objeto, e busca por todos os meios tê-lo para si. O desejo de posse é tão imperioso que se transforma em insistência, em exigência descabida, ou até mesmo em violência explícita justificada pelo amor. O "trabalho de conquista", que faz parte do jogo amoroso no âmbito da genitalidade, sofre aqui uma sutil perversão: o domínio do objeto é buscado a qualquer custo. Busca-se ganhar pela insistência, pelo cansaço, pelo convencimento, pelo encantamento hipnótico, pela narcose e pela manipulação implícita ou explícita. O amor e o desejo ilimitado e imperioso conduzem a e justificam uma série de condutas mais ou menos violentas, que revelam a face mais sombria da paixão.

Inúmeros exemplos podem ser citados. Em uma dimensão mais cotidiana e comum, podemos mencionar o marido, a esposa ou amante ciumenta(o) e possessiva(o); o filme *Atração fatal* expressa bem até onde pode avançar esse tipo de paixão. Outra situação que pode ser lembrada é o uso do expediente chamado de "boa-noite, Cinderela", no qual a perversão do trabalho de conquista é muito evidente. Trata-se de adicionar uma droga narcótica na bebida oferecida a uma moça – em geral em festas, boates, etc. – com o intuito de possuí-la em seguida, mantendo-a inconsciente. Esse tipo de abordagem, que possui inúmeras variantes, é bastante antiga na história do homem, e suscita diversas polêmicas. Até que ponto a vítima facilitou ou inconscientemente "provocou" a violência sofrida? A ironia cínica da referência à Cinderela – a princesa "pura" e maculada pela maldição da bruxa, que, adormecida, espera desejosa pelo beijo redentor de seu príncipe – é, nesse sentido, impactante. Qual é a linha divisória entre o trabalho de sedução e a violência da posse do objeto? Não há dúvidas quanto ao caráter perverso e violento daquele que aplica este golpe. O que vale ser aqui ressaltado é como o uso de um objeto narcótico é uma espécie de prolongamento da abordagem proselitista de caça a objetos que, após serem usados, são ao mesmo tempo descartados e imaginariamente convertidos – como em um batismo iniciático – a um novo sistema de crenças e valores. Esse tipo de relação de objeto retrata bem algo comum no microcosmo dos adictos.

Uma das grandes dificuldades enfrentadas pelas campanhas dirigidas ao combate ao uso de drogas, álcool, tabaco, etc. é justamente o proselitismo. Enquanto se bombardeia a sociedade com um discurso oficial que ressalta os malefícios do uso do objeto, um outro discurso circula, como uma forte contracorrente subterrânea, apregoando as delícias e benesses oferecidas pelo objeto, instigando e despertando paixões adormecidas. É uma estratégia típica do discurso proselitista dos adictos descredenciar e denegrir o discurso oficial, retratado como "careta", como um controle social proveniente do mundo adulto que pretende cercear as liberdades e os gozos. Esse "contra-ataque" atinge particularmente os adolescentes, assim como os "adolescentes tardios".

Ora, também o "discurso oficial" pode tornar-se um discurso proselitista, refletindo em espelho a paixão dos adictos. Um dos primeiros analistas a observar esse fenômeno foi Ferenczi (1911a, 1911b), que viu no movimento antialcoolista uma formação tipicamente neurótica. É frequente observarmos como, com igual paixão, adeptos e opositores vigilantes louvam e demonizam um objeto que, em si mesmo, talvez não seja nem de todo bom nem de todo mau. Isso pode ser exemplificado por episódio recente, que se repete incessantemente em inúmeros locais e épocas. Por algumas vezes foram proibidas em São Paulo as chamadas "marcha da maconha" ou "marcha do orégano", organizadas com o intuito de fazer uma campanha pela descriminalização da maconha. Segundo os manifestantes, não se infringiria a lei, à medida que não haveria o consumo ou o porte da droga, mas apenas o de cigarros de orégano como um "ato simbólico"; tratar-se-ia de um ato político de reivindicação de alteração de uma legislação. As autoridades que determinaram a proibição argumentaram que os organizadores conclamavam a "prática de conduta ilícita", caracterizando uma "apologia ao crime"[104]. Bem, supor tal *apologia* implica ver aí um perigoso proselitismo que deve ser combatido; resta saber se esse combate não é empreendido com as mesmas armas e o mesmo espírito apaixonado dos "organizadores" que, supostamente, incitam a conduta ilícita... Podemos, assim, ver nos "anti" (álcool, drogas, cigarro, comunismo etc.) proselitistas em negativo; a lei pode ser utilizada, nesses casos, para justificar e perpetrar uma paixão igualmente feroz. Os apologistas da lei e os apologistas do crime têm, portanto, muito mais coisas em comum do que se pensa.

A paixão proselitista dos adictos pode ser comparada com o proselitismo propriamente religioso. Vários tipos de fanáticos e fundamentalistas, em sua fé cega e absoluta, tentam a todo o custo convencer os infiéis e convertê-los a seus credos; como sabemos, o que está subjacente a tal militância é uma intolerância às diferenças. Isso enseja certos tipos de movimentos de massa que tendem a crescer como bola de neve, se realimentando e se afastando cada vez mais de qualquer pensamento crítico e independente. Os grupos de adictos também tendem a se fechar em torno de suas crenças, que se tornam cada vez mais inabaláveis e invulneráveis à influência externa. Produz-se um sistema social de retroalimentação que repete a louvação do objeto adicti-

---

[104] Cf. "'Marcha do orégano' pede legalização da maconha", p. C4 do Caderno Cotidiano, *Folha de São Paulo* de 25.2.2010, e "Ato pela maconha" (Editorial), p. 2 do mesmo jornal.

vo – que é tratado como um Deus ou um totem –, em um sistema de *marketing* de grande eficácia. Os adictos se tornam soldados de sua própria causa, e acabam inadvertidamente por servir direta ou indiretamente aos interesses de outrem (os "peixes grandes", os "poderosos dos bastidores", traficantes ou equivalentes). E – o que é tão característico e singular desse microcosmo – quando convertidos à ideologia da abstinência pelas instituições de tratamento, tornam-se também os soldados mais eficazes e persistentes da nova causa – até, pelo menos, a recaída seguinte.

A analogia com a Igreja e o Exército não me parece fortuita, já que nos remete diretamente ao trabalho de Freud sobre a psicologia das massas. Há, em ambos os casos, uma espécie de "pacto diabólico": em troca de ser aceito pelo grupo, sentir-se amado e poderoso, o indivíduo é vítima de uma alienação e da perda do juízo crítico. Freud revelou a dimensão libidinal desse tipo de laço social e aproximou-o à paixão e à hipnose. Nessas situações, o amor pelo líder e a devoção à causa oferecem uma série de compensações e, sobretudo, proporcionam uma oportunidade de depositação segura e eficaz da instância do ideal do Eu, ao lado de um conjunto de identificações com os pares, que é muito reasseguradora. A aderência a esse tipo de sistema varia bastante de indivíduo para indivíduo, mas as presas mais fáceis são, certamente, as pessoas cuja estrutura do Eu e de seus ideais está mais debilitada. É daí que surgem os crentes mais fanáticos e os soldados mais cegos, adoradores de líderes e ídolos. Nada disso é alheio à paixão adicta, que tem no proselitismo e na relação hipnótica e alienada com o objeto uma marca distintiva.

Assim como nos fenômenos de massa que redundaram no nacional-socialismo[105] ou nos rituais religiosos de suicídio em grupo, o proselitismo pode atingir níveis de violência alarmantes. Um exemplo extremo é dos aliciadores de menores e de mu-

---

[105] O filme *A onda* (EUA, 2008, direção de Dennis Gansel) é sem dúvida uma excelente ilustração do que tenho em mente.

lheres para a prostituição. Ao lado do lucro econômico, não há dúvida de que o prazer perverso de corromper cumpre um papel significativo neste tipo de atividade. O sucesso em destruir a pureza e a inocência do objeto realimenta o sistema delirante e a onipotência do aliciador, anulando alucinatoriamente qualquer ideia de injustiça e perpetuando um sistema infernal. O tráfico de drogas contém também, em algum grau, um sistema de retroalimentação análogo, no qual se constrói um sistema social altamente hierarquizado e rígido em que os soldados da causa são dirigidos e manipulados pelas esferas superiores. A tentativa de sair desse sistema é, em geral, punida com a morte.

Os sistemas sociais de adictos são altamente complexos, e temos muito ainda o que aprender sobre eles; a analogia com a psicologia das massas, com a relação hipnótica e com a paixão são algumas das pistas que podemos seguir. Estamos lidando com uma organização social muito estruturada, um "submundo" constituído por uma rede fechada de autorreprodução difícil de se fazer frente. Quando recebemos um toxicômano em tratamento, às vezes este é um dos primeiros desafios a enfrentar. Por um lado, tratá-lo equivale a confrontar tal sistema, que reage com toda força; por outro, o adicto que busca a desintoxicação está em tal grau de fragilidade que dificilmente dá conta de sustentar o seu projeto de "cura" frente às pressões e às seduções que irá sofrer, o que exige recursos terapêuticos auxiliares e complementares ao *setting* clássico. Assim, por exemplo, uma mulher viciada teve que enfrentar em casa o marido que era também seu cúmplice e fornecedor; tratar sua toxicomania era, de saída, colocar este "casamento" em cheque. Nesses casos, tanto o paciente quanto o profissional que o atende se veem em um estado de maior ou menor risco diante da máquina social que circunda o toxicômano, enquanto que os familiares se encontram, em geral, assustados, desorientados e "vendidos".

O proselitismo não é, pois, um simples elemento acessório, mas é parte do fenômeno adictivo. Ele é, também, indicativo de um processo de deterioração em curso. Suzana Dupetit, psicanalista que ressaltou o papel do proselitismo nas adicções, propôs que consideremos diversos graus de expansão que ganha a "visão de mundo onipotente", o que, do seu ponto de vista, determina os processos adictivos. São eles: a instrumentalização esporádica do objeto externo, a instrumentalização adictiva, a instrumentalização proselitista do mesmo e, por fim, a instrumentalização criminosa. Trata-se de uma classificação bastante útil e afim com a observação clínica, que expressa graus de envolvimento e comprometimento que devem ser, de fato, distinguidos. Quando o proselitismo se instala, já estamos em um nível avançado do processo de decadência e deterioração psíquicas, caracterizadas por "[...] dificuldades muito marcadas para o trabalho estável (físico ou psíquico) e/ou por crises de depressão intoleráveis, com vivências de pânico e perseguição, que se tenta evitar com novos atos de proselitismo" (DUPETIT, 1983, p. 82-83). A única observação que acrescento é que, se bem possamos identificar um *estágio* em que o proselitismo se torna dominante, creio que *ele é parte inerente de todo fenômeno adictivo*.

Bem, e como entender tal proselitismo através das ferramentas da psicanálise?

Se refletirmos sobre a maneira como, no proselitismo, o objeto é louvado e cultuado, compreendemos que *se trata de um objeto idealizado*. Aquele que busca a todo custo "vender" a ideia de seu objeto veicula uma visão fantástica do mesmo, na qual qualidades excepcionais e propriedades mágicas lhe são atribuídas, e todos os problemas e "efeitos colaterais" são negados – da mesma maneira que o apaixonado, que tende a ver na sua amada uma perfeição que é humanamente impossível.

Essa forma de distorção da realidade está a serviço de necessidades psíquicas bastante profundas, conforme Freud nos mostrou em seu estudo sobre o narcisismo. Na idealização, a perfeição e a onipotência do Eu, a que, com tanta dificuldade, aprendemos a renunciar, é novamente atribuída ao objeto, em uma tentativa de reinstalar tal visão de mundo infantil; dessa maneira, nos defendemos das vivências de vulnerabilidade, de fragilidade e de finitude que são próprias do humano. É fácil entender que, assim como no caso dos fenômenos de massa, as pessoas cuja estrutura psíquica Eu/ideal do Eu esteja mais precariamente constituída serão presas mais fáceis da oferta de objetos idealizados. Diversos autores têm desenvolvido essa importante linha de pesquisa; M. Klein, particularmente, veio a ressaltar que a necessidade de idealização está também a serviço de negar a destrutividade que é dirigida ao objeto, e com isso se afastam as angústias correlatas a tal situação endopsíquica[106].

Nessa perspectiva, podemos concluir que *a adicção é uma dependência do objeto idealizado*; o proselitismo nos mostra que é necessário criá-lo e recriá-lo incessantemente, adorá-lo e sustentar a crença em uma "imagem fantástica" para garantir a sobrevivência narcísica do Eu. A "máquina social" de reprodução do processo adictivo evidencia o quão imperiosa é a necessidade de manutenção deste *status quo*, num plano que transcende, e muito, uma situação individual.

Em suma: as adicções pertencem às formas de loucura que têm como eixo a busca de uma "harmonia perfeita".

Ora, quando Freud descreveu a relação dos bebedores com o vinho como uma "harmonia perfeita", talvez tenha – ele mesmo – escorregado em uma forma de proselitismo, revelando, assim, seu "lado apaixonado", conforme estudamos em outros capítulos; embora o álcool não fosse seu objeto de eleição preferencial, a necessidade de uma paixão adictiva talvez estivesse à espreita. Bem, as limitações inerentes da satisfação no sexo e

---

[106] A abundância de estudos psicanalíticos sobre a idealização do objeto nas relações amorosas e sua relação com o narcisismo é notável, constituindo uma tradição de pesquisa muito percorrida. Nesta mesma Coleção, o leitor encontrará, a título de exemplo, o trabalho de Gisela Haddad (2009), que examina o caráter narcisista do amor. Segundo a autora, o amor romântico deriva de um amor incondicional imaginado pelo bebê humano; é daí que surge a imagem de um objeto idealizado que garantirá a plenitude, assim como o mito da fidelidade como expressão desse desejo infantil da exclusividade materna.

da realização no amor, a vulnerabilidade do Eu e a finitude do homem são dificilmente assimiláveis; todos estamos sujeitos a zonas de "proteção" e a momentos de idealização apaixonada como estratégias de defesa.

Uma última conclusão, de grande importância clínica, refere-se à questão do tratamento das adicções. Uma vez que se trata de uma dependência do objeto idealizado, *a terapêutica deverá ter como meta possibilitar um trabalho de luto de tal objeto*. Uma vez que as forças psíquicas que conduziram à construção desse sistema de defesa são muito poderosas, não se trata de tarefa fácil; para que tal transformação seja possível, é necessário um longo e delicado trabalho de fortalecimento do Eu e da instância Ideal, já que abrir mão do objeto idealizado deixa em aberto um enorme buraco psíquico e produz uma vertigem muito difícil de ser suportada.

8
O "calibanismo": uma paixão anal

Neste capítulo e no seguinte, exploraremos as possibilidades de compreensão das adicções segundo a ótica dos chamados erotismos pré-genitais, em especial o erotismo anal e o erotismo oral. Antes de tudo, situarei brevemente o surgimento, no desenvolvimento da teoria freudiana da sexualidade, da ideia de uma ordem pré-genital, assim como a sua relevância para o estudo do caráter.

A ordem pré-genital e a psicanálise do caráter

A revelação da existência de uma sexualidade infantil muito antes de sua organização em torno dos genitais, e em franca divergência com o senso comum do olhar "adulto" e "civilizado", foi uma das maiores revoluções operadas pelo pensamento freudiano. Os *Três ensaios sobre a sexualidade*, publicados em 1905, cumpriram o papel de marco fundador e de manifesto público de tal revolução, sendo até hoje referência bibliográfica fundamental e obrigatória no estudo da matéria. Nessa obra, a descrição de formas eróticas variadas, ligadas a diversas zonas erógenas do corpo, ampliou sobremaneira o conceito do sexual, e trouxe à luz uma série de manifestações sexuais infantis não atreladas necessariamente aos genitais, de caráter polimórfico e anárquico, e geneticamente anteriores à emergência de um processo de organização delas sob a batuta da zona erógena genital. Mas as manifestações pré-genitais foram inicialmente entendidas por Freud como parte de um tempo primário e não organizado da sexualidade; foi apenas em um segundo momento de sua teorização, e de maneira paulatina, que Freud compreendeu que havia também organizações pré-genitais da libido.

Assim, ao longo de alguns artigos que se estendem por vários anos, Freud propôs determinadas *interpolações*[107], no processo de desenvolvimento psicossexual, entre o estado autoerótico, polimórfico e inorganizado da sexualidade infantil e a organização genital adulta. A primeira proposta de interpolação foi a da etapa narcísica, na qual as pulsões originariamente anárquicas já se apresentam como um feixe com alguma organização inicial, ao eleger o Eu como seu objeto e destino preferencial (FREUD, 1911b). A segunda interpolação foi a da organização sádico-anal (FREUD, 1913c), seguindo-se à da organização oral em 1915[108] e, por último, a da organização genital infantil, que desde então passou a ser distinguida da organização genital propriamente dita (FREUD, 1923).

É precisamente neste sentido que me refiro aqui a uma "ordem pré-genital". Em contraste com a concepção inicial de uma *desordem* pré-genital, vemos surgir na história das ideias em psicanálise um rico e diversificado pensamento sobre uma certa

---

107 Expressão utilizada pelo próprio Freud (1913c).
108 Essa interpolação se deu em 1915, em seção acrescentada aos *Três ensaios sobre a sexualidade* em uma de suas revisões.

ordem no pré-genital, ainda que esta não seja tão "organizada" quanto a ordem genital ulterior. Nela, reconhecemos certas formas regulares e sistemáticas de configurações psicossexuais, originando pontos de fixação para quadros psicopatológicos, traços de caráter e modalidades de relação de objeto.

É digno de nota que a proposição das diversas organizações pré-genitais esteve sempre atrelada ao estudo de formas psicopatológicas não neuróticas (com exceção daquela da fase fálica), evidenciando a insuficiência da primeira versão da teoria sexual para dar conta de situações clínicas mais complexas do que aquelas estudadas inicialmente pelos psicanalistas. Assim, a "etapa narcisista" foi proposta para explicar o mecanismo da psicose (paranoia e esquizofrenia)[109], a organização sádico-anal para dar conta da etiologia da neurose obsessiva, e a proposição da fase oral estava em grande parte vinculada ao estudo da melancolia. Assim, as experiências clínicas dos primeiros psicanalistas logo exigiram uma ampliação do modelo teórico necessário para sustentar uma teoria psicanalítica da psicopatologia, tornando mais complexo o modelo original baseado no contraponto neurose/perversão.

Bem, esta mudança concerne também ao estudo das adicções. Por um lado, ver-se-á em seguida como a compreensão das adicções se beneficiou sobremaneira desta ampliação; mas, por outro, podemos também arriscar a hipótese de que houve uma relação de influência no sentido inverso, ou seja, a clínica das adicções talvez tenha tido também um papel de agente coadjuvante desse processo, contribuindo com alguma parcela de água para pôr em marcha este moinho.

Dentre as diversas áreas da pesquisa psicanalítica nas quais a proposição da ordem pré-genital possibilitou um grande avanço em termos da compreensão dos fenômenos, destaca-se certa-

---

[109] Ainda que a teoria do narcisismo tenha permanecido como o pilar básico da elucidação dos fenômenos psicóticos – pelo menos na tradição freudiana –, a ideia de uma *etapa* narcisista não teve a mesma aceitação.

mente o estudo do caráter. O caráter surgiu no horizonte quando Freud percebeu que muitas formações psicopatológicas que apareciam no tratamento psicanalítico não eram compreensíveis segundo o modelo do sintoma psiconeurótico, ou seja, enquanto resultado do conflito entre o inconsciente sexual recalcado e as forças recalcantes, seguindo as mesmas regras da formação do sonho (deslocamento, condensação, tendência à figurabilidade, etc.). O sentido do sintoma não se apresentava, aqui, da mesma maneira. Tratava-se de "traços de personalidade", manias, modos de ser e de se comportar que, como outras formações psicopatológicas, eram observados em certos grupos de pacientes de maneira mais ou menos semelhante e regular. Ora, para compreender tais traços de caráter, Freud recorreu também à teoria da sexualidade, mas propôs outro tipo de mecanismo para sua gênese e formação.

Na obra da Freud, o tema surgiu pela primeira vez em *O caráter e o erotismo anal*, de 1908a, foi retomado em 1913, em *A disposição à neurose obsessiva*, e ressurgiu, sob outras roupagens, no texto de 1916 sobre "[...] os três tipos de caráter encontrados na prática psicanalítica" e em artigo tardio a respeito dos chamados "tipos libidinais" (FREUD, 1931). Mas foi com Abraham que essa área da pesquisa psicanalítica ganhou maior extensão. A parte principal de seus últimos anos de trabalho concentrou-se nessa temática, redundando em três brilhantes artigos dedicados, respectivamente, ao estudo do caráter anal (1921), do caráter oral (1924a) e do caráter genital (1925). Esses trabalhos, perfeitamente interligados, quando tomados em conjunto constituem a primeira grande base teórico-clínica sobre o estudo psicanalítico do caráter, que será aqui a nossa fonte principal de referência.

O estudo do caráter interessa à psicanálise das adicções por diversos motivos; apenas para começar, recordemos a inadaptação das adicções ao modelo da psiconeurose. A experiência clínica é gritante quanto ao fracasso em que caímos ao trabalhar com esse modelo, pelo menos em uma grande parte dos casos de adicção. Como já foi discutido, a aproximação de Freud entre adicções e neuroses atuais faz bastante sentido, uma vez que em ambos os casos observamos a ausência dos processos psíquico-representativos da psiconeurose, assim como a aproximação com a perversão, especialmente se considerarmos a frequente desarticulação da organização genital e substituição do fim genital por uma via de satisfação parcial e exclusiva. A gangorra maníaco-depressiva é, também, um modelo aproximativo importante, pois a euforia artificial e a queda depressiva subsequente – típicas da toxicomania – sugerem uma aproximação das adicções com as neuroses narcísicas, especialmente devido ao mecanismo de incorporação que lhes é característico e à semelhança com o estado maníaco.

Bem, a psicanálise do caráter vem em nosso auxílio para fazer frente à desorientação que emerge diante desse leque psicopatológico tão variado; justamente por atravessar todas essas formas clínicas e recolocar a problemática em um plano que transcende a dimensão exclusivamente psicopatológica, o caráter nos proporciona um novo ângulo para compreender as adicções para além do campo das psiconeuroses, utilizando-se a teoria da sexualidade em um segundo tempo de sua constituição. Veremos como as adicções guardam uma relação muito particular com o que podemos designar "deterioração do caráter", e que a exacerbação de certas formas caracteriológicas pode bem ser entendida como modalidades de paixão, designando, em certo sentido, tipos de relação de objeto.

Em termos da evolução histórica das ideias em psicanálise, esses desenvolvimentos da teoria da libido da década de 1910, que se consolidaram na década seguinte, forneceram a base para linhas de pesquisa muito profícuas e variadas; eles ainda serão hegemônicos por um bom período, pelo menos até que os questionamentos dos psicanalistas da chamada "escola das relações de objeto"[110] – a começar por Fairbairn e Winnicott – provocarem

---

[110] Naturalmente, estes não foram os únicos psicanalistas a questionarem o modelo do desenvolvimento libidinal.

um dos abalos mais marcantes nesse modelo. Ainda que tenha sido posto em cheque, é fundamental compreendermos como o modelo do desenvolvimento libidinal de Freud e Abraham constituiu a plataforma necessária para as transformações em direção ao modelo relacional, tendo o pensamento kleiniano fornecido a ponte de passagem de um lado a outro.

O colecionador e seu "calibanismo"

A contribuição do erotismo e do caráter anal para a psicanálise das adicções será aqui abordada através da figura do *colecionador*. Essa guarda alguma semelhança com o adicto, e, como propôs Jones (1918), *todos os colecionadores são anal-eróticos*. Para tanto, utilizarei como material de base o romance *O colecionador*, de John Fowles (1958), adaptado para o cinema por William Wyler, em 1965.

Adentremos, pois, na trama do romance.

Frederick Clegg é um colecionador de borboletas. Sua coleção é prodigiosa, tendo sido diversas vezes premiada. Mas ele é, ao mesmo tempo, um sujeito solitário e isolado, e cheio de ressentimento. Funcionário público apagado, Frederick se sente deslocado, e é objeto de constante escárnio dos colegas. Paralelamente, ele tem uma paixão a distância: a bela Miranda. Miranda é, como sabemos, o nome da protagonista de *A Tempestade*, de Shakespeare. A Miranda de Fowles irá apelidar Frederick – cujo nome verdadeiro nunca veio a conhecer – de Calibã, um dos personagens da obra de Shakespeare. Calibã é um ser estranho e asqueroso – "[...] meia criatura, não honrado com a forma humana, a quem o chicote pode comover, e não a gentileza" (FOWLES, 1958, p. 215) –, o escravo que vivia na ilha em que Miranda e seu pai ficaram exilados após o naufrágio da tempestade. Miranda morava em frente ao trabalho de Frederick, que a observava longamente pela janela e investigava muitos detalhes de sua vida, mas nunca se dirigira a ela. Ao relembrar um dia em que a encontrou por acaso no trem, comentou para si mesmo: "[...] vê-la fazia-me sempre sentir como se estivesse capturando uma verdadeira raridade, como se me aproximasse com todos os cuidados, silenciosamente, de uma borboleta de cores difusas e muito belas" (FOWLES, 1958, p. 11).

A grande metáfora do livro é, pois, esta: Frederick observa Miranda com os olhos de colecionador, como quem cobiça um espécime raro e fascinante. Mas a passagem do devaneio para a ação deu-se a partir de uma nova situação: Frederick ganha uma enorme soma de dinheiro em apostas de futebol.

> Costumava sonhar acordado a seu respeito, inventando histórias nas quais eu a encontrava, em que fazia coisas que ela admirava, em que me casava com ela, e tudo o mais [...]. Não estou louco, claro, visto que sabia ser apenas um sonho, que o teria sido sempre, se não fosse o dinheiro. (FOWLES, 1958, p. 12)

Mais adiante, Frederick dirá para Miranda: "[...] outros fariam o que eu fiz, se tivessem tempo e dinheiro [...]" (WYLER, 1965). Frederick começa a usufruir de sua riqueza, mas sua vivência interior continua a mesma: sente-se desdenhado em todos os lugares, em um círculo fechado de apreensão paranoide do mundo. Ao mesmo tempo, ele continuava a pensar em Miranda e, ao descobrir o seu novo endereço – ela agora estudava em uma Escola de Artes –, a vigia em seu novo *habitat*; em certa ocasião, Frederick a observa em um café na companhia de um rapaz, e presencia uma cena em que ela pede dois cigarros "pois está sem um centavo". Novamente, o dinheiro; ao escutar isso, pensa que teria posto todo o seu dinheiro aos pés de Miranda. Esse episódio desperta um novo ímpeto: "[...] estava disposto a fazer o que quer que fosse para conhecê-la, para lhe agradar, para ser seu amigo, para poder olhá-la de frente, e não espiá-la" (FOWLES, 1958, p. 20).

O plano do colecionador surgiu nesse dia – "[...] não foi uma manobra planejada, quando recebi o dinheiro" (FOWLES, 1958, p. 18). Novamente, tudo começou com um sonho, se tornou um desejo imperioso e, em seguida, transformou-se em uma operação planejada: tratava-se de "tê-la como hóspede". A sensibilidade de Fowles é extraordinária. Ele compreendeu e usou a linguagem do sonho como um psicanalista e, ainda, construiu uma narrativa que permite facilmente nossa identificação com Frederick em seu sofrimento, em suas frustrações e na aparente legitimidade de seus anseios, nos mostrando a universalidade de suas vivências.

> O sonho começou com Miranda sendo atacada por um homem e comigo correndo em sua direção para salvá-la. Depois, de repente, transformei-me no atacante, mas não lhe fiz mal algum; limitei-me a capturá-la e levá-la no meu carro para uma casa longínqua, onde a conservei cativa de uma forma imensamente agradável. Pouco a pouco, Miranda principiou a gostar de mim, e o sonho foi-se transformando noutro sonho, no qual vivíamos numa casa moderna, casados, com filhos e tudo. *Esta ideia perseguiu-me dias sem fim...* (FOWLES, 1958, p. 20)

A ação do romance pode ser resumida, a partir daqui, em poucas palavras: Frederick resolve raptar Miranda e compra, para tal finalidade, uma casa isolada no campo, equipada com uma adega subterrânea e um porão sob medida para construir um cativeiro confortável e seguro. Quando está visitando a casa, ainda consegue convencer a si mesmo e o vendedor de que se trata de um presente para a tia que o criara. Ao longo de todo o relato, percebemos como o personagem oscila entre uma escolha deliberada por um plano perverso e algo que realiza em um estado de semiconsciência, como que por efeito de uma dissociação:

> [...] creio que ainda posso dizer que não fui lá só para ver se a casa estava num local propício para eu ter uma hóspede sem que ninguém soubesse. Não creio que, na realidade, tenha tido qualquer intenção especial ao visitá-la. Não sei. O que fazemos depois faz-nos sempre esquecer o que fizemos antes. (FOWLES, 1958, p. 21)

Nessa passagem, percebemos que não se trata apenas do uso evidente e reiterado do mecanismo de negação, mas algo que vai mais longe: a negação está inserida em um processo dissociativo instalado, que vem acompanhado de um estado confusional manifesto. Isso se torna ainda mais claro quando Frederick relembra suas impressões ao visitar o porão:

> Quando ele [o vendedor] fechou a porta, era como se aquele porão tivesse deixado de existir. *Era como se houvesse dois mundos*. E é isto que tem sido. Há certos dias em que acordo de manhã pensando que foi tudo um sonho, até regressar ao porão. (FOWLES, 1958, p. 22)

Agora, no entanto, o passo foi dado: Frederick capturou sua borboleta e a retém encarcerada no porão.

Qual é o estatuto da realidade psíquica do romance? Podemos falar em sonho, em devaneio, em atuação na realidade, em engano, em ilusão, ou em delírio? A sutil transposição de um desejo para o plano da realidade exterior, de um devaneio em ato e de uma fantasia em delírio talvez seja o grande enigma colocado pelo romance. Tal transposição dependeria tão somente, com diz o próprio personagem, de ter em mãos os meios para tal – meios representados, no caso, pela fortuna repentina? Há uma "loucura estrutural" inerente ao personagem que apenas eclodiu devido à facilitação dos meios, ou será que "a ocasião faz o ladrão"? Bem, raciocinando em termos freudianos, poderíamos pensar que o que faz a diferença aqui é a melhor ou pior instauração da instância moral do superego, que regula, a partir do interior, a passagem ao ato das fantasias onipotentes e primitivas.

O fio da navalha que separa uma percepção da realidade subjetiva e a distorção dela devido a uma apreensão delirante e fechada do mundo encontra-se, por exemplo, na seguinte passagem: "[...] eu pensava que nunca me seria possível conhecê-la pessoalmente de maneira normal" (FOWLES, 1958, p. 20). Aqui há uma percepção de Frederick do abismo que separa seu mundo do de Miranda, mas essa percepção está também contaminada pela fantasia/delírio de que ele é por definição o objeto do escárnio dos outros, o que o conduz a uma certeza fechada sobre as perspectivas futuras: afinal, por que não se poderia construir uma ponte que unisse os dois mundos? Mas não há lugar aqui para se conceber um trabalho de conquista[111]. A impossibilidade

---

[111] Em outro trabalho (GURFINKEL, 2008b), apresentei a ideia que o trabalho de conquista é uma das características fundamentais do amor genital.

de conhecê-la de uma maneira "*normal*" alude à autopercepção do personagem sobre a sua excentricidade e sua total incapacidade para a vida social, universo a que ele só pode assistir "de fora". A frase continua:

> [...] eu pensava que nunca me seria possível conhecê-la pessoalmente de maneira normal, mas que, se ela estivesse comigo, acabaria por conhecer as minhas qualidades e, sem dúvida, compreenderia o que eu fizera. Tive sempre essa ideia de que ela me compreenderia. (1958, p. 20)

Poderíamos pensar que esta é uma ideia sensata: apenas com a convivência e com o conhecimento recíproco que Miranda poderia, quiçá, interessar-se por ele. Mas essa "esperança" se contradiz frontalmente com a percepção do abismo existente eles; trata-se de uma ideia delirante que, conforme o desenrolar do romance veio a confirmar, estava completamente fechada para a prova de realidade.

A impermeabilidade à prova de realidade torna-se evidente algumas páginas adiante, quando Miranda formula uma pergunta, e lhe responde em seguida: "[...] julga que o fato de me ter aqui prisioneira me fará gostar de você? [...] Enquanto estiver aqui neste quarto, só pensarei em você como sendo a pessoa que me raptou. Já devia saber isso" (FOWLES, 1958, p. 38). Frederick ouve, mas não pode escutar. A contradição básica entre a espontaneidade de um amor genuíno e os sentimentos experimentados em uma situação de cativeiro escapa totalmente a uma parte de sua personalidade; ele só assimila a ideia à medida que tal contradição é engolfada pela lógica delirante. É o que vemos em uma cena dramática, muito adiante, quando uma Miranda desesperada e já em processo avançado de identificação com o agressor inicia uma entrega sexual aparentemente amorosa e espontânea, e Frederick – após alguns momentos de enlevo – a repudia violentamente, dando a entender que ela age como prostituta: "[...] você acha que se fizermos amor vou deixar você ir? Você faz qualquer coisa para ter o que quer!" (WYlLER, 1965). Para o espectador do filme, torna-se óbvio que foi precisamente Frederick quem produziu esta mulher-borboleta que "perde o respeito por si mesma". A ambiguidade da cena é tal que ainda nos ocorre que Miranda talvez aja com algum sentimento de compaixão e de carinho por Frederick, compreendendo a sua dor e desejando de fato agradar-lhe – ou mesmo "curá-lo".

O protagonista está dividido, pois, entre uma parte do Eu que sustenta o delírio de que sua borboleta é uma "hóspede" tratada com respeito e gentileza e que, talvez por isso mesmo, irá amá-lo um dia, e outra parte do Eu que tem a certeza irremovível de que Miranda ama apenas o seu namorado – o rapaz do café –, e nunca verá nada de interessante em Frederick. O círculo assim se fecha, e a armadilha está formada: não há saída para o enclausuramento irreversível. Miranda escreve, sintetizando a situação dilemática em que se encontra: "[...] se ele me amasse verdadeiramente, não me poderia deixar partir; se ele me amasse verdadeiramente, já me teria deixado partir" (FOWLES, 1958, p. 208).

A leitura do texto original de Fowles guarda diversas vantagens sobre a versão cinematográfica, como costuma acontecer nestes casos. A concepção da ideia é evidentemente de Fowles, e o seu texto – de grande impacto e complexidade – deve ser a fonte principal para a inteligibilidade do drama. A arquitetura do livro é requintada: ele é composto por duas grandes partes iniciais e duas pequenas finais, que constituem o desfecho da ação. A primeira parte é a rememoração de Frederick da sequência dos acontecimentos, e a segunda parte é o diário escrito por Miranda em seu cativeiro. Entre a terceira e quarta partes, Frederick encontra e lê o diário, o que supostamente contribui para precipitar o último lance do romance. Uma das vantagens da versão de Fowles é justamente a possibilidade de acompanhar os mesmos fatos sob a ótica tão diversa de Frederick e de Miranda; no caso do filme, assistimos aos acontecimentos como espectadores, a partir de um terceiro ponto de vista, intuindo e construindo em nós mesmos o que seria a vivência subjetiva de cada um dos personagens. Ainda assim, não podemos cair em olhar ingênuo sobre o diário como um *retrato*, já que todo ponto de vista é uma versão da experiência; como escreve Fowles, pela boca de Miranda: "[...]

nunca mais terei um diário, quando sair daqui. Não é uma coisa saudável. É-me benéfico, aqui, pois me dá alguém com quem conversar. Mas é uma vaidade. Só escrevemos o que queremos ouvir" (FOWLES, 1958, p. 219). O diário é, portanto, para Miranda, a única possibilidade de uma abertura para o outro, tão desesperadamente buscada; a sua rejeição em ter um diário "quando sair daqui" indica sua inclinação objetal, tão contrastante com o ensimesmamento narcísico de Frederick[112].

O processo que levou Miranda a entregar-se sexualmente pode ser, assim, acompanhado no seu próprio diário, cotejando-o com a versão de Frederick. Miranda está tomada por um desespero absoluto:

> [...] tenho estado assim todo o dia – uma espécie de pânico interminável avançando lentamente [...] Os seus planos falharam [de Frederick]. Não tenho me portado como a moça dos seus sonhos [...]. Talvez fosse melhor que eu me dedicasse a ser a moça dos seus sonhos [...] sim, talvez eu o devesse beijar [...]. Amá-lo. Torná-lo no Príncipe Encantado [...]. Tenho de fazê-lo sentir que, finalmente, fui tocada pela sua amabilidade, pela sua generosidade, etc., etc... (FOWLES, 1958, p. 208)

E, no dia seguinte: "Cheguei hoje a uma decisão tremenda. Imaginei estar na cama com ele [...]. Terei de lhe dar um choque tão tremendo, que o faça libertar-me [...]. *É como um sacrifício num jogo de xadrez.* [...] *Eu* é que o seduzirei" (1958, p. 208).

---

[112] Podemos supor aqui, também, uma alusão de Fowles ao diário de Anne Franck, escrito enquanto a adolescente estava escondida com sua família, no porão de uma casa em Amsterdã, para proteger-se da ameaça nazista, durante o final da Segunda Guerra mundial. O esconderijo foi, neste caso, uma forma de cativeiro. Seguindo essa linha de raciocínio, o personagem Frederick pode ser tomado como uma representação do progressivo enlouquecimento do movimento nacional-socialista na Alemanha, e mais particularmente de seu líder: o ganho de poder proporcionou-lhe os meios – como a fortuna súbita de Frederick – para pôr em ação seus planos megalomaníacos e violentos, como forma de compensação da penúria e da humilhação que o povo vinha sofrendo.

É notável como, se bem que Miranda forje um plano de fuga através da sedução, o que se passa com ela em termos subjetivos é uma dupla transformação: por um lado, uma espécie de perda de parâmetros e de lucidez por efeito de uma identificação com o agressor, e, por outro, um revolver de valores e do sentido pessoal quanto ao amor e ao sexo. Miranda conclui que tem sido avara com o seu corpo, e que sua "fantasia" de se conservar virgem para o homem que ama é um disparate; decide que, quando liberta, vai entregar-se a G.P., um artista por quem está apaixonada, mas de quem sabe que não pode esperar uma relação estável – "[...] tenho de afastar esta mesquinhez muito para longe de mim" (FOWLES, 1958, p. 209). O plano de entregar-se vem acompanhado, portanto, de uma transformação subjetiva que fica entre um perder-se de si e um remodelamento quanto ao sentido que atribui ao amor e ao sexo em sua vida.

Conforme Miranda havia pressentido, Frederick tinha um segredo: "[...] deve querer-me fisicamente; talvez seja impotente. Seja o que for, vou descobri-lo" (FOWLES, 1958, p. 210). Essa decisão corajosa é o que precipita a ruptura do equilíbrio precário em que se encontravam, já que o colecionador não irá suportar "ser descoberto". "Fiz uma coisa terrível", escreve Miranda. De que se trata? Talvez não tanto a degradação da entrega – uma "comédia", segundo suas palavras – mas, sobretudo, a violação do segredo, assim como a tentativa que se seguiu "de dizer-lhe tudo": "[...] foi então que sua verdadeira personalidade veio à superfície" (FOWLES, 1958, p. 213). Como as coisas se passaram? "Fechei os olhos e resolvi dar início à comédia". Miranda, após o banho, embriaga-se, senta em seu colo e abre o roupão:

> [...] senti-me algo excitada, contudo de um modo desagradável e perverso. Senti uma mulher em mim procurando o homem nele. Não sei explicar, mas havia também a sensação de que ele não sabia o que fazer. De que Calibã era virgem. Lembrei-me daquela velha senhora que levou um jovem padre a passeio [...] (FOWLES, 1958, p. 212)

Miranda avança em sua presa, força-o a beijá-la, despe-o, diz que "queria aquilo", e faz *tudo* o que é possível – "[...] mas nada aconteceu. Calibã não se descongelava. [...] Calibã não o pode fazer. Não existe homem dentro dele" (FOWLES, 1958, p. 213).

A incapacidade genital de Frederick descoberta por Miranda já era conhecida pelo leitor, através do relato retrospectivo de uma visita a uma prostituta. Mas o que vai se tornando mais claro agora é a alternativa adotada pelo colecionador para sua vida sexual: ele se masturba com ilustrações de livros e fotos, e passa a fazê-lo também com as fotos de Miranda[113]. Se a primeira seção de fotos se dera quando ela esta estava inconsciente (Frederick raptara-a utilizando clorofórmio e volta a usar esse recurso duas vezes quando ela se rebela, além de ameaçar fazê-lo algumas vezes), posteriormente ele a chantageia para posar para ele e, no final, o faz com o uso da força física, amarrando-a e despindo-a. O uso das fotos como vingança pelo sentimento de humilhação da impotência fica claro no relato de Frederick: "[...] porque, afinal, eu podia fazê-lo. [...] Com as fotografias, eu podia demorar o tempo que quisesse. Nunca me apressavam. Foi isso que Miranda

---

[113] Frederick havia comprado uma câmara para fotografar "borboletas vivas" em seus passeios pelo campo, mas logo começou a flagrar casais "a fazer toda espécie de coisas em lugares não muito discretos" (FOWLES, 1958, p. 17). Aqui podemos pensar que o colecionador revive com a fotografia suas angústias diante da cena primária, e que ele se fixa em um sobreinvestimento – perverso? – da experiência escópica. Como sabemos, ele está continuamente observando *de fora* a vida social dos outros, vigiando Miranda a distância, mas é incapaz de entrar verdadeiramente no jogo do corpo a corpo. Podemos pensar ainda que se trata, conforme propôs Fairbairn (1944), de um traço tipicamente esquizoide: o colocar-se a distância, de fora da cena da vida. A menção à compra da máquina fotográfica se dá em seguida a comentários de Frederick sobre o uso que começa a fazer de livros de mulheres nuas, antes de raptar Miranda. Ele diz para si mesmo, prenunciando sua reação futura ao desmascaramento diante dela: "Não sou diferente dos outros homens, posso prová-lo". Ora, aqui fica também evidente a equivalência simbólica entre a borboleta e o objeto sexual: se Frederick inicia por fotografar borboletas, ele logo passa a registrar casais em encontros furtivos e, depois, sua espécie mais preciosa; mas se trata, em última instância, de uma borboleta viva ou morta?

nunca chegou a saber" (FOWLES, 1958, p. 99). Isso não é bem verdade, já que ela responde à sua proposta explícita de uma sessão de fotos – mal disfarçada pela racionalização de que a finalidade era ter a posse das fotos a fim de impedir que Miranda o traísse e fugisse – com as seguintes palavras: "[...] você não é um ser humano. Não passa de um verme que só pensa em masturbar-se", e escreve: "[...] quer fotografar-me. Esse é seu segredo. Quer despir-me e... Oh, meu Deus! Eu só agora sei o que é o ódio e o nojo! [...] O ódio entre nós dois. Explodiu!" (p. 222). O que observamos, assim, é a confirmação de uma modalidade perversa severa, tanto na prática sexual quanto na relação com o outro.

A partir desse momento, Frederick é inteiramente tomado pela fúria, fúria esta "autorizada" por sua projeção paranoide. "Você é que se despiu, você é que provocou tudo isso. Agora tem de pagar" (FOWLES, 1958, p. 103). "Você não é melhor do que uma mulher das ruas [...]. Está disposta a fazer as piores coisas para obter o que deseja [ou seja, fugir]". A assimilação de Miranda a uma prostituta faz eco à figura da mãe de Frederick, a qual, segundo sua tia, foi responsável indireta pela morte de seu pai e, em seguida, foi-se embora; "ela só queria divertir-se", e era no fundo "[...] uma mulher das ruas que se fora com um estrangeiro" (p. 13). Aqui fica claro como Calibã não pode compreender o desejo de Miranda de fugir como óbvio e legítimo, mas apenas como o desejo intolerável de uma mãe-prostituta que foge com um estrangeiro.

A frase "você é que se despiu" vem em resposta a Miranda ter dito: "[...] você violou todas as leis humanas, tudo o que é decente, todas as relações mais belas, tudo o que há de mais respeitável entre o seu sexo e o meu" (p. 103). Frederick então replica: "Olhe quem fala! *Você* é que se despiu..." (p. 103). Miranda atribui a si mesma o erro de ter lhe "dito tudo", como se ela descobrisse que está pagando por ter agido e falado, denunciando a farsa e desencadeando a explosão de ódio e a emergência da violência ainda disfarçada. Ela revela a Frederick que só se entregou por desespero, pois entre eles só há desconfiança, mesquinhez e ódio; diz ainda que sente *pena* dele – talvez o mais insuportável para ele, devido seu sentimento de humilhação. "Mas seria eu quem viria a rir mais" (p. 101), adianta-nos ele; quando Miranda se recusa a despir-se para as fotos, ele diz cinicamente: "[...] estou apenas pedindo o que você fez no outro dia sem eu lhe pedir" (FOWLES, 1958, p. 102). A vingança cega leva Frederick a uma espécie de estado maníaco febril, tão bem retratado no seguinte trecho:

> [...] senti-me muito feliz. Não sei bem explicar por que, mas antes me sentira demasiado fraco e, agora, vingava-me de todas as coisas que ela dissera e pensara a meu respeito. Passeei nervosamente pela casa. Fui ver o quarto dela. Ri com gosto ao pensar que estava fechada ali embaixo. Ia ficar lá, lá embaixo, *em todos os sentidos*, e, mesmo se isso não fora o que merecera de início, agira de forma a merecê-lo, agora. Eu tinha razões de sobra para ensinar-lhe como era. (FOWLES, 1958, p. 103)

A mensagem foi ficando cada vez mais clara: *vou mostrar quem manda*. O crescendo de atuação violenta que sobreveio é apenas uma consequência do estado psíquico aqui retratado.

Frederick não era capaz de compreender o resto de compaixão que ainda havia em Miranda, pois em seu delírio todo gesto ou comentário dos outros era necessariamente sinal de escárnio. O lugar do riso na trama é muito bem retratado em uma cena criada para o filme, que não se encontra no livro. Após raptar Miranda e trancá-la pela primeira vez no porão, Frederick fica muito excitado e sai correndo exultante pela chuva; deita na relva e **ri** para si mesmo e, em sua imaginação, recorda-se de uma cena vivida no seu trabalho, na qual é ridicularizado por colegas e todos riem dele. O motivo do gracejo era sua coleção de borboletas... Frederick não vê as transformações emocionais de Miranda, que se comove por ele e, ao mesmo tempo, é capaz de utilizar a situação infernal em que se encontra para uma profunda revisão subjetiva pessoal. Ao preparar-se para sua sedução-entrega, ela escreve:

> [...] tenho de lutar com as minhas próprias armas, não com as dele. Não com o egoísmo, a brutalidade, a vergonha e o ressentimento. Lutarei, pois, com generosidade (dar-me-ei), com gentileza (beijarei a besta) e, sem vergonha (farei o que fizer de livre vontade), com perdão (a culpa não será dele). (FOWLES, 1958, p. 210)

E, logo após a tentativa de ato sexual desastrosa:

[...] levantei-me; estávamos então deitados no sofá. Ajoelhei-me a seu lado. Disse-lhe que não se preocupasse. Falei-lhe como se fosse sua mãe. [...] Gradualmente, comecei a compreender a verdade sobre Calibã. [...] Um psiquiatra disse-lhe que ele nunca poderia fazer o amor. Calibã contou-me que costumava imaginar-nos deitados na mesma cama. Só deitados, nada mais. Ofereci-me para fazer isso, mas ele não aceitou. *Bem no fundo do seu ser, lado a lado com a bestialidade e o ressentimento, há uma tremenda inocência, uma inocência que o governa e que ele procura proteger.* (FOWLES, 1958, p. 213)

Miranda já havia percebido que não sabia odiar. Em certa ocasião, ao se portar de modo estúpido com Calibã e manipulá-lo para providenciar um jantar a seu gosto, não consegue evitar sentir-se agradecida – "[...] oferecer-me estas coisas com tanta humildade!" (FOWLES, 1958, p. 199). E, após sentir um desejo louco de rir do seu comportamento patético, recua e reflete sobre sua incapacidade de odiar. "É como se em mim houvesse uma pequena fábrica de boa vontade e generosidade produzindo todos os dias e tenho de expulsar uma boa dose do produto cá pra fora" (p. 200). No dia seguinte, porém, Miranda quase se torna uma assassina, ao desferir um golpe em Frederick com um machado deixado à vista por descuido. "Não me senti nervosa. Empunhei o machado, num ápice, mas depois... foi como se tivesse um pesadelo. Tinha de desfechar o golpe e não podia fazer, contudo sabia que tinha de fazê-lo!" (p. 201). O golpe foi hesitante, contido e não certeiro; causou um ferimento, mas não teve maiores consequências – pelo menos no plano físico[114]. No outro dia, Miranda

---

114 A propósito: há alguns anos, divulgou-se o caso de um rapaz sequestrado que se libertou ao encontrar um machado em seu cativeiro e matar um dos raptores que o vigiava com um golpe certeiro; em seguida, ele tomou a arma do morto, dominou os dois outros sequestradores presentes na casa e os entregou para a polícia, exatamente como vemos em filmes policiais de ação ("Vítima matou criminoso: suspeitos de seqüuestro são presos em Americana", in *O Globo – online*, 21 de maio 2008). Mais uma vez, aqui, ficção e realidade se cruzam de maneira inquietante.

escreve: "[...] sou uma pessoa moral. Não me envergonho de ser moral. Não permitirei que Calibã me torne imoral; embora mereça todo o meu ódio, amargura *e* uma machadada na cabeça" (p. 203). E, dez dias depois: "[...] sinto pelo meu Calibã (sob uma camada de ódio e de nojo) a mesma piedade que Shakespeare sentiu pelo seu Calibã – meias criaturas..." (p. 215). Mas Frederick estava insensível a esse tipo de experiência subjetiva e, mesmo depois de ler tudo isso no diário, foi incapaz de compreender Miranda ou empatizar com ela. Muito ao contrário: a leitura serviu apenas para dissipar qualquer angústia, dúvida ou sentimento de responsabilidade sobre o que fez – "[...] encontrei o diário de Miranda, que me provou que ela nunca me amara. Pensara todo o tempo em si própria e naquele outro homem" (p. 245).

Podemos reconhecer no romance, ainda, uma discussão densa sobre a problemática da *inocência*. Conforme aumenta seu desespero, Miranda faz uma revisão de seu espírito de "colegial", e, a partir do questionamento do tabu da virgindade, vemos emergir um erotismo vigoroso, que parece ganhar força com a ameaça de morte. O que de fato vale a pena? Qual é o sentido de preservar, ou de preservar-se? "Vi o fim da antiga colegial. Essa inocente morreu" (FOWLES, 1958, p. 215). "O amor é belo, seja qual for o amor. Até o sexo, puro e simples. A única coisa que é verdadeiramente feia é esta vida sem vida, gelada, esta absoluta falta de amor entre Calibã e mim" (p. 216). "Decidi sair daqui e ter uma aventura com G. P. Quero a aventura e o risco [...]. Estou farta de ser virgem. Inexperiente." E, resumindo o seu sentimento de uma transformação subjetiva, refere-se ao momento em que nos apercebemos de que as bonecas são apenas bonecas: "Olho para minha personalidade e vejo quão ridículo ela era. Não passa de uma boneca com quem já brinquei demasiado. É um pouco triste como um fantoche no fundo do armário. Inocente, estropiado, orgulhoso e ridículo" (p. 217). Ora, ao concluir, em sua situação limite, de que mais vale a *luz* do que a *morte* – estar com G.P. seria um "[...] banho de luz, depois deste negro buraco [...] algo de primaveril, mas não imoral" – estaria Miranda vivendo um processo de amadurecimento, ou apenas entrando em um estado confusional a partir do qual acaba por ser capturada pela loucura perversa do colecionador? O erotismo que aqui emerge seria a libertação de uma libido enclausurada ou a excitação compensatória própria do desespero?

Ora, a face sombria da perda da inocência é a dessubjetivação; esta conduz necessariamente à morte – morte psíquica e morte física. Se Miranda foi capaz de ver *bem no fundo do ser de Calibã uma tremenda inocência*, a degradação paulatina da situação parece tê-la conduzido a uma mortificação. A compaixão míngua, e o colecionador pode finalmente destilar – em si mesmo e em sua presa – o ódio puro. A morte já se anuncia no momento em que Miranda conhece a coleção de borboletas – "[...] mostre-me as minhas colegas de infortúnio"–, e fica sabendo que foram todas capturadas por Frederick; pergunta então: "[...] quantas borboletas já matou?" (FOWLES, 1958, p. 54), e comenta: "[...] são muito belas, mas são tristes". No filme, Miranda ainda acrescenta: "[...] isto é *morte*; você ama a morte?" É neste momento que Frederick conta a Miranda que também se dedicava à fotografia, e diz que gostaria muito de fotografá-la; assim, fotografar e colecionar estão correlacionados desde o início. Ao desejar fixar a imagem de Miranda, parece haver a ideia concomitante de congelá-la e – no limite – anular sua subjetividade e matá-la. Entre fotografar borboletas vivas e colecionar borboletas mortas, afixadas com alfinetes em um quadro, podemos imaginar um passo além que implica dessubjetivação, imobilização (amordaçamento), congelamento e mortificação. A morte física de Miranda sobrevém como resultado desse processo. Quando a relação entre os dois já está totalmente deteriorada e qualquer verniz de confiança recíproca desapareceu, Miranda começa a ficar doente. Em meio a brigas, mentiras e agressões, a sua situação agrava-se e evolui para uma pneumonia; a negação de Frederick é assombrosa: ele não vê o estado moribundo e insiste que se trata de uma simulação de Miranda.

O efeito da morte de Miranda pode ser observado em dois tempos: no primeiro, acompanhamos uma aparente sensibilização e hesitação de Frederick conforme entra em contato com seu objeto moribundo, e, no segundo, o quadro evolui para uma psicopatia franca.

> A última coisa que ela disse foi que me perdoava por tudo. Delirava, claro, mas eu confessei-lhe que estava arrependido. Pode dizer-se que as coisas mudaram totalmente a partir daquele momento. Perdoei-lhe tudo o que ela fizera e até senti muita pena de a ver assim. Arrependi-me de verdade do que lhe fizera naquela outra noite, porém não sabia que ela estava verdadeiramente doente [...] É estranho que, no momento em que eu pensara estar absolutamente farto dela, todos os antigos sentimentos me tenham voltado a dominar [...] Pensei em todos os momentos anteriores àquela noite em que ela se despira e em que eu deixara de a respeitar, noite que já me parecia irreal, como se ambos tivéssemos perdido a cabeça. Quero dizer que o fato de ela estar doente e de eu ter de a tratar parecia-me uma coisa muito mais real. (FOWLES, 1958, p. 232)

Mas, ao mesmo tempo em que Frederick finalmente se resolvera a procurar um médico, ele hesitava e não conseguia levar a decisão até o fim; chegou a ir à cidade, à farmácia e até à sala de espera do médico – locais onde sempre se sentia olhado pelos outros como se fosse ridículo, o médico lhe parecia grosseiro, etc. Os sentimentos persecutórios chegaram aqui a seu auge, e Frederick mesmo percebia que continuava buscando razões para não ir buscar o médico – "[...] isso faz parte do meu caráter, sou assim e não posso modificar-me" (FOWLES, 1958, p. 236).

Algumas tentativas de trazer o médico se alternavam com o retorno para o leito de Miranda, que estava cada vez pior; por fim, tudo pareceu definir-se com um encontro com um policial desconfiado de madrugada, que levou Frederick a desistir de buscar ajuda. Quando finalmente Miranda morre, ele é tomado por grande desespero e sente-se enlouquecido como em um filme de terror: fica assombrado pelos barulhos e é tomado por grande pavor. Decide, então, que vai se suicidar, e planeja comprar flores e criar um leito de morte junto a Miranda. Imagina uma morte como a de Romeu e Julieta; seriam enterrados juntos, e deixaria uma carta explicativa, na qual diria que estiveram apaixonados e que aquilo fora um pacto suicida.

Mas, no dia seguinte, após comprar as flores, Frederick encontra o diário, cuja leitura lhe "provou" que Miranda "nunca o amara". Tudo então se transforma. Na véspera, Frederick refletira que "[...] quisera aquilo que o dinheiro não pode comprar. Se eu fosse de fato perverso e sádico não teria feito aquilo. Teria encontrado uma mulher com quem pudesse fazer tudo o que me apetecesse. A felicidade não se compra" (FOWLES, 1958, p. 241). Mas, agora, diz para si mesmo: "[...] pensei que estava procedendo como se tivesse assassinado, mas a verdade era que Miranda morrera de doença" (p. 245). Sem nenhum sentimento de culpa ou de piedade, enterra-a e avalia que o seu erro fora "desejar demasiado". Como um autêntico colecionador, busca aprimorar sua estratégia de captura:

> [...] eu deveria ter sabido que nunca poderia ter obtido o que queria de uma moça como Miranda, com todas as suas ideias avançadas e inteligência. Deveria ter convidado para minha hóspede alguém que me pudesse respeitar. Uma moça como tantas outras, que se pudesse educar. (FOWLES, 1958, p. 246)

E, assim, a narrativa termina com Frederick esboçando os planos de uma nova captura, e dizendo para si: "[...] claro, decidi nunca mais ter uma hóspede..." e, ao mesmo tempo: "Desta vez não será por amor, será apenas pelo interesse da coisa e para compará-las [...] deixaria bem claro, desde o começo, quem é que manda e o que eu esperaria dela" (FOWLES, 1958, p. 246). Afinal, lá embaixo, o quarto está já estava lavado e limpo, "como novo".

Assim, se temos no episódio da entrega de Miranda o desencadeante da primeira grande virada da história, a leitura do diário originará a última delas. No primeiro caso, sobrevém a projeção maciça de toda culpa e responsabilidade em Miranda, que "matara todo o romance" (FOWLES, 1958, p. 100), dando a Frederick os motivos para tornar-se vingativo e cruel. Ela era uma mulher da rua, falsa e mentirosa, que o odiava e queria enganá-lo e rebaixá-lo. Quando lê o diário, Frederick mostra-se incapaz de compreender a vida interior e os sentimentos de Miranda, interpretando-os tão somente a partir de seu delírio persecutório. A alteridade de Miranda lhe é insuportável; talvez ele esperasse ainda encontrar no diário a "verdade" de seu amor por ele, verdade apenas sustentada pelo seu delírio. Esse novo episódio serve para selar e confirmar, portanto, o círculo paranoide fechado, dando ensejo a uma nova posição: a psicopatia franca. A ideia do "pacto 'romântico' de morte" é substituída por uma sobrevivência perversa e degradada, na qual a ideia de captura e assassinato é banalizada. Nesse momento, pode-se imaginar a gênese de um *serial killer* que autoriza a si mesmo qualquer atuação imoral e que, provavelmente, irá ingressar em uma carreira tomada pela repetição contínua da captura de novas espécies para sua coleção.

Isto tudo é "apenas" ficção, mas ganha um novo sentido ao lembrarmo-nos de casos verídicos análogos. Em 28 de abril de 2008, veio a público a história de Josef Fritzel, que manteve sua filha Elisabeth trancafiada no porão de sua casa por 24 anos, sem que ninguém descobrisse[115]. Ele teve sete filhos com Elizabeth, sendo que três deles moravam com a mãe no porão, um morreu quando bebê[116] e três foram adotados por Josef e sua esposa, vivendo na "casa de cima". Segundo a versão deste Frederick, as relações incestuosas "foram consensuais", enquanto que Elisabeth declarou ter sofrido abusos sexuais desde os onze anos e ter sido atraída pelo pai até o porão, sedada e mantida refém em compartimentos com isolamento acústico. O contraste entre as versões nos faz lembrar o choque entre as memórias de Frederick e o diário de

---

[115] "Austríaco confessa incesto e prisão da filha por 24 anos", in *Folha de São Paulo*, caderno "Mundo", p. 16, 29 de abril de 2008.

[116] Josef incinerou o corpo do bebê no sistema de calefação da casa. Também Frederick, ao preparar o local do cativeiro, instalou um incinerador "para queimar todos os seus restos". "Eu sabia que não poderia permitir que algo de Miranda saísse jamais daquela casa. Não deveria sequer pensar em mandar as suas roupas para a lavanderia. Sabia lá o que poderia acontecer, de outra forma!" (FOWLES, 1958, p. 26). A incineração comporta a fantasia do "crime perfeito", sem deixar rastro – o assassinato sem cadáver.

Miranda. O horror gerado pela notícia é muito grande; se tentamos construir imaginativamente o que terá sido a vivência subjetiva de Elisabeth e de seus filhos em cativeiro, recebendo regularmente a visita de Josef – o único ser humano com quem tinham contato –, e considerarmos que não se trata de ficção, começamos a compreender que aquilo sobre o qual Fowles escreveu retrata de fato uma dimensão obscura e profundamente chocante da natureza humana. Para nomear tal dimensão, Fowles cunhou o termo *calibanismo*, escrito por Miranda em seu diário: "[...] tenho estado tão cheia de ódio por ele e por sua bestialidade. A sua vil covardia. O seu egoísmo. O seu calibanismo" (FOWLES, 1958, p. 197). Calibã, meia criatura e, nas palavras de Shakespeare, "[...] não honrado com uma forma humana" (SHAKESPEARE apud FOWLES, 1958, p. 215). *A história de Josef Fritzl é, sem dúvida, um caso típico de calibanismo.*

Um aspecto surpreendente do caso Fritzel é o seu desfecho. Afinal, algo possibilitou que tudo viesse à tona. A situação concreta que precipitou a ruptura do *status quo* foi uma doença da filha mais velha de Josef e Elisabeth, a sua neta-filha. Dado o estado grave em que se encontrava, Josef acabou por levá-la ao hospital, e os dois outros filhos subitamente reapareceram na casa da família; a história secreta veio à tona quando os profissionais do hospital, diante da doença grave e não diagnosticada, indagaram sobre a mãe e sobre o histórico clínico da moça, que nunca tinha frequentado escola nem recebido atendimento médico. Por que Josef fez o que Frederick não foi capaz de fazer e, com 73 anos de idade, rompeu o círculo fechado após 24 anos? A libertação e a sobrevivência de Elisabeth seriam obra do acaso, do imponderável? Como foi possível essa borboleta escapar com vida – se é que ainda haverá vida nela? Será que alguma centelha foi despertada em Calibã, através do contato com o objeto moribundo? Será que foi mesmo a doença da filha-neta que abriu uma brecha em um círculo vicioso fechado de autoalimentação? Por que a eliminação incinerante não mais funcionou? Será que Josef estava afinal esgotado e vencido, ou demenciado? Decifrar esse enigma seria um dos desafios importantes de um estudo mais aprofundado do caso.

A paixão anal

Após acompanharmos a dolorida trajetória da relação do colecionador com sua borboleta, podemos aproximá-la de algumas dimensões da teoria do caráter anal[117].

> Todos os colecionadores são anal-eróticos, e os objetos colecionados são quase sempre copro-símbolos típicos: assim, dinheiro, moedas (exceto as correntes), selos, ovos, borboletas – estes dois estando associados com a ideia de bebês –, livros, e mesmo coisas sem valor como alfinetes, jornais velhos, etc. (JONES, 1918, p. 314-315)

Jones[118] foi quem deu início a essa linha interpretativa, que foi em seguida retomada por Abraham (1921): o impulso de reunir, colecionar e estocar é uma modalidade prototípica de exercício do *prazer da posse*. Esse prazer tem sua fonte erógena na tendência à retenção das fezes, e no prazer daí advindo. A paixão de colecionar é, na verdade, um derivativo de um dos três traços descritos inicialmente por Freud (1908a): a *avareza*; esta, quando mais pronunciada, se torna mesquinhez, recusa de dar e desejo de possuir, levando a reações coléricas de aborrecimento e ressentimento sempre que se é obrigado a dividir.

Não é difícil de perceber como a *posse* é o que caracteriza a relação de Frederick com seu objeto. Assim, nas palavras desse último: "[...] o que Miranda não compreendia é que, comigo, era suficiente possuir. Tê-la ao meu lado. Isso bastava. Não era preciso fazer outra coisa. Só queria tê-la comigo, segura para sempre"

---

[117] Suzana Dupetit também mencionou o filme *O colecionador* como um exemplo de tendência adictiva. Sem abordar a dimensão anal da possessividade do objeto, ela ressaltou, no personagem, a intenção de controlar um ser vivo e o desejo de transformá-lo em um objeto inanimado, como outros tantos da coleção. A adicção está ligada, para a autora, ao desejo de controle onipotente através da tentativa ilusória de "inanimizar o animado e animar o inanimado" (DUPETIT, 1983, p. 66).

[118] Abraham considerava o artigo de Jones o principal precursor de sua própria pesquisa a respeito do caráter anal.

(FOWLES, 1958, p. 92). Ora, Miranda, logo após descobrir "o seu segredo", também começou a compreender a natureza do seu prazer: "[...] não deve poder sentir o menor prazer físico normal. *O seu prazer é manter-me prisioneira*. Pensar em todos os outros homens que o invejariam, se soubessem... Enfim, ter-me aqui" (p. 215). As formulações dos dois protagonistas falam, neste caso, por si mesmas.

Jones ressaltou que um dos aspectos "edificantes" do complexo caractereológico do colecionador é a *ternura*, acompanhada de um grande cuidado dispensado a certos objetos – como os encarregados de museus ou bibliotecas, tão devotados a seus livros e relíquias, ou mesmo aquelas pessoas muito atenciosas com as crianças ou com seu objeto amado. Mas essa capacidade para a ternura se mantém à medida que a pessoa amada seja dócil; caso contrário, revela-se a face sombria da posse anal:

> [...] um acompanhamento curioso desta ternura é uma tendência muito pronunciada de dominar o objeto amado (e possuído); tais pessoas são sempre muito ditatoriais ou mesmo tirânicas, e são extremamente intolerantes com qualquer mostra de independência por parte do objeto amado. (JONES, 1918, p. 315)

No caso da trajetória da relação entre Frederick e Miranda, a lenta migração da ternura e devoção em domínio absoluto e sadismo cruel é facilmente verificada. No início, Frederick procurava mostrar-se gentil e cavalheiro, oferecendo a Miranda todo o conforto: organizou um espaço com roupas, utensílios femininos e livros a seu gosto, e buscava atender a quaisquer pedidos dela (providenciar materiais de pintura, refeições especiais) – tudo para agradar a sua "hóspede" especial, exceto deixá-la ir. O verniz das gentilezas cede conforme as coisas não transcorrem conforme seus planos, e Frederick é obrigado a deparar com a independência de desejos de Miranda, com sua falta de docilidade. Assim, a *posse* contém o desnorteante paradoxo: extrema devoção de um lado, e domínio e tirania mortífera do outro.

A necessidade imperiosa de que tudo transcorra conforme "os próprios planos" é típica do caráter anal. Tal característica tem como fundamento o esforço em manter o controle individual de um processo, processo este experimentado segundo o modelo da excreção. Por decorrência, se observa uma contínua oposição contra qualquer tentativa de fora de indicar uma conduta, e um ressentimento contra toda tentativa de desviar a conduta previamente decidida. A atitude crônica de desafio indica que "[...] a pessoa tanto se recusa a ser obrigada a fazer o que não quer, quanto a ser impedida de fazer o que realmente quer" (JONES, 1918, p. 302). Observa-se uma extrema sensibilidade em relação à *interferência* nos autodesígnios: a pessoa não pode ser interrompida; é ao mesmo tempo persistente e enfadonha, e não é capaz de delegar trabalho ou trabalhar em grupo. Jones considera que aqui subjaz um ódio pela interferência educacional precoce nas atividades anal-eróticas. A consequência disso é uma irritabilidade e um mau humor crônicos, constantes reações a intrusões e um desejo frequente de retaliação vingativa; a convivência torna-se muito difícil, tudo é levado excessivamente a sério, e a pessoa raramente se sente feliz. Bem, é fácil de compreender que tal pessoa irá naturalmente procurar o isolamento, evitando as interferências indesejadas dos outros. É isso justamente o que faz Frederick, encontrando na casa do campo o refúgio ideal para seu humor sombrio; no livro, somos informados de todas as técnicas criadas por ele para se manter a distância de toda comunidade próxima. Antes da compra da casa, Frederick tinha em mente "[...] viajar para um desses lugares onde existem espécimes raros e aberrações, com o fim de preparar uma série de coleções fora do normal. Quero dizer, ficar num lugar tanto tempo quanto me apetecesse e recolher espécimes, fotografando-os ainda vivos" (FOWLES, 1958, p. 18). Mas, em seu mundo autoerótico, ele finalmente sente necessidade de buscar um objeto; ele sai à caça, e só é capaz de conceber um objeto que seja absorvido dentro da lógica sádico-anal.

Algumas outras observações de Jones combinam com a narrativa de Fowles no detalhe. Ele aponta a alegria do colecionador em garimpar e encontrar os objetos de sua predileção, assim como o gosto na descoberta de um tesouro escondido,

> [...] que está geralmente enterrado, o que está ligado com o interesse pelas passagens fechadas, cavernas e similares; tal interesse é também evidentemente enfatizado por outros componentes sexuais, tais como a curiosidade sexual visual e a exploração incestuosa no corpo da Terra Mãe. (JONES, 1918, p. 315)

Jones cita então os seguintes versos de *Paraíso perdido*, de John Milton: "[...] com mãos ímpias/ [o homem] Embaralhava os intestinos de sua Terra mãe/ Por tesouros mais bem escondidos" (MILTON apud JONES, 1918, p. 315). O fascínio de Frederick pela adega-porão pode ser assim entendido em relação à representação das *entranhas* – seja de si mesmo, seja do corpo materno. Nesse segundo caso, a exploração dos subterrâneos comporta uma espécie de violação incestuosa cuja atração é, ao mesmo tempo, imperiosa e terrorífica; como discutiremos adiante, algo rompeu a barreira do recalque e possibilitou a Frederick jogar por terra qualquer dique para a atuação pulsional, o que reverteu o horror em deleite. Quanto ao primeiro sentido – o porão como os próprios intestinos –, o sentido simbólico é ainda mais transparente: ao aprisionar Miranda na adega, Frederick mantém seu objeto nas entranhas do próprio corpo, exatamente conforme o modelo da retenção anal. Devemos lembrar, ainda, que o sentido geral da *posse* está associado, no plano inconsciente, com a ideia de *sentar em cima*; naturalmente, é a dimensão anal do possuir que propicia tal articulação[119]. Isso nos permite lançar nova luz sobre a fala de Frederick: "[...] ri com gosto ao pensar que estava fechada *ali embaixo*. Ia ficar lá, lá embaixo, *em todos os sentidos*..."

A metáfora da casa como o corpo – com seu corolário, o porão como as entranhas – nos conduz a outra sugestão de Jones,

---

119 Essa associação é proposta por Freud tanto no caso do pequeno Hans, quanto no estudo do simbolismo dos sonhos; Abraham volta ao assunto em sua *História da libido* (, 1924b, p. 150).

feita de passagem: a borboleta dos colecionadores está associada à ideia de *bebês* – um dos dois símbolos fecais mais importantes, ao lado do dinheiro.

Em *Sobre as transmutações das pulsões e especialmente do erotismo anal*, Freud (1917c) discute as complexas inter-relações entre "excremento", "dinheiro", "presente", "bebê" e "pênis", elementos que são tratados no inconsciente como equivalentes e intercambiáveis. Essa discussão é derivada de uma indagação de fundo: quais são os destinos do erotismo anal quando a organização sádico-anal é deixada para trás? Ele é recalcado, sublimado ou transformado em traços de caráter? E, mais particularmente: qual é a relação entre esses destinos e a organização genital posterior? O erotismo anal pode ser, de certo modo, reaproveitado, remodelado e ressignficado em um nível genital, conforme um processo de "reciclagem"? Segundo Freud, o "bebê", enquanto derivado e destino ulterior do símbolo fecal, comporta três origens: uma origem direta e duas indiretas, mediadas respectivamente pelos símbolos "pênis" e "presente"; a inteligibilidade dessas três origens implica uma rede conceitual que envolve a problemática narcísica e a objetal, o complexo de castração e os percursos diversos da sexualidade no menino e na menina, que não cabe aqui ser esmiuçada.

A associação entre bebês e fezes é derivada, naturalmente, da teoria cloacal do nascimento, mencionada por Freud nos *Três ensaios sobre a sexualidade* (1905, p. 1208) e retomada em *Teorias sexuais infantis* (1908b). Para Freud, as teorias infantis do nascimento são em grande parte motivadas pela ameaça do surgimento de um "rival" (um irmão), e são marcadas pelo desconhecimento da vagina por parte da criança pequena – que, portanto, "cria" sua versão do processo de nascimento a partir de suas próprias experiências pulsionais e corporais. Em um momento em que a relação com os excrementos ainda não é dominada pela repugnância, a única resposta – a mais natural e verossímil – que a criança encontra sobre a origem dos bebês é que eles saem do ventre materno pelo mesmo caminho que as fezes, e que se originaram de algo que foi comido por ela. Para exemplificar essa equivalência simbólica, Freud cita o caso de uma paciente maníaca que, ao receber seu médico, disse, apontando um monte de excremento que havia depositado em um canto de seu quarto: "[...] olhe o bebê que tive hoje!" (FREUD, 1908b, p. 1268). Uma particularidade importante dessa teoria sexual infantil é que ela permite aos meninos fantasiar que também são capazes de dar à luz a um filho. Jones retoma a linha de pensamento freudiana, lembrando que a criancinha concebe o abdômen como um "[...] saco de conteúdos indiferenciados" (JONES, 1918, p. 311). A sua contribuição mais interessante é a de ressaltar o processo de *criação* e de *produção* envolvido nos dois casos: "[...] fezes e crianças são, no final das contas, as únicas duas coisas que o corpo pode criar e produzir" (JONES, 1918, p. 212). O grande prazer em produzir e criar é típico do caráter anal: nele se observa uma paixão pelo trabalho e pelo cumprimento de tarefas, uma obstinação em fazer as coisas do jeito "certo" (desejo de perfeição) e uma alternância entre concentração febril e procrastinação inibitória.

Ora, essa paixão pelo trabalho e pela perfeição da tarefa é evidente na maneira com que Frederick se dedica tanto à sua coleção quanto os preparativos para a chegada de sua "hóspede". Mas poderíamos pensar também que as borboletas simbolizam sua própria produção de bebês-fezes, seguindo uma lógica pré-genital e arcaica que sustenta uma "geração autóctone", independente do encontro sexual com o outro? É digna de nota a preocupação de Frederick, tanto no livro quanto no filme, em se ocupar com esmero da alimentação de Miranda; incapaz de um relacionamento em um nível genital, talvez fosse movido pela fantasia inconsciente de alimentá-la e, assim, "produzir" suas crias, conforme Calibã desejou ao tentar violar Miranda em *A tempestade*: "[...] teria povoado esta ilha com Calibãs..." (SHAKESPEARE *apud* FOWLES, 1958, p. 215). Nesse caso, haveria aqui uma sobreposição intrincada entre "produção independente" e geração arcaica oral-anal. As fantasias relativas a uma concepção pré-genital podem estar ligadas também à metamorfose da borboleta, que nasce do interior de um casulo; além de caçar borboletas, Frederick costumava importar larvas de um monge de um país distante e "criá-las", ele próprio, com apoio do tio – o único que valorizava sua atividade de colecionador.

A borboleta é também em geral louvada pelo seu encanto, representando a beleza da natureza, e, enquanto tal, está associada à pureza e à inocência. Ora, os paradoxos da inocência atingem tanto Frederick – *bem no fundo do seu ser, lado a lado com a bestialidade e o ressentimento, há uma tremenda inocência* – e Miranda: "[...] quero a aventura e o risco; olho para minha personalidade e vejo quão ridículo ela era" (FOWLES, 1958, p. 217). A pureza e a inocência podem ser entendidas como formações reativas de impulsos não tão "nobres", ou, também, como tentativas de sublimação destes. Ao elaborar a segunda tópica, Freud veio a mostrar com mais clareza como o "mais elevado" e o "mais baixo" se encontram mais próximos do que se imagina; assim, ele nos mostrou a estranha afinidade existente entre o superego – com suas exigências muitas vezes tingidas por uma violência cruel – e o Id, sede e fonte de um influxo pulsional sem meias medidas, tão imperioso na pressão libidinal quanto nos impulsos de destruição.

As formações reativas e sublimações do erotismo anal são bastantes e complexas, e combinam-se sob formas diversas e de caráter paradoxal. Se Frederick se comprazia em "sentar em cima" de Miranda, presa no porão, ele também cuidava de sua cria com devoção e esmero. Podemos imaginá-lo como uma galinha chocando seus ovos, realizando, assim, a fantasia de um menino que gera bebês segundo a teoria cloacal. A sua "produtividade" de colecionador e trabalhador dedicado se metamorfoseia, paulatinamente, na típica genialidade delirante e fechada do paranoico; perde-se a delicadeza, a polidez e a generosidade – sublimações do impulso de presentear o outro com os produtos próprios –, e sobrevém a violência da megalomania do Eu.

A pureza e a inocência podem ser compreendidas em extensão à mania de limpeza, típica formação reativa anal. Jones descreve o que chama de "complexo de pureza mórbido" dos fanáticos pela pureza: "[...] eles pervertem de tal modo o verdadeiro significado da palavra 'puro que dificilmente é possível hoje em dia usá-la sem se expor ao tão frequentemente bem fundado comentário: 'para os puros todas as coisas são impuras'" (JONES, 1918, p. 320). É evidente que para Frederick a sexualidade é inerentemente suja, assim como sua mãe, a mulher, seu corpo e seus desejos. Mas, antes da eclosão dos episódios mais violentos, Frederick sentia-se em um idílio de pureza ao lado de Miranda.

> A verdade é que Miranda não podia fazer coisa alguma que fosse feia. Era demasiado bela para isso. E era tão asseada! Cheirava sempre bem, muito doce e pura, ao contrário de certas mulheres que conheço. Detestava a falta de higiene tanto como eu, embora, de vez em quando, troçasse de mim devido à minha mania de limpeza. Disse-me uma vez que querer ver tudo limpo era um indício de loucura. Se isso é verdade, então estávamos ambos loucos. (FOWLES, 1958, p. 63)

Como sabemos, a paixão pela pureza já conduziu muitos fanáticos a atos da maior atrocidade, justificados por uma teoria do homem puro e pela ideologia de uma "limpeza étnica".

Os fanáticos pela pureza abraçam em sua vida um princípio de *ascese* que é o outro lado da moeda dos comportamentos adictivos e perversos. Ferenczi (1911a, 1911b) foi um dos primeiros a denunciar o que havia de neurótico e distorcido no movimento antialcoólico, em franca oposição a Bleuler; segundo ele, o zelo e ascetismo estão relacionados à culpa por desvios sexuais. É bastante comum observarmos adictos adotarem ideologias ascéticas, em geral influenciados por certas instituições de tratamento ou por propostas terapêuticas. O princípio da abstinência é abraçado com toda sua radicalidade, e os próprios ex-usuários de drogas se tornam agentes de "tratamento" de adictos, advogando o abandono das mesmas. O mesmo indivíduo que havia se perdido nos excessos de uma orgia sem fim se torna o protagonista de um ascetismo igualmente radical. Alguns analistas têm aproximado a ascese às toxicomanias e aos distúrbios alimentares, e mais particularmente à anorexia. A busca de um retraimento solitário, de uma espécie de prolongamento da latência, de uma prisão ou de uma seita, são comportamentos nos quais "[...] a parte de fuga e a parte e busca do absoluto estão estreitamente intrincadas" (VALLEUR, 1990, p. 42). Quando Jones nos diz que esses fanáticos "pervertem o significado da pureza", percebemos a sutil aproximação entre os opostos: a pureza ascética e as atuações perversas, a neurose e seu negativo. Assim, Frederick diz: "[...] nunca tive quaisquer relações com mulheres... Devo confessar que nunca pensara muito nelas até ver Miranda. *Deve ser qualquer coisa de animal que me faltou ao nascer*" (FOWLES, 1958, p. 15). A *falta* de "algo animal" prenunciava os *excessos* do calibanismo...

Os opostos pureza/sujeira são reencontrados na relação com o dinheiro, o outro símbolo fecal mais importante. Para Freud (1917c), o símbolo do dinheiro é um derivado do "presente", cujo interesse é ontogeneticamente anterior na vida de uma criança pequena. É apenas quando compreende o circuito das trocas sociais mediadas pelo dinheiro que este equivalente das fezes se torna significativo, como substitutivo das trocas corporais; mas a ideia de um objeto de valor a ser dado ao outro antecede o advento desse símbolo. O dinheiro se torna, rapidamente, objeto de posse, e meio de controle e domínio do outro, ou seja: instrumento fundamental de posse do objeto. É isso que observamos com o súbito enriquecimento de Frederick: dinheiro é poder, e sobretudo poder de subjugar o outro e reverter uma vivência humilhante de ser desvalorizado. O Eu pobre é um Eu despossuído, sem valor. Mas o dinheiro é sujo, já que carrega em si todos os impulsos de ódio e de vingança das dores narcísicas. E, sobretudo, ele traz para a relação de objeto a corrupção dos valores humanos, processo tão bem figurado pela situação da prostituição. Esse aspecto será de fundamental importância para compreendermos a deterioração do caráter, que discutiremos adiante.

A "relação de objeto anal": ódio e narcisismo

Bem, a exacerbação do erotismo anal pode ser compreendida em relação a um decréscimo geral da genitalidade, constituindo-se uma espécie de gangorra pulsional[120]. Ora, esse parece ser também o caso do colecionador: a associação entre prazer na posse e impossibilidade e/ou desinteresse de uma relação genital é um aspecto central de todo o romance de Fowles. O repúdio do personagem pela experiência genital é bastante reforçado – se não codeterminado – pela atitude de sua tia, que assumiu os cuidados com ele na primeira infância. Entre o recebimento do dinheiro e o rapto de Miranda, a tia havia lhe advertido enfaticamente sobre os riscos do casamento: "[...] a verdade é que estava com medo de que eu me casasse com uma vagabunda qualquer e de que perdesse todo o dinheiro [...]" (FOWLES, 1958, p. 18). A "vagabunda qualquer" alude, naturalmente, ao fantasma da mãe de Frederick; aqui surge de modo explícito a associação entre va-

---

[120] Antes mesmo do surgimento de uma teoria sobre o erotismo anal, Freud já sugerira que o hábito de colecionar está ligado à inibição da libido genital e seu redirecionamento para outros interesses. Ao introduzir o conceito de *deslocamento*, comentou: "[...] que a solteirona sem família transfira sua ternura a seus animais domésticos, que o solteirão se converta em um colecionador apaixonado, que o soldado defenda até a morte algo que na realidade não é nada mais do que um pedaço de pano colorido, que nas relações amorosas um aperto de mão de um segundo de duração nos encha de felicidade, ou que um lenço perdido produza em Otelo um ataque de ira, são exemplos de deslocamento psíquico que nos parecem evidentes" (FREUD, 1900, p. 455). De fato, a necessidade urgente do objeto da adicção se torna uma questão de vida ou morte, tal objeto recebe um hiperinvestimento não usual, e por vezes dá ensejo a formações delirantes tais qual a de Otelo; mas, em geral, não carrega consigo sentidos simbólicos, o que está pressuposto quando se pensa em termos de deslocamento. Mais do que um deslocamento, na regressão adictiva observamos uma *redução* do psíquico; o modelo metapsicológico de 1900, calcado na clínica do recalcamento, não está suficientemente instrumentalizado para compreender tal fenômeno.

gabunda e ladra interesseira que quer apenas o dinheiro, reforçando o círculo de ideias entre posse anal, avareza e degradação da relação objetal em direção ao modelo da prostituição.

A inibição ou "desvalorização" da sexualidade genital em favor de uma sexualidade anal é uma hipótese levantada por Freud desde o artigo sobre a disposição à neurose obsessiva, e posteriormente desenvolvida por Abraham em detalhes. Freud exemplificou esse fenômeno com o caso de uma paciente cuja histeria de angústia se transformou, estranhamente, em uma neurose obsessiva, e também ao se referir a um destino mais ou menos regular na vida das mulheres, quando atingem a menopausa: elas se tornariam "[...] rabujentas, impertinentes e obstinadas, mesquinhas e avaras" (FREUD, 1913c, p. 1742) devido a uma regressão ao erotismo anal[121]. Em trabalho posterior, Freud ressaltou como existem duas possibilidades de caminhos que devem ser distinguidos: se, em certos sujeitos – como nos obsessivos – se observa uma "degradação regressiva da organização genital" que consiste na transferência ao anal de todas as fantasias primitivamente genitais (substituindo o pênis pela massa fecal, e a vagina pelo intestino), em outros sujeitos, o erotismo anal *persistiu invariado e intenso* até os anos imediatamente anteriores à puberdade, desenvolvendo-se, "[...] já durante esta fase pré-genital, em fantasias e jogos perversos, uma organização análoga à genital, na qual o pênis e a vagina aparecem representados pela massa fecal e o intestino" (1917c, p. 2037). Se nos autorizarmos a especular sobre a etiologia da psicopatologia de um personagem literário, estaríamos inclinados a identificar no "caso" Frederick a segunda alternativa. Ao que parece, a formação do caráter carrega em si, de maneira muito mais bruta e "invariada" (ou seja, não transformada pelo desenvolvimento genital ulterior), o erotismo anal pré-genital; daí sua diferença em relação à psiconeruose.

---

121 Está claro que essa visão de Freud sobre o percurso da sexualidade feminina merece uma reavaliação crítica.

Mas a fixação em uma organização sádico-anal, além de determinar uma complexa estrutura de caráter, também implica um tipo específico de relação com o objeto, na qual o ódio e narcisismo se combinam e conferem uma tonalidade específica para a relação com outro.

"Na defecação, coloca-se para a criança uma primeira decisão entre a disposição narcisista e o amor a um objeto" (FREUD, 1917c, p. 2036). Ao expulsar "docilmente" seus excrementos, ela faz um sacrifício por amor: cede uma parte preciosa de si mesma para demonstrar seu carinho, presenteando o outro com seus produtos. Mas, quando opta por retê-los pela satisfação autoerótica que daí advém ou por uma afirmação de vontade pessoal – determinando quando, onde e como irá evacuar –, se mostra obstinada e desafiadora, refletindo assim a persistência narcisista do erotismo anal.

Essa problemática é examinada por Abraham (1920) em "A valoração narcísica dos processos excretórios nos sonhos e na neurose", artigo breve e sugestivo. Ele nota, em sonhos e fantasias de pacientes, a presença de uma onipotência relacionada aos processos excretórios, tanto em um sentido sádico[122] (uma paciente que sonha que mata sua família por meio dos excrementos), quanto no sentido megalomaníaco (um paciente que fantasiava "dominar o mundo", e sonhava que tinha de expelir o universo pelo ânus)[123]. No primeiro caso, o erotismo genital es-

---

122 "Corresponde inteiramente à nossa experiência a respeito da ambivalência da vida pulsional do neurótico encontrar a utilização das funções e produtos do intestino e da bexiga como instrumentos de impulsos hostis [...] [neste exemplo], a urina e a flatulência aparecem como os instrumentos do ataque sádico" (ABRAHAM, 1920, p. 14). Aqui observamos, mais uma vez, como Abraham foi uma das fontes importantes na qual M. Klein – sua analisanda – se alimentou para construir seu pensamento.

123 Vale lembrar que – como Abraham mesmo ressaltou – a superestimação dos excrementos nos sonhos já havia sido descrita por Freud, em *A interpretação dos sonhos*, no estudo de sonhos com água e inundações, os quais, em certas mulheres, são indicativos de um "complexo de masculinidade" pronunciado.

tava severamente reprimido, em detrimento do que se observava uma exacerbação dos erotismos anal e uretral; no segundo, o paciente havia desenvolvido uma intensa identificação com a mãe e, a partir da observação da cena primária, transferira suas fantasias de coito anal para o pai, conservando a ideia de uma mulher com pênis. Ora, a onipotência expressa nesses sonhos não é atribuída somente ao processo primário que caracteriza a regressão onírica, mas, sobretudo, às próprias características dos processos excretórios, que comportariam em si mesmos uma dimensão narcisista intrínseca. Assim, no mito da Criação Javista, o homem surge a partir do sopro de Deus sobre o barro[124] – substância semelhante aos excrementos –, explicitando a relação entre criação onipotente e produção anal; o mesmo se evidencia no exemplo de um menino de três anos, cuja megalomania narcísica não estava ainda recalcada: quando ele urinava no mar, sentia que este era, inteiro, um produto seu.

Muitos dos traços de caráter anais carregam em si uma dimensão claramente narcísica. Assim, as reações a intromissões, a necessidade de fazer tudo à sua maneira e a teimosia pronunciada denunciam um autocentramento exacerbado e uma intolerância à existência independente dos outros. Jones (1918) já havia assinalado o valor da contribuição dada pelo erotismo anal ao narcisismo infantil, evidenciado no amor próprio narcísico e na superestimação da própria importância no temperamento anal. Ora, essas observações dão prosseguimento a um importante trabalho anterior, de 1913, no qual Jones propôs, de maneira pioneira, a associação regular entre sadismo e erotismo anal, particularmente na neurose obsessiva – correlação que Freud retomará logo adiante, ao postular a organização sádico-anal da libido

---

[124] Esse mito é recriado com grande beleza poética por José Saramago, em *A caverna*.

(Freud, 1913c)[125]. Jones ressaltara a importância da interferência educativa precoce nas atividades anal-eróticas para a gênese do ódio; daí o ressentimento e as reações de raiva e de extremo ódio às interferências externas indesejadas do caráter anal. Pouco depois, em seu artigo metapsicológico sobre a teoria das pulsões, Freud (1915a) veio a cunhar a conhecida fórmula sobre a gênese do ódio: "o ódio nasce com o objeto", ou seja, o ódio é uma reação à ofensa que a existência do objeto coloca para o narcisismo infantil. *Torna-se cada vez mais evidente, assim, o vínculo especial existente entre erotismo anal, ódio – articulado ao sadismo – e narcisismo, indicando uma relação de inerência entre esses três elementos.*

Essas observações nos permitem compreender a direção que tomou a abordagem de Abraham sobre o desenvolvimento libidinal, focada em grande parte no problema da ambivalência. A intensidade do sadismo vai sendo paulatinamente atenuada ao longo do desenvolvimento, partindo-se do momento mítico em que "o ódio nasce com o objeto" – esse último, em si mesmo, um segundo tempo da oralidade, posterior a uma etapa oral primitiva pré-ambivalente caracterizada pela atividade de sucção e pela indiferenciação Eu/objeto. Na etapa oral sádica, temos a violência canibalística da incorporação total do objeto; em seguida, surge o sadismo eliminador da fase anal primitiva e o controle retentivo do objeto da etapa anal subsequente; e, finalmente, a ambivalência característica da organização genital infantil é aquela derivada da tensão entre a fantasia de ser despossuído (castrado) e a

---

125 Abraham esteve particularmente preocupado com o problema do vínculo tão característico entre as pulsões anais e as sádicas que, segundo ele, aprendemos a tomar como dado "por hábito", mas não nos dedicamos suficientemente a compreendê-lo do ponto de vista conceitual. Os seus ensaios sobre a teoria do caráter anal (1921) e sobre a psicogênese da melancolia (1924b) dedicam-se a esclarecer os motivos da associação intrínseca entre ódio e analidade – a tal ponto que Freud postulou a existência de uma organização da libido ao mesmo tempo sádica e anal –, o que culminou com a proposição, por Abraham, da subdivisão de tal organização em duas subetapas.

fantasia de superioridade do poder fálico[126]. A fase genital madura representa o máximo de domínio que o homem pode atingir da natureza ambivalente de sua relação como o objeto; segundo Freud, no nível genital, o sadismo está a serviço do domínio do objeto sexual, visando à procriação, mas "[...] apenas até o ponto necessário para a execução do ato sexual" (FREUD, 1920, p. 2535)[127]. Ora, essa história evolutiva da ambivalência se dá em paralelo a uma elaboração progressiva da tendência narcísica, que evolui, dentro do possível, em direção a uma relação objetal que pode tomar em conta a alteridade. Compreende-se, assim, como, em um processo regressivo, uma explosão do ódio é acompanhada por uma exacerbação da dimensão narcísica da escolha objetal – fenômeno observável na neurose obsessiva e, de maneira mais crua, no calibanismo por nós estudado.

O colecionador é, antes de tudo, um apaixonado. A intensidade de sua paixão parece aumentar e tornar-se mais feroz e incondicional conforme o processo regressivo avança, rompendo os diques e desfazendo o trabalho de elaboração da ambivalência e do narcisismo. Retornamos, pois, à temática, já introduzida em

---

126 Freud (1920) também descreveu brevemente, em "Além do princípio do prazer", uma história evolutiva das transformações da ambivalência ao longo das sucessivas etapas do desenvolvimento libidinal; a mesma proposta já havia sido esboçada no final de *Pulsões e seus destinos* (Freud, 1915a). Mas, ao contrário de Abraham e de seu trabalho anterior, Freud parte, no artigo de 1920, da hipótese da pulsão de morte e, portanto, abandona sua teoria anterior da gênese do ódio na ofensa narcísica provocada pelo objeto e a substitui pela proposição da derivação direta do ódio da dimensão destrutiva da pulsão de morte, independente da libido. Segundo essa nova formulação, é o caminho percorrido pela libido que abre a trilha em direção ao objeto que será seguida pelo sadismo, dirigido inicialmente ao Eu na sua forma original autodestrutiva do masoquismo primário.

127 Para certa linha de pesquisa da psicanálise francesa, é apenas a interdição da função paterna que poderá produzir uma estabilização da dimensão narcísica e ambivalente da relação de objeto, e, mais especificamente, um trabalho sobre o ódio característico da neurose obsessiva (MENEZES, 2001). Ver, também, Gurfinkel (2005).

capítulo anterior, da paixão e da natureza do amor. Há um fundo narcisista no apaixonamento que indica uma desconsideração mais ou menos disfarçada do objeto, mascarada pela devoção. À maneira das formações reativas sádico-anais, vê-se aqui uma "pureza" de propósitos, o exagero no zelo, na bondade e na generosidade, e uma exaltação das qualidades do objeto; o que indica, precisamente, esse "amor" tão grande? *A paixão como formação reativa do ódio narcísico ao objeto pode ser, pois, investigada através da dimensão sádico-anal do calibanismo.*

Adicção e degradação do caráter: o "efeito cascata"

O "caso" de Frederick levanta ainda uma indagação de grande relevância clínica: quando e até onde esta fixação sádico-anal – tendo havido ou não uma regressão do genital para o anal –, não suficientemente acompanhada de *recalcamento*, redunda na cristalização de formações de caráter ou na instalação de uma perversão manifesta – ou, ainda, de uma espécie de "perversão do caráter"? Quais seriam os fatores determinantes para essa diferença de destinos? A extensão da regressão e a insuficiência de uma instância ordenadora (censura psíquica, supereu ou função paterna) poderiam ser alguns deles? Essas indagações vêm somar-se a um questionamento levantado por alguns psicanalistas sobre a fronteira incerta entre obsessividade e impulsividade, e que toca de perto o problema das adicções.

O romance de Fowles sugere uma escalada que bem poderia ser denominada "deterioração do caráter". Se, de início, Fredereick parece inofensivo – apenas um sujeito retraído e cheio de complexos de inferioridade, mas resignado à sua condição –, a evolução dos fatos conduz a um progressivo pôr em ação dos desejos vingativos e sádicos, passando da posse do objeto à sua destruição. Estaria ele movido pelas "circunstâncias acidentais" – o dinheiro? "A ocasião faz o ladrão"? Ou haveria algo de estrutural – uma tendência para a psicopatia latente – prestes a emergir, em algum momento ou outro? Afinal, como se produz um Josef Fritzel? O destino final da história de Frederick parece indicar a gênese da carreira de um *serial killer* que, a partir de então, tem seu caminho aberto para a loucura psicopática. A personalidade daí resultante costuma ser denominada de "distúrbio do caráter", ou seja, o "bom" caráter esperado para uma vida em sociedade – respeito mínimo pelos outros, adesão à lei, confiabilidade – se perverte e se torna um "mau" caráter.

A associação entre as adicções e uma deterioração do caráter – semelhante àquela do calibanismo – é bastante característica. Nas toxicomanias, por exemplo, observa-se em diversos casos uma progressão em direção a comportamentos antissociais, sendo o furto para comprar a droga o mais evidente. Mas esse furto tem formas mais sutis, tais como enganar os familiares, mentir para o chefe ou "manipular" os outros a fim de conseguir seus objetivos. A aproximação com a delinquência e a tendência ao tráfico é muito variável de caso para caso, mas deve ser tomada em conta como um destino possível. Os jogadores compulsivos também se tornam capazes, quando dominados pela febre compulsiva do jogo, de diversos atos antissociais. Trapaças, mentiras e "roubos" de pessoas próximas (especialmente familiares) a fim de dar prosseguimento ao jogo são frequentes[128]. Segundo uma frase anedótica e bem expressiva desses tipos de atuação, um viciado desesperado é capaz de vender a sua própria mãe... E, inversamente, em um caso por mim observado, uma mãe viciada em jogos de computador e em uso da internet passava as noites diante do computador, dormia no outro dia até tarde e, ao acordar, encontrava-se com um humor terrível e era incapaz de atender às necessidades dos filhos; ora, este é um ciclo bastante conhecido dos casos de toxicomania.

---

[128] No filme *Um beijo roubado*, dirigido por Wong Kar-Wai, uma personagem que é uma jogadora inveterada diz à personagem que lhe empresta dinheiro para seguir nas apostas: "Nunca confie em um jogador!"

As atuações durante o estado de embriaguez são bastante conhecidas. Os alcoolistas se tornam muitas vezes incapazes de responder às demandas paterno-maternas em casa; eles se convertem em beberrões–"bebezões": descuidados para com os outros, agressivos e até capazes de pôr em ato transgressões incestuosas. Muitas pessoas, quando muito avançados na espiral do ciclo adictivo, têm seu caráter bastante alterado, entregando-se a situações de promiscuidade, humilhação ou prostituição. Observa-se também um descuido de si mesmas (cuidados do corpo, amor-próprio, orgulho, vergonha etc.), um desprezo pelo trabalho e pelo contrato social. Alguns toxicômanos graves por vezes se mudam para a favela por algum tempo, encontrando lá "novos amigos" e uma espécie de identidade *underground*[129].

Já vimos como todas essas manifestações dos fenômenos adictivos foram, durante os primeiros anos da teoria da sexualidade, compreendidas sob a ótica da perversão. A deterioração do caráter estaria relacionada a uma desarticulação da organização genital da libido, considerando-se aqui a propriedade dessa última de reunir, subordinar e "domar" todos os componentes primitivos do sexual. Seguindo essa linha de raciocínio, mas indo um pouco mais além, Abraham desenvolveu uma ferramenta conceitual complementar de grande utilidade. Ora, seguindo seus últimos trabalhos, podemos compreender a deterioração do caráter observada como resultado de um *retorno regressivo do anal retentivo para o anal expulsivo*.

Para Abraham, essa passagem regressiva é da maior significação, já que a um só tempo indica um retorno ao narcisismo e marca a diferenciação entre neurose e psicose. A evolução de uma fase anal expulsiva para uma fase retentiva implica a possibilidade da preservação do objeto, ou seja, implica a capacidade psíquica de poupar o objeto da "solução final" do ódio e do sa-

---

[129] Não é difícil de entender como essa "deterioração do caráter" coloca desafios muito grandes para a tarefa terapêutica.

dismo – a sua pura e simples eliminação. Reter é, pois, também, *preservar*; guardar algo dentro de si mesmo é atenuar o *modus operandi* primitivo do Eu-prazer, que expulsa tudo que é fonte de desprazer para o mundo externo dos objetos, e constitui, assim, uma situação paranoide crônica. Pois, se o ódio nasce com o objeto, a primeira reação de defesa do Eu é expulsar o odiado e odiento e identificá-lo ao objeto e ao mundo exterior – esta é, exatamente, a reação narcisista primitiva à ameaça da alteridade. É claro que os desafios da ambivalência e da tensão com a alteridade não são resolvidos com a instalação da tendência anal-retentiva, e que um longo trajeto ainda será percorrido até uma estabilidade relativa ser atingida no nível genital adulto; mas, certamente, um passo significativo aí se dá.

Como um prolongamento natural do raciocínio freudiano que aproximou narcisismo e psicose, Abraham propôs que a passagem para o anal retentivo é uma espécie de passaporte para o campo das psiconeuroses – as ditas neuroses de transferência, em contraste com as neuroses narcísicas. Ele ressaltou como a distinção entre neurose e psicose é, para a psicanálise, muito menos rígida do que para a psiquiatria, já que

> [...] a libido de qualquer indivíduo pode regredir além dessa linha divisória existente entre as duas etapas sádico– anais, desde que haja uma causa excitante propícia à doença e certos pontos de fixação em seu desenvolvimento libidinal que facilitem uma regressão dessa natureza. (ABRAHAM, 1924b, p. 95)

O conceito de *regressão* possibilitou, portanto, uma psicopatologia bem mais dinâmica, e que vai além do plano descritivo – assim, por exemplo, o autotormento do melancólico, a megalomania do paranoico e a alienação do esquizofrênico são compreendidos como facetas do narcisismo. Ora, a retorno regressivo do anal retentivo para o anal expulsivo guarda uma particularidade muito marcante, uma vez que aí se dá "[...] uma modificação decisiva na atitude do indivíduo para com o mundo exterior" (ABRAHAM, 1924b, p. 94); a partir desse ponto, é como se sobreviesse uma espécie de "efeito cascata", segundo o qual uma precipitação em direção ao mais primitivo fosse deveras facilitada:

> [...] é como se, uma vez cruzada a linha divisória entre as duas etapas sádico-anais, numa direção regressiva, os resultados se tornem particularmente desfavoráveis. Desde que a libido tenha abandonado suas relações de objeto, ela parece deslizar rapidamente para baixo, de um nível para o nível seguinte. (ABRAHAM, 1924b, p. 95)[130]

O nível anal-retentivo significa, pois, uma espécie de salvaguarda e de fortaleza protetora dos domínios conquistados pela psiconeurose.

Quais são os possíveis destinos que a regressão libidinal percorre a partir do momento em que rompe essa barreira, destruindo os diques da preservação da relação com o objeto? A questão leva-nos, naturalmente, para a organização da libido mais primitiva, ou seja, para os domínios da oralidade, terreno tão fundamental para a clínica das adicções.

---

[130] Não me proponho aqui a discutir as críticas feitas ao modelo de Abraham a respeito de sua excessiva linearidade, em parte justificadas. O meu objetivo é recapitular sua proposta para dela retirar o que nos pode ser útil para esclarecer certos aspectos do fenômeno adictivo.

9
A comilança: uma paixão oral

Adicções e oralidade

A correlação entre oralidade e adicções é, sem sombra de dúvida, uma das mais clássicas e bem-estabelecidas, além do que quase que óbvia. Freud (1905, p. 1200) já havia proposto, em *Três ensaios sobre a sexualidade*, que, se uma importância erógena da zona labial permanece mais acentuada na vida adulta, ela pode conduzir a beijos perversos, ao consumo de bebidas e ao excesso no fumar. Desde então, essa linha de pesquisa só fez florescer, como se verificará nas próximas páginas. Abraham contribui muito para tal destino, seja devido a sua coautoria com Freud na proposição da organização oral da libido, seja por ter considerado as adicções, desde o início, como exemplares de uma exacerbação da oralidade.

A primeira forma de adicção descrita por Abraham (1916) no artigo sobre a organização oral da libido foi, curiosamente, a compulsão alimentar, que comentaremos adiante. Mas nesse artigo também é descrito o interessante caso de um paciente viciado em remédios para dormir, o qual já havia sido mencionado a Freud em uma carta de 21.08.1908. O artigo de Abraham sobre o alcoolismo e a sexualidade acabara de ser publicado, e ele escreveu:

> [...] neste ínterim, eu aprendi muitas coisas interessantes sobre a base sexual do uso de pílulas para dormir na psicanálise de um colega. No caso deste paciente, o narcótico serve como um substituto da masturbação, a que ele renunciou com dificuldade; a analogia serve bem nos menores detalhes. A interrupção no uso das pílulas para dormir encontrou grandes resistências. Hoje ele proporcionou confirmação precisa de meu ponto de vista: depois de duas noites sem drogas para dormir, ele repentinamente sentiu um retorno da ânsia de sugar! (FALZEDER, 2002, p. 57)

Esse caso e esse incidente vieram a ser descritos no artigo de 1916, em seção do texto dedicada a demonstrar a preponderância do erotismo oral em certos neuróticos adultos. Como Abraham afirmou com bastante argúcia, os "chupadores de polegar" devem ser distinguidos dos adictos em comida, já que puderam avançar mais no percurso do desenvolvimento libidinal, devido ao fato de sua fonte principal de prazer ter atingido uma independência em relação à função alimentar. Podemos considerar que a sexualidade pôde descolar-se aqui de seu apoio no autoconservativo, evidenciando um maior grau de capacidade de simbolização.

O paciente procurara análise devido a uma insônia persistente. Durante sua infância, fora viciado em chupar o polegar, e depois, a ponta do travesseiro e as roupas de cama, e roía compulsivamente a madeira da cama[131]. Durante a puberdade, só conseguia adormecer lançando mão de algum tipo de estímulo oral ou da masturbação. Quando tentava evitar a masturbação, não conse-

---

131 É bastante instrutivo retomarmos essa descrição clínica de Abraham à luz da teoria dos objetos transicionais, considerando-se as adicções uma patologia na área da transicionalidade; sobre essa abordagem, ver "Sujeito quase" (in D. GURFINKEL, 2001).

guia dormir; passou então a depender de remédios para adormecer, e estabeleceu-se uma luta contra esse vício, alternando-se com a luta contra a masturbação.

> Quando o paciente começou o tratamento comigo e já estava se sentindo ligeiramente melhor, absteve-se do uso de remédios para dormir por duas noites sucessivas. No dia seguinte à segunda noite, veio até mim num evidente estado de aborrecimento e quando se deitou da maneira habitual para o tratamento e me falou sobre a noite anterior, observei que colocara seu polegar direito na boca e, em vez de continuar falando, chupava esse dedo. Dificilmente sua resistência poderia ter-se expressado mais claramente. Essa resistência, originalmente dirigida contra seus pais e professores e, agora, contra o médico, através da transferência, era o mesmo que dizer: "se morder os lençóis, a masturbação e todos os outros meios de dormir me são proibidos pelo senhor, voltar-me-ei então de novo para minha gratificação mais antiga. Assim verá que nada pode fazer comigo". O fato de que estivesse chupando o polegar sob os próprios olhos de seu médico era um evidente sinal de desafio. (ABRAHAM, 1916, p. 69)

Aqui se vê claramente uma conjunção entre oralidade e adicção e, ainda, uma interessante observação sobre a relação desta com a resistência e a transferência. Se lembrarmos que a análise é a cura pela fala, devemos notar que o falar comporta necessariamente o endereçamento a um outro e, portanto, implica algum tipo de investimento objetal. O autoerotismo oral interrompe a fala no sentido estrito e no sentido mais amplo, já que substitui o circuito objetal pelo circuito autoerótico. A regra fundamental implica algum grau de renúncia do autoerotismo oral, o que de saída coloca um desafio suplementar no tratamento dos "chupadores de polegar". Do ponto de vista técnico, surge uma questão nevrálgica: até onde se pode manter um ideal de abstinência no tratamento? Como manejar, na transferência, o desafio inerente que uma paixão oral comporta? E, do ponto de vista da ética da psicanálise, também nos perguntamos: até onde esse ideal pode ser confundido com um conluio moral do analista com as figuras sociais restritoras – pais, professores, etc.?

É digno de atenção um comentário de Abraham a respeito da anterioridade de suas observações clínicas em relação à formalização do conceito de organização oral da libido. Segundo ele, as contribuições do artigo de 1916 "[...] se apoiam em extensas observações que foram realizadas antes de serem postos em evidência os pontos de vista teóricos relativos aos estágios libidinais. Uma teoria preestabelecida da organização pré-genital não poderia, portanto, ter influenciado a escolha deste material" (p. 51). E ainda:

> [...] gostaria de apresentar algum material psicopatológico que ficou até aqui quase desconhecido ou, pelo menos, *inteiramente desprezado*, e que irá demonstrar que a vida instintiva da criança persiste em alguns adultos de uma maneira positiva e inequívoca e que a libido de tais pessoas apresenta um quadro que parece corresponder, em todos os pormenores, à fase oral ou canibalesca estabelecida por Freud. (p. 55)

Se lembrarmos que a organização oral da libido havia sido "oficialmente" estabelecida por Freud em acréscimo aos *Três Ensaios...*, de 1915, quando dedicou dois breves parágrafos ao assunto, e cotejarmos isso com as observações acima, compreendemos que Abraham já tinha "acumulado e guardado"[132] um vasto material sobre o assunto, o qual publicou logo depois, indicando que, de fato, a proposição da organização oral da libido foi uma espécie de coautoria entre Freud e Abraham. E, desde esse mo-

---

[132] Não devemos ser aqui, também, ingênuos: é claro que nenhum material "fala" inteiramente por si mesmo; deve-se considerar também que ele expressa algo que o observador está predisposto, inclinado ou capacitado para ver. Assim, Abraham não havia inicialmente percebido, conforme depreendemos de seu artigo de 1911, a dimensão pré-genital na clínica da melancolia também porque não havia ainda uma teoria do pré-genital, conforme ele mesmo escreveu a Freud: "Na época das análises dos casos em 1911, eu não tinha ainda conhecimento da importância do erotismo anal na neurose obsessiva, e posso ter possivelmente não o percebido na melancolia" (carta de Abraham a Freud, de 31 de março de 1915, in FALZEDER, 2002, p. 304).

mento inaugural, as adicções estiveram presentes na mente de Abraham como relevantes para a clínica da oralidade[133].

A ideia de *um campo clínico das adicções* que transcende o caso específico da toxicomania – espectro psicopatológico ligado à problemática oral e que engloba diferentes tipos de vícios a diferentes objetos – estava bastante claro para Abraham. No artigo de 1916, ele considerou o morfinismo e o alcoolismo como compreendendo uma dinâmica similar à da compulsão alimentar, todos eles fenômenos nos quais o objeto da adicção proporciona a satisfação substituta da atividade libidinal. Mas se muitos indivíduos pagam um tributo permanente à zona oral através de comportamentos cotidianos tais como colocar o dedo na boca, morder uma caneta ou fumar enquanto trabalham, por que alguns se tornam adictos? Ora, essa questão crucial foi logo levantada por Abraham: como diferenciar um "hábito oral" de uma compulsão patológica? Ele propõe, nesse artigo, um primeiro critério, de ordem mais "prática" e menos metapsicológica: é a reação patológica do usuário à privação do objeto – sua intolerância à abstinência – que caracteriza e distingue um adicto.

Anos depois, Abraham (1924a) dedicou um artigo ao estudo específico do caráter oral, trabalho que, se bem não aborde as adicções de modo explícito, oferece as bases para a conceitualização do que poderíamos denominar um "funcionamento adictivo". Uma travessia bem-sucedida pela etapa oral constitui o primeiro passo – e talvez o mais importante – em direção a uma atitude saudável nas relações sociais e sexuais do indivíduo, já que aí se forma a base sobre a qual se assenta o prazer de tomar e receber algo. Ora, qualquer perturbação nesta experiência inicial de receber tem consequências para todo o desenvolvimento libidinal ulterior, levando, particularmente, a um sadismo acen-

---

[133] Como já ressaltado anteriormente, o interesse de Abraham pelas adicções é ainda mais antigo, e anterior ao seu contato com a psicanálise de Freud; dois dos poucos trabalhos por ele publicados enquanto psiquiatra pré-analítico abordavam os efeitos do uso de drogas (ABRAHAM, 1902, 1904).

tuado; para Abraham, a natureza principal dessas perturbações tem duas fontes: ou uma carência ou um excesso de prazer oral.

> Desde que sua necessidade de prazer não foi suficientemente satisfeita ou se tornou insistente demais, a criança se aferra com particular intensidade às possibilidades de prazer a serem obtidas no próximo estágio. Fazendo isto, ela se encontra em constante perigo de um novo desapontamento, ao qual reagirá mais prontamente que a criança normal com uma regressão ao estágio anterior. Noutras palavras: na criança que foi desapontada ou excessivamente gratificada no período de sucção, o prazer em morder, que é também a forma mais primitiva de sadismo, receberá uma ênfase especial. (p. 165)[134]

A consequência disso para o caráter é uma ambivalência particularmente pronunciada, expressa na relação com os outros sob a forma de hostilidade, antipatia e inveja[135].

Um dos traços mais distintivos derivados de uma privação acentuada do erotismo oral é uma "exigência agressiva" de gratificação dirigida ao objeto; tais pessoas estão sempre solicitando algo, comportam-se com impaciência e crueldade em relação a qualquer situação de não atendimento imediato, e não suportam ficar sozinhas. No limite, "[..] se aferram como sanguessugas às outras pessoas" (p. 198), e agem como vampiros. Essas características de personalidade são, como o sabemos, frequentemente encontradas em indivíduos adictos. Outras variações desse tipo caracterológico são uma necessidade compulsiva de dar através da boca, uma premência obstinada em falar e uma relação baseada na descarga oral; em todos os casos, trata-se de "[...] comunicar-se oralmente com as outras pessoas" (p. 168), constituindo

---

134 Aqui se vê a relevância clínica, para Abraham, em se distinguir duas subetapas orais: a de sucção, mais primitiva e pré-ambivalente, e a de morder, posterior, protótipo de todo o sadismo ulterior.

135 Eis mais um ponto em que encontramos na obra de Abraham aspectos que serão posteriormente desenvolvidos por M. Klein, particularmente em *Inveja e gratidão*; mas, neste caso, se trata de um aspecto que será desenvolvido na obra de maturidade da autora.

o que poderíamos denominar "uma relação de objeto oral". Ao lado dos traços de caráter, Abraham mencionou, no final de seu artigo, algumas manifestações derivadas dos impulsos orais que "[...] escaparam a toda modificação social" (p. 171), em particular o apetite mórbido e intenso por comida e uma inclinação a diversas perversões orais; ora, *as adicções poderiam ser compreendidas, no sentido lato, como formas de "perversão oral"*.

Há ainda outro aspecto da formação do caráter que ora nos interesse: aquele que vincula certas dimensões da oralidade e da analidade. Assim, a sofreguidão oral pelo objeto é muitas vezes abandonada e, em seguida, substituída por um traço de caráter anal clássico: a parcimônia ou avareza. Dessa forma se almeja, por via anal, obter a "posse" do objeto cuja insatisfação deixou uma marca tão profunda. Essa observação nos coloca uma importante indagação: a paixão anal do colecionador e sua deterioração em direção ao calibanismo não seriam fruto de uma fixação ainda mais primitiva, relativa ao universo oral, confirmando a proposição de Abraham de que certos traços de caráter anal "[...] são construídos sobre as ruínas de um erotismo oral cujo desenvolvimento fracassou" (p. 166)? Talvez a "paixão oral" e a "paixão anal" apresentem uma imbricação bem mais complexa do poderia parecer.

A comilança

Assim como o colecionador nos serviu de protótipo para compreender a paixão anal, a figura do "devorador" pode ser tomada como exemplar de uma *paixão oral*. Encontramos no filme *A comilança*, de Marco Ferreri, um material bastante expressivo para esta discussão.

Em *A comilança*, quatro amigos se encontram para realizar um estranho projeto. Os personagens são interpretados por quatro grandes atores italianos e franceses – Marcello Mastroianni, Michel Piccoli, Philippe Noiret e Ugo Tognazzi – , e seus nomes são, na cena da ficção, os mesmos dos respectivos atores. Esse golpe estético de Ferreri produz um efeito de estranhamento pela confusão entre ficção e realidade, assim como um sentimento de intimidade, empatia e fácil identificação para com os personagens na tela.

Marcello, Michel, Philippe e Ugo se despedem de seus respectivos familiares e compromissos de trabalho para dar início a um misterioso final de semana, e dirigem-se para uma casa grande, antiga e semiabandonada nos arredores de Paris. Segundo um pacto que vamos compreendendo ao longo do filme – e que é mantido em segredo de outras pessoas – os quatro amigos comprometem-se a não sair da casa e concentrar-se em uma única tarefa principal: comer, comer e comer. Os motivos de tal pacto não são explicitados de início; em contrapartida, acompanhamos uma série de episódios que compõem o quadro de um mergulho progressivo em um projeto de caráter radical. Finalmente, em certo momento do filme, o objetivo que os reúne é formulado como sendo o de *comer até morrer*.

"To be or not to be" – assim brinca Michel, segurando para o alto a cabeça de um boi, ao chegar um enorme carregamento de carne no caminhão do frigorífico. E Marcello dá a largada: "Começou a festa". Ugo, que é chefe de cozinha de seu próprio restaurante, é quem coordena o preparo dos alimentos com primor. Durante a primeira refeição, os amigos assistem à projeção de fotos de mulheres nuas e fazem uma competição: quem come mais ostras no menor espaço de tempo? Vemos sobre a mesa uma bandeja repleta de conchas vazias, e o sentido simbólico das ostras como o genital feminino surge na conversa entre os amigos. Sobrevém, então, o primeiro lance macabro: a foto de uma mulher morta nua projetada na tela.

Philippe é um juiz de direito bem-sucedido, mas extremamente infantil em sua vida pessoal. Tendo ficado órfão de mãe muito cedo, vive até hoje com sua babá de enormes seios, com quem mantém um misto de relação maternal e sensual. Torna-se flagrante a dissociação entre um pseudoadulto e um sujeito totalmente infantilizado e regredido. A babá diz, quando ele se despede: "[...] não vá procurar outras mulheres; eu posso te dar tudo!" Ao acordar, pela manhã – e Philippe custa muito a levantar-se –, ele abre a boca, ainda com os olhos semifechados, e a babá lhe põe pedaços de laranja na boca; e, quando se encontra no casarão com seus amigos e não tem a babá para o alimentar ao acordar, choraminga.

No primeiro dia, surge uma mulher que se juntará ao quarteto – Andréa –, uma professora da escola ao lado do casarão. Philippe tem com Andréa sua primeira experiência sexual e, logo em seguida, decide se casar com ela. Deve-se observar, no entanto, que esse encontro aparentemente genital se dá sob o signo da oralidade: Philippe, muito tímido e enamorado, descobre que um botão de sua calça arrebentou; a mulher se propõe a costurá-lo, e logo começa a chupar seu pênis. Andréa é fascinada por comida e fica totalmente siderada diante dos pratos que lhe são oferecidos: adere inteiramente ao pacto do quarteto e aos banquetes sem fim, vindo a cumprir um papel de crescente importância no drama subsequente. Ela "servirá" sexualmente a todos os membros do grupo, o que não demoverá Philippe de seu projeto matrimonial; será incorporada, portanto, como mais um prato, ao cardápio compartilhado pelos amigos. Na primeira vez em que é cortejada por Marcello, Andréa dá de comer na boca de Philippe para acalmá-lo e para que ele adormeça. Adiante, ao ver novamente os dois juntos, Philippe dirá aos outros: "Eu não ligo; casarei mesmo assim; ela faz por bondade, e não por vício". Em seguida, convida: "Vamos comer!". E, em outra ocasião ainda, Michel tenta consolá-lo: "Seja compreensivo, ele [Marcello] é um garanhão", e Andréa ri abertamente, se divertindo. O seu ciúme e ressentimento só aparecem de modo indireto quando, em seguida, Phillippe fica muito rabugento e briga com Ugo devido ao fato de o peru não estar recheado – ele está "seco e sem graça". "Mas a vida não tem graça", refuta Ugo.

O comportamento de Philippe nos lembra, em alguns aspectos, o de um paciente descrito por Abraham:

> De acordo com as próprias declarações do paciente, não conseguira, em rapaz, desabituar-se de gostar de leite. Na escola, nunca conseguia obter leite bastante para tomar. Esta tendência ainda existia, mas se havia alterado em certos aspectos. Até a idade de quinze anos, ele não tomava leite simplesmente de uma xícara ou de um copo, mas tinha um método particular de sugá-lo. Costumava curvar a língua para cima e apertá-la por trás dos dentes superiores sobre o palato, sugando então o leite. Este não podia estar quente ou frio, mas sim à temperatura do corpo. Assim procedendo, obtinha uma sensação particularmente agradável. Acrescentou espontaneamente: "é como chupar no seio". "Chupo minha própria língua como se ela fosse o mamilo". Aos quinze anos, havia abandonado este tipo de sugar e, ao mesmo tempo, começara a tomar refrigerantes. Não obstante, seu desejo por leite não havia sido vencido e, na verdade, seu sentido sexual havia aparecido muito distintamente nos anos seguintes, através de frequentes ocorrências que o paciente relatava como se fossem algo inteiramente normal. Costumava acordar-se à noite com violentos desejos sexuais e então bebia leite que já havia deixado pronto no quarto de dormir. Costumava frequentemente levantar-se à noite e ir até a cozinha em busca de leite. Se, em alguma ocasião, não conseguia encontrar leite, costumava pôr fim à sua excitação sexual masturbando-se; doutro modo, porém, costumava satisfazer-se tomando leite. Ele próprio achava que o anseio por leite era seu instinto mais profundo e primitivo. A masturbação genital, por mais fortemente que o dominasse, parecia-lhe ser uma coisa secundária. (ABRAHAM, 1916, p. 57-58)

Aqui, o infantilismo oral aparece na sua forma mais bruta. Trata-se, segundo Abraham, de um caso de "esquizofrenia simples". Na história desse paciente, houvera diversas ocorrências difíceis durante a amamentação – que se prolongou demasiadamente, e durante a qual houve uma mudança excessiva de amas de leite –, o que levou a uma fixação oral muito intensa. Tendo sido uma criança bastante inteligente, ele logo manifestara intensa tendência narcísica e um interesse exacerbado pelas sensações genitais e anais. Era viciado em masturbações anal e genital e, ainda na adolescência, tinha prazer em brincar com as fezes e comer seu próprio sêmen. Costumava ter, à noite, o que ele mesmo denominava "poluções bucais", ou seja: acordava de um sonho excitante e descobria que a saliva pingava de sua boca. A confusão entre oralidade e genitalidade é também encontrada no personagem Philippe; no filme, observamos uma crescente onipresença do prazer oral como a pulsão dominante, a "mais profunda e primitiva".

Michel, por sua vez, é um bem-sucedido homem da mídia e do mundo das artes, e trabalha na televisão. Ele toca no piano sempre a mesma melodia sensual, que é a música-tema do filme. Vamos tomando contato com sua forte identificação feminina; além de exercitar-se como bailarino e dormir em um quarto cor-de-rosa cheio de bonecas e brinquedos, surgirá mais adiante a fantasia de que, ao comer de modo compulsivo, ele gera bebês dentro de si. Ele sofre de gases e tem muitas dores; Marcello é chamado para cuidar dele, faz-lhe massagens como uma mãe em um bebê. Michel lhe diz: "Não seja malvado, vá devagar; quando pequeno, minha mãe me dava castigos horríveis", e Marcello responde: "Não faça drama; abra as pernas". E, em uma cena adiante, Marcello irá perguntar-lhe: "Como vai seu bebê?" Essa cena – que parece um parto simbólico – se dá em um quarto em que estão todos reunidos; todos comem na mesma travessa um enorme purê, e forçam Michel para que coma também: "Coma, senão você não vai morrer".

Marcello é o garanhão – um piloto de avião elegante, charmoso e conquistador. Ele logo descobre um carro antigo na garagem do casarão, e seu *hobby* passa a ser tentar consertá-lo. Mas, após a primeira noite, ele fica inquieto, e reclama a Michel que não pôde dormir: "Para dormir preciso transar; o nosso pacto é não sairmos daqui, o que não significa que não podemos transar". Resolve então chamar três prostitutas para o próximo banquete, as quais virão para se juntar ao quarteto e a Andréa.

A festa fica mais animada. Ao chegarem as convidadas, alguém diz: "Mulher que gosta de comer gosta de outra coisa também"; assim quando, durante o jantar, uma das mulheres se mostra condoída com a enorme quantidade de codornas assadas, ela é advertida: "Você veio ao lugar errado". As prostitutas divertem-se e entregam-se de bom grado à orgia sexual; elas transam com Marcello em vários momentos e lugares – no quarto, utilizando a calcinha como um tapa-olho de pirata, na garagem, usando o coletor do carro com uma espécie de pênis artificial, no vestíbulo, sob o olhar dos outros –, e ele se mostra muito viril e bonachão. No jantar, uma delas chega a se jogar nua sobre um enorme bolo para moldá-lo com seu corpo, mas elas mostram-se progressivamente desadaptadas ao pacto sinistro que ali impera. Na manhã seguinte, a primeira a ir embora diz a Marcello que vomitou a noite inteira: "Entregue o dinheiro para as minhas amigas". Em outra cena, as duas outras se beijam e dizem: "Os homens são chatos, só pensam em comer"; e, adiante, uma diz aos prantos: "Vocês são grotescos e nojentos, comem sem fome". As mulheres estão agora no banheiro. Uma vomita e diz: "São loucos!" "Vamos embora; são quatro imbecis". Elas estão transtornadas; Andréa, ao contrário, mostra-se voluptuosa e procura acalmá-las. Ao ser convidada a ir embora, recusa-se e encerra a conversa com um grito: "Estou com fome!" Ao chegar à sala, é presenteada com uma travessa de massa com seu nome escrito com o molho.

À medida que acompanhamos Marcello pôr em cena a sua sexualidade adictiva, vemos também sua progressiva conversão aos domínios da oralidade. Após Andréa anunciar sua "fome" e Philippe dar claros sinais de mal-estar físico – deixa cair seu prato no chão devido à fadiga, tem problemas com a mandíbula devido à diabete –, Marcello anuncia em tom triunfante: "*Torteloni* com *champignon*"! As transformações dos personagens são visíveis: a face torna-se avermelhada e as feições desfiguradas; Michel sente arrepios; Andréa anda seminua e todos dormem na mesma cama. Andréa ataca sexualmente Michel diante dos outros, e ele contorce-se pela cólica dos gases que expele durante a relação sexual – entre gritos e choro, dor e prazer estão totalmente sobrepostos. Marcelo, na garagem, come, come e come, e irado grita: "Merda, merda, merda!", jogando o prato no chão.

Na cena que dá início à crise final de Marcello, ele está na cama com Andréa, mas fica impotente. Ele diz "Pare de comer" enquanto tenta penetrá-la, mas, em seguida, acrescenta: "Quero te comer!. Preciso conseguir, merda, fiz todas as noites da minha vida!" Ao perceber que não consegue, tem uma grande explosão de ódio e diz que vai embora: "Não se morre comendo; vocês são três castrados". O tema da castração já havia aparecido na cena em que Philippe afiava o facão para degolar o peru, e Andréa indagara: "Você já mandou alguém para guilhotina?", indicando uma aproximação entre castração e morte – e na queda do botão da calça. Ao sair revoltado do quarto, Marcello vai ao banheiro. Uma cena de horror surrealista irrompe: a privada estoura e, como num jorro de campo de petróleo, a merda jorra e inunda tudo. Ele vai à loucura e grita: "Horroroso! Não me deixem só!"; Ugo ri e ironiza: "A explosão!". A explosão dos corpos possuídos pela comilança é prenunciada pelo estouro do sistema de esgoto, os intestinos da casa. Ugo sentenciará, adiante, o destino premeditado: "O cheiro de merda não nos deixará jamais!" Da castração para a merda, e da merda para a morte.

Marcello tenta romper o pacto e sair, como as prostitutas horrorizadas, mas seu intento falha: ele acaba sendo o primeiro a encontrar a morte. Ele sai à noite com o carro, que conseguiu fazer funcionar; a interpretação de seu ato pelos outros é: "Ele sentiu medo de morrer". Mas, no dia seguinte, ele é encontrado congelado na neve, sentado no banco do motorista. A "máquina" do piloto – o orgulho da potência masculina – não conseguira cruzar os portões do casarão. O cadáver, elegante em seu uniforme de piloto, é colocado dentro da grande geladeira da cozinha, que tem uma janela que permite que os amigos o vejam lá dentro. Agora, com a grande quantidade de carne já consumida, há lugar sobrando: a carne consumida na comilança transforma-se em cadáver. A tentativa de sair do círculo mortífero da compulsão alimentar por uma sexualidade genital também compulsiva – de caráter adictivo – mostra, na figura de Marcello, seus limites. E, como na identificação narcísica da melancolia, o morto é incorporado pelos sobreviventes; ao acordar, Philippe diz a Michel: "Bom-dia, Marcello!"

A primeira morte dá o tom do processo de degradação em curso, como no caso do colecionador. O próximo a morrer é Michel. Ele vai até o carro abandonado na neve, mostra-se muito abatido e desconsolado; desde o início, era evidente o seu amor por Marcello. Não come mais e tem sua última crise de cólica enquanto toca piano – ele morre com a expulsão dos gases e a calça suja devido à explosão intestinal. Destino: a geladeira.

A morte de Ugo é apoteótica. Ele faz um dos pratos mais maravilhosos, à base de patê de pato e de ganso, com uma cobertura em forma de torre que parece uma meticulosa escultura, e anuncia: "A comida é um poema", ao mesmo tempo em que lembra: "O ovo é o símbolo da morte". Mas ninguém quer comer; a morte de Ugo é precipitada quando sua própria obra é recusada. Ele fica revoltado e resolve comer tudo sozinho. O espectador assiste à cena apavorado e enfastiado. Andréa: "Vamos falar para ele parar!", e Philippe: "Ele é adulto". Então, ambos resolvem "ajudá-lo". Dão de comer a Ugo, que já está deitado sobre a mesa da cozinha, em cima da tábua de preparar as massas, e faz para Andréa seu último pedido, com o argumento: "Você me deve uma coisa". Ela o masturba enquanto Philippe lhe dá de comer, e Ugo ordena: "Não parem!". No seu estado delirante e quase morto, diz: "A torre..."; o momento do orgasmo é o mesmo da morte. A chamada *petit mort*... O morto é deixado sobre a mesa da cozinha, e Andréa diz: "Vamos dormir". No dia seguinte, novamente os efeitos da identificação melancólica, levando a uma confusão psicótica de identidades: Philippe alimenta o cão e diz: "Você é voraz, Ugo, come demais!".

Restou somente o casal. O clima de tensão ameniza um pouco, a cena se dá no jardim da casa. Tudo parece um sonho, ou um quadro surrealista. Uma morte de amor, como a de Tristão e Isolda e a de outros tantos casais míticos. Andréa traz, para seu diabético, o veneno/elixir do amor: uma bandeja com dois grandes pratos de doce com o formato de dois seios. E ainda coloca sobre ela a foto de Philippe bebê com sua babá, a qual ele havia trazido consigo para o casarão. Ele mostra sua "culpa de sobrevivente", reafirmando sua lealdade ao pacto e comprometendo-se a levá-lo até o fim: "Eles pensam que os abandonei, ficando no bem bom...". Ele come, então, sua última refeição, e é tomado por intenso frio. Enquanto Philippe morre, um novo suprimento de alimento é descarregado. Havia chegado o caminhão do frigorífico com o novo carregamento de carne. O funcionário pergunta: "Onde põe a carne?", e a resposta é: "No jardim". O açougueiro e seus ajudantes troçam e riem, e ele pergunta ainda: "Está bom assim, madame? A carne no jardim....". Os cachorros olham os pedaços de boi jogados sobre a grama cheia de neve. No jardim, sim, pois a geladeira está agora ocupada.

A comilança pode ser tomada como uma crônica sobre a paixão oral e, nesse sentido, alguns elementos do filme merecem nossa atenção.

Em primeiro lugar, nos debruçamos sobre o "estranho projeto" que move os personagens do filme. Do que se trata exatamente? Ainda que o objetivo de "comer até morrer" seja explicitado ao longo do filme, onde se encontraria a raiz mais profunda desse propósito? Qual é a natureza dessa busca?

Um dos aspectos evidenciados no filme é o progressivo afastamento da ordem genital em direção ao universo pré-genital, com especial acento na oralidade primitiva. Na primeira refeição, o concurso de ostras já demonstra uma equivalência entre objeto oral e objeto genital. Ao sorverem as ostras vendo fotos de mulheres nuas, os homens entregam-se a uma orgia de caráter adictivo na qual a quantidade toma o lugar da qualidade. O que poderia ser interpretado como uma disputa fálica – quem come mais? – ganha o feitio de uma busca do excesso pelo excesso, marcado pela indiscriminação e pela perda progressiva do sabor, indicando o caráter adictivo do projeto em questão. A figura da mulher morta parece indicar um assassinato da vida objetal e da alteridade, revelando se tratar de uma falsa genitalidade. Da mesma maneira, quando Philippe se afasta de sua babá, ele parece dirigir-se a um rompimento com a ordem oral – a comidinha na boca –, abrindo caminho para um encontro genital com Andréa; mas esse movimento logo se mostra pouco consistente: de caráter mágico e sem o trabalho de conquista, ele mimetiza a relação oral e indiscriminada original, retornando francamente à oralidade crua na cena final do doce/seio, que se revela um "doce veneno". Como sabemos, M. Klein irá descrever com minúcias as fantasias de envenenamento nas crianças pequenas, no âmbito de uma posição paranoide que perturba consideravelmente a introjeção e identificação com uma figura materna benigna.

Ora, a identificação feminina de Michel e a pseudomasculinidade de Marcello também indicam uma falência da genitalidade. O infantilismo sexual de Michel se manifesta basicamente na persistência da teoria sexual infantil que equipara o bebê e as fezes. Há uma indistinção entre "o que faz uma mãe a seu bebê" (massagem para cólica) e "o que faz um homem a uma mulher" (ou a um homem feminino); é desse complexo psíquico que nasce a fantasia de um homem gerando filhos, que se baseia na negação das diferenças anatômicas entre os sexos e que se alimenta de uma onipotência de engendramento autóctone. Marcello apresenta um conflito entre oralidade e genitalidade: ele sente falta das mulheres, mas as consome compulsiva e oralmente. Ele não consegue conservá-las quando elas começam a manifestar o horror diante daquela orgia oral, e acaba por tomar o partido do pacto com os amigos. Mais adiante, parece também despertar horrorizado com o destino que havia escolhido – a impotência genital e a merda que se espalha –; tenta seguir o caminho das mulheres e sair do circuito oral mortífero, mas não consegue, provavelmente devido à sua concepção imatura do genital e do masculino (concepção fálica sobreposta à oralidade). E, na morte de Ugo, evidencia-se de modo mais cabal a sobreposição entre gozo genital e oral – comer e "ser masturbado" por Andréa –, confirmando que se trata de uma pseudogenitalidade experimentada segundo uma lógica oral. Essas observações nos conduzem a uma hipótese de grande relevância clínica: o caráter adictivo de certas práticas sexuais genitais – parcializadas e perversas – resultam em grande parte de uma sobreposição entre genitalidade e oralidade. Uma pseudogenitalidade imatura é erguida sobre um edifício construído segundo uma lógica eminentemente oral.

Radó (1933) ressaltou a grande alteração que se observa na vida sexual do toxicômano: o "prazer farmacogênico" tende a substituir o prazer genital, tornando-se gradualmente a finalidade sexual dominante; engendra-se, assim, uma "organização sexual artificial", de caráter autoerótico. Quanto à compulsão alimentar, algo semelhante também ocorre. Como ressaltou Wulff (1932), o ato bulímico tende a se tornar uma atividade quase puramente erótica, substituindo a atividade genital – ainda que diversos pacientes alternem fases bulímicas com fases de jejum ascético, nas quais o interesse genital retorna. Daí a proposta de considerar a bulimia uma espécie de "perversão sexual". Apoiando-se em Radó, Fenichel ressaltou a singular busca de prazer do adicto, que suplanta qualquer outro interesse, sexual ou não.

> Este prazer, ou a esperança de consegui-lo, lhes torna desinteressante a sexualidade genital. Rompe-se a organização genital e inicia-se uma regressão extraordinária. Os vários pontos de fixação determinam quais serão as esferas da sexualidade infantil – complexo de Édipo, conflitos ligados à masturbação e, particularmente, impulsos pré-genitais – que hão de vir ao primeiro plano; e, por fim, a libido assume o aspecto de "energia tensional erótica amorfa", sem "características diferenciais, nem formas de organização". (FENICHEL, 1945, p. 351)

Ora, essa busca de um prazer tão singular quanto desagregador assemelha-se ao "estranho projeto" que move os personagens do filme, que conduz a uma espécie de "organização sexual artificial" na qual êxtase e morte se confundem. Deve-se ressaltar ainda que, no caso dos "adictos ao amor" tomados pela paixão e das compulsões sexuais, não se trata de uma genitalidade verdadeira. Mesmo que se observe aqui uma atividade sexual genital, tal atividade tem o sentido ou de uma gratificação oral, ou de um contato com uma figura protetora que proporciona um resseguramento narcísico. É justamente esta pseudogenitalidade que observamos no filme de Ferreri[136].

---

[136] É digno de nota o tratamento dado por Fairbairn (1954) à questão da sobreposição entre oralidade e genitalidade, em seu estudo sobre os estados histéricos; o seu trabalho merece ser retomado como um importante subsídio para essa discussão.

Bem, como o filme nos mostra com tanta clareza, outros processos estão relacionados com essa regressão do genital ao oral: a desarticulação dos laços e do contrato social, a progressiva indiferenciação e perda da identidade individual, a degradação, a violência e finalmente a morte.

A desarticulação dos laços sociais começa nas primeiras cenas do filme, quando os personagens se despedem de familiares e colegas de trabalho, desfazendo-se de compromissos e preparando os outros para sua ausência. Assim, por exemplo, Michel, que trabalha na TV, deixa um mês de programas gravados para ser veiculados na sua ausência, e convoca sua filha para uma espécie de despedida; Philippe avisa à governanta que deixou instruções administrativas no cofre do banco; e a esposa de Ugo desconfia do significado de sua viagem misteriosa, na qual levará o seu jogo de facas mais precioso. Ao longo do filme, observamos uma progressiva ruptura com os valores e hábitos, assim como com a "etiqueta" social; no casal Philippe e Andréa, o sentido de fidelidade em uma relação a dois esmaece; a desinibição na exposição do aspecto privado das funções vitais (especialmente das funções intestinais) é flagrante; a postura e as vestimentas são objeto de um progressivo desleixo. Como sabemos, esse tipo de fenômeno é bastante comum conforme avança a espiral da intoxicação dos toxicômanos. Aqui, nos perguntarmos qual é a distância que separa a conquista de um espaço de liberdade, autenticidade e espontaneidade, de uma liberação que significa ruptura e destruição dos vínculos com os outros.

Outro aspecto da paixão oral tão bem retratado pelo filme é um processo progressivo de indiferenciação. As histórias individuais dos personagens são deixadas para trás, e o quarteto estreita seus vínculos recíprocos em um processo identificatório crescente: eles passam a comer no mesmo prato, a compartilhar a mesma cama e a mesma mulher e, a partir das primeiras mortes, a viver uma franca troca de identidades. Assim, após a morte de Marcello, Philippe diz a Michel: "Bom-dia, Marcello!" A indiferenciação se estende ainda para a relação entre homens e animais – Philippe alimenta o cão e diz: "Você é voraz, Ugo, come demais!", em uma reminiscência da cena que mimetiza o monólogo de Hamlet, substituindo um crânio humano por uma cabeça de boi. A confusão atinge ainda a distância que separa o sujeito e o objeto do processo alimentar, já que a carne daquele que se alimenta se confunde com a carne que lhe serve como alimento[137]. O corpo vivo e o corpo morto também se intercambiam: o cadáver vai para a geladeira como a carne vinda do açougue, e a carne do gado é depositada no jardim. Rompe-se, assim, o sentido do sagrado construído pela civilização em relação à morte do semelhante, revelado por Freud (1913b) em seu exame do tabu dos mortos. Em contraste com a diferenciação sexual que marca o nível genital, um processo de indiferenciação progressiva é característico da regressão à dimensão oral, pois tudo tende a ser mastigado e misturado no tubo digestivo – e, com a licença da expressão grosseira, "tudo acaba em merda"[138]. As fezes representam, nesse sentido, o produto final e indiferenciado desse processo.

A violência da paixão oral guarda diferenças em relação àquela da paixão anal. Nessa última, observamos o sadismo direto dirigido ao outro: um objeto que será colecionado, possuído, dominado e controlado – e poderá ser o depositário do todo o mau, da fonte de desprazer e da escória da experiência humana, arriscando-se a ser, por fim, "sacrificado" e eliminado. Daí a asso-

---

[137] Sobre um princípio de reversibilidade inerente à lógica oral, ver o artigo de Aline C. Gurfinkel (2001): "Sexualidade feminina e oralidade: comer e ser comida".

[138] Temos no Brasil uma expressão análoga a essa, que provavelmente indica algo semelhante em seu conteúdo latente: "tudo acaba em pizza". Ou seja, após todas as tentativas de esclarecer ou "limpar" um processo obscuro e suspeito (distorcido por injustiças, corrupção e brigas de poder), nada é esclarecido e a "merda" se mostra o produto final inevitável, sendo aceita por todos como tal. Apenas que, na alma brasileira, há um sutil regozijo coletivo desse triunfo da barbárie...

ciação tão regular entre sadismo e analidade, o que levou Freud a cunhar a expressão "sádico-anal", pois, como vimos no capítulo anterior, há uma inerência entre as experiências anais, o ódio e o narcisismo. A luta contra o objeto e a ofensa que este impõe ao Eu ganham aqui sua dimensão mais emblemática. A "violência digestiva" é justamente aquela inerente à progressiva indiferenciação, em que o que é destruído é menos o outro e mais a distinção eu-outro, sendo a morte do objeto ao mesmo tempo a morte do Eu. "Comer até morrer" significa levar o projeto oral-regressivo até o fim e com tal radicalidade, que a morte do sujeito é quase seu desfecho natural. O objeto final da desarticulação regressiva é a própria subjetividade. Esta é uma das maneiras de compreender o sadismo oral e a fantasia canibalística que impera no nível oral da libido. Em que pesem as diferenças entre a paixão anal e a paixão oral, em ambas verificamos uma desarticulação do psíquico e uma degradação do humano.

Daí a indagação: mas, afinal, por que um pacto *de morte*? No filme, apenas Andréa sobrevive; tratar-se-ia de uma mulher-mãe-babá que, no final, engoliu todos os seus filhos? Nesse caso, temos a figura de uma *mãe* devoradora, e não de um pai devorador, à maneira de Cronos; a mãe-Terra, que, nos terremotos – crises de cólera –, engole suas próprias crias, reincorporando-as em suas entranhas... Como sabemos, o canibalismo tem sido ressaltado desde o início da proposição da fase oral por Freud e Abraham. *Será a destruição do objeto inerente à lógica oral?* Pois, conforme o protótipo da alimentação, assimilar o objeto é, ao mesmo tempo, eliminá-lo, triturá-lo e destruí-lo. Nesse sentido, a indiscriminação progressiva seguiria o modelo digestivo, e a destruição do objeto se reverte, em espelho, no aniquilamento de si mesmo.

Dentre diversos exemplos da literatura de ficção que tratam desta correlação entre compulsão alimentar e pacto de morte, menciono um trabalho de Luís Fernando Veríssimo (1998). Trata-se do livro O *clube dos anjos*, volume da coleção "Plenos Pecados" dedicado ao pecado da gula. Segundo a epígrafe que abre o livro, "Todo desejo é um desejo de morte". O "clube" do título refere-se a um grupo de amigos que se reúne regularmente:

> [...] no início, era apenas o prazer de comer, beber e estar juntos que nos unia [...]. Tínhamos um discernimento superior da vida e dos seus sabores, e o que nos unia mesmo era a certeza de que nossa fome representava todos os apetites que um dia nos daria o mundo. [...] Éramos tão vorazes, no começo, que qualquer coisa menos que o mundo equivaleria a um coito interrompido. Queríamos o mundo, acabamos como fracassados municipais, cada um na sua merda particular. (VERÍSSIMO, 1998, p. 15)

Também nessa narrativa, o entrecruzamento entre o comer e a sexualidade se faz presente, compondo histórias de banquetes e confusões com mulheres. A trama prossegue à maneira de uma história de mistério, na qual os membros do clube vão morrendo, sucessivamente, em cada encontro gastronômico, aparentemente envenenados pelo exímio cozinheiro, figura enigmática que alude ao pacto com o diabo, e alterego do próprio autor-narrador. Conforme provérbio conhecido, "O peixe morre pela boca", cada personagem morre justamente ao saborear seu prato favorito, não podendo sucumbir a essa tentação, apesar de todos os indícios de uma morte anunciada. Será que é justamente a perspectiva da morte que acentuava "a delícia de sabores irrecusáveis, o paladar em estado de exaltação, a benção de um destino escolhido"?

Em determinado ponto da narrativa de Veríssimo, surge a enunciação do "desafio filosófico da gastronomia" (VERÍSSIMO, 1998, p. 18), que toca de perto o problema por nós examinado: "a apreciação que exige a destruição do apreciado" (VERÍSSIMO, 1998, p. 18). Esse mesmo dilema é levantado por Winnicott, que retrata a dimensão destrutiva da oralidade através das palavras de um paciente: "como ter/manter/conservar [*to have*] o bolo sem comê-lo?" (1960, p. 89).

É claro que o pacto de morte pode ser facilmente aproximado do conceito de pulsão de morte, tão polêmico quanto enigmático; mas guardaremos essa discussão para mais adiante. Adiantaremos apenas uma indagação de fundo: a morte seria, aqui, uma finalidade última e em si mesma – como na teoria da pulsão de morte – ou a consequência de um processo regressivo de desarticulação, que gera o desmanche dos laços sociais e do processo de diferenciação próprio do desenvolvimento psíquico? Nesse caso, quais seriam os determinantes que conduzem a tal projeto regressivo?

Deve notar-se que, no filme, não se trata apenas de comer, mas, sobretudo, da busca radical de um excesso: comer por comer, comer sem fome, um comer que é um forçar algo para dentro de si de modo violento e intrusivo, até a explosão final. A intrusão violenta provoca dor e prazer concomitantes, e é ora forçada por si mesma, ora forçada pelo outro, e ora mendigada por aquele que a sofre – dinâmica típica do jogo perverso sadomasoquista. Esse intercâmbio e a reciprocidade de papéis nos lembram também a relação tão peculiar entre toxicômano e traficante. A compulsividade no comer – ainda que não compreendida necessariamente através da hipótese da pulsão de morte – indica, assim, uma forma de desarticulação e de desmanche psíquico bastante característico, deixando à mostra aspectos essenciais que falam de perto à dimensão oral das adicções. A morte deve ser compreendida tanto no plano físico quanto no psíquico; *A Comilança* retrata, sobretudo, um processo de mortificação do psíquico.

Há mais um detalhe do filme que merece ser mencionado: a busca de uma casa *isolada* para realizar o festim almejado. Essa condição nos lembra tanto a história de *O Colecionador* quanto o comportamento de certos adictos, e cumpre um papel importante no processo de regressão e degradação progressiva do subjetivo. A busca de uma casa isolada indica a ruptura de laços sociais, tanto no sentido de um pacto ou "contrato" de direitos e deveres, tanto em relação à lei ordenadora nele implicada. O segredo é uma das marcas desse tipo de pacto, e tem como função preservar o projeto de qualquer exigência que o contato com o outro e com a realidade pode implicar[139]. A instauração de um circuito fechado é própria da lógica adictiva, e cria as condições para que uma compulsão repetitiva ganhe terreno.

A clínica da compulsão alimentar

Mas comilança não é apenas assunto de ficção; muito ao contrário, trata-se de fenômeno regular na história da humanidade, e particularmente exacerbado na cena atual.

Abraham descreveu, em seu artigo pioneiro sobre a fase oral, pacientes que sofrem de uma "fome devoradora"[140]. Trata-se de uma "fome neurótica": um sentimento anormal de fome que surge independentemente de se ter o estômago vazio ou cheio, que sobrevém em intervalos irregulares e desponta como uma crise, e que surge acompanhada de grande mal-estar e ansiedade.

---

[139] A importância do pacto de segredo na fantasia de incorporação foi muito bem trabalhada por Maria Torok (1968) e Nicolas Abraham e Maria Torok (1972); ele indica a necessidade de esconder um segredo que é, segundo os autores, um "crime" perpetrado por algum objeto significativo da história infantil do sujeito.

[140] Sabemos, por uma carta enviada a Freud em 13 de fevereiro de 1916 (in FALZEDER, 2002, p. 323-324), que este sugerira a Abraham que desse mais atenção ao tema da anorexia histérica em seu artigo sobre a fase oral. Abraham respondeu que não o fez não por falta de material clínico, mas sim por um motivo pessoal: ele mesmo costumava reagir com a perda de apetite a situações desagradáveis. Ele viu em si mesmo, portanto, um ponto cego neste aspecto – assim como Freud, quanto ao vício em charutos. Abraham escreveu, na carta, que talvez fizesse algum acréscimo ao artigo antes da prova final, o que provavelmente de fato ocorreu. Destaco, aqui, dois pontos de interesse: em primeiro lugar, podemos perceber como Freud efetivamente acompanhou de perto as elaborações de Abraham sobre a fase oral, assim como este acompanhou a elaboração de *Luto e melancolia*: "Eu estou, naturalmente, muito feliz que o meu artigo encontrou sua aprovação", escreveu Abraham (in FALZEDER, 2002, p. 323). E, em segundo lugar, ficamos sabendo que Abraham tinha muito mais desenvoltura e propensão para o estudo da compulsão alimentar do que de seu negativo, a anorexia.

> Uma paciente minha costumava sofrer de graves crises de fome devoradora assim que se afastava alguns passos de casa. Ela nunca saía sem levar consigo algum alimento e, quando já havia comido este, costumava ter de ir a uma confeitaria ou a um lugar semelhante, a fim de aplacar sua fome. Mas era à noite que essa necessidade de comida costumava dominá-la mais intensamente. Com o decurso dos anos, sua situação havia chegado a um nível tal que ela costumava fazer duas ou três lautas refeições durante a noite. Embora o seu jantar não bastasse e ela tivesse de comer outra refeição grande antes de deitar-se, costumava acordar-se durante a noite com uma fome devoradora, à qual tinha sempre de render-se. O resultado dessa alimentação constante era, naturalmente, um aumento acentuado em seu peso. [...] Por ocasião de seu tratamento psicanalítico, estava vivendo numa pensão e acumulara grandes suprimentos de legumes em conserva, costumando preparar, a cada noite, as refeições que iria fazer mais tarde. Ia dormir por volta das dez horas e acordava à uma, às três e às cinco da madrugada, fazendo uma grande refeição de cada vez. Entre as seis e as sete da manhã apressava-se em descer à cozinha e pedir o seu café da manhã. (p. 65-66)

Abraham notou que os ataques de fome surgem frequentemente no momento do despertar do sono, fazendo com que a pessoa precise deixar alimento sempre à mão ao ir dormir. Essa é uma observação sugestiva, pois o processo do sono-sonho é de fato crucial para o equilíbrio psicossomático. Ao dormir, o sujeito dá início a uma marcha regressiva na qual as funções do Eu são paulatinamente afrouxadas, e o contato com a experiência do inconsciente, potencializada. Para tanto, é fundamental que determinadas condições de sustentação estejam presentes; caso contrário, o processo regressivo pode ser vivido como desagregador e perigoso, ao invés de reabastecedor das forças físicas e psíquicas. Para algumas pessoas, tal processo regressivo é profundamente ameaçador, levando a uma insuportável vivência de queda no vazio; o recurso à alimentação pode ser uma tentativa de defesa, ao proporcionar uma sensação de preenchimento que traz grande alívio[141].

Para Abraham, a origem deste impulso exagerado para comer provém de fontes libidinais reprimidas. Ao comparar o compor-

---

141 Para uma visão mais extensa dos processos do sono-sonho, ver *Sonhar, dormir e psicanalisar: viagens ao informe* (GURFINKEL, 2008d).

tamento desses pacientes ao de uma "criança mimada" que repetidamente acorda durante a noite e só pode ser aquietada quando a mãe lhe dá algo de beber, ele nos mostra o caráter extremamente infantil e imediatista de tal comportamento, absolutamente intolerante à espera e ao adiamento da satisfação. Essa é uma das razões pelas quais o clínico depara, nesses casos, com uma intensa resistência à análise das crises de fome, assim como uma grande relutância em abandonar as refeições noturnas. Bem, uma das observações mais interessantes desse artigo é a que aproxima essa fome devoradora à adicção às drogas e ao álcool: "[...] o comportamento dos pacientes desta espécie, que anseiam por comida em curtos intervalos e passam por torturas se seus desejos não são satisfeitos, é extraordinariamente similar ao dos morfinômanos e de uma boa quantidade de dipsomaníacos" (p. 66). Conforme dito anteriormente, Abraham compreendia bem a necessidade de postularmos um campo clínico que reunisse as diversas formas de adicção. E, retomando a hipótese de base de seu artigo inaugural sobre a sexualidade e o alcoolismo, de 1908, ele propõe que nos dois casos – tanto na toxicomania quanto na compulsão alimentar – o objeto da adicção serve como satisfação substitutiva de uma atividade libidinal inibida.

Se realizarmos um salto no tempo (de 1916 a 2008), veremos que a adicção alimentar está na ordem do dia. Transtorno alimentar, anorexia, bulimia, compulsão alimentar e obesidade são termos que se encontram no cotidiano da mídia e buscam nomear realidades clínicas que são objeto de grande preocupação e atenção da saúde pública. As anorexias e as bulimias são os tipos de distúrbio alimentar mais característicos e bem delimitados; as formas mais graves podem levar à morte, o que tanto alarma os profissionais envolvidos. A compulsão alimentar é um dos sintomas típicos da bulimia, mas pode ser reconhecida como um comportamento autônomo sem associação direta com esse quadro tão característico, tomando a forma de episódios dispersos, surgindo em certos períodos da vida ou caracterizando um recurso a que se recorre em determinadas situações. O aumento exagerado de peso pode ser ou não uma consequência desses diversos comportamentos alimentares supostamente patológicos, levando à obesidade, que, fenomenologicamente, é o avesso da perda de peso da anorexia. A obesidade mórbida representa um estágio avançado e perigoso desse processo[142].

A correlação entre a compulsão alimentar e outras formas de adicção pode ser constatada com facilidade. Em pesquisa recente realizada pela Unifesp e divulgada pela grande imprensa, observou-se como, depois de serem submetidos à cirurgia de redução de estômago, 20% dos ex-obesos trocam a compulsão alimentar por outras, tais como o alcoolismo – a principal delas – ou outros excessos (nas compras, nos jogos, no sexo, nas drogas e no cigarro). No Brasil, são realizadas 25 mil cirurgias desse tipo por ano, e 250 mil nos Estados Unidos. Estima-se que, no mundo, existam 400 milhões de pessoas obesas. A cirurgia bariátrica, procedimento adotado em larga escala para o tratamento da obesidade mórbida, completa dez anos e mostra, assim, seus "efeitos colaterais" e sua limitação enquanto panaceia para o problema das adicções alimentares. Um exemplo, dentre tantos casos, é relatado a seguir: Ana, trinta anos, fez a cirurgia há seis anos.

> Ela foi uma criança gordinha. Aos nove anos, se iniciou no mundo das dietas. Viveu, até os 24 anos, o efeito sanfona de quem engorda e emagrece. Com 1,68m, bateu nos 114 kg. [...] Hoje, não está segura de que fez a coisa certa. "Preferia ser uma gordinha feliz do que viver me controlando para não dar o primeiro gole". Antes da operação, Ana bebia destilados nas baladas de fim de semana. Passava semanas sem uma gota de álcool. Dois anos depois da cirurgia, bebia tanto que perdia a noção dos próprios atos. [...] Procurou ajuda de um psiquiatra. Está em tratamento, parou de trabalhar e toma antidepressivo.[143]

---

142 Para um exame bastante extenso, profundo e analítico sobre o assunto, consultar o excelente livro de Maria Helena Fernandes (2006).

143 S. Frutuoso, "Embriagados pela fome", in: *Revista da Folha* (parte integrante da *Folha de São Paulo*), 14 de setembro de 2008.

Diversos exemplos da clínica cotidiana corroboram essa observação. Assim, há alguns anos, atendi um rapaz que procurou tratamento devido ao vício em cocaína. Conforme o uso da droga foi diminuindo, ele foi apresentando um ganho progressivo de peso e um jogar compulsivo. Fui, então, surpreendido pela informação de que o paciente havia tido, durante a adolescência, um quadro de obesidade, e pudemos compreender que naquele período se dera uma substituição da adicção à comida pela adicção à cocaína. O uso da cocaína tivera para ele o efeito "benéfico" de produzir uma perda de peso, o que era bastante desejado e contribuíra para combater uma autoimagem negativa associada a seu corpo. A cocaína ocupara o lugar ambíguo de uma droga-remédio para o narcisismo ferido, tanto por seu efeito emagrecedor no plano somático, quanto por seu efeito euforizante no plano psíquico. Durante o tratamento, conforme o paciente voltou a ganhar peso, começou a imaginar uma nova solução para seus problemas: engordar o máximo que puder para, então, se submeter a uma cirurgia bariátrica[144]. Esse exemplo nos faz refletir sobre as "curas mágicas" a que os adictos recorrem com tanta frequência: a cura química (para a dor, ou mesmo para a obesidade) e a cura cirúrgica[145].

Wulff foi o primeiro psicanalista a dedicar um trabalho inteiramente ao estudo da compulsão alimentar, em 1932, sendo responsável por uma das reflexões sobre adicções que mereceram

---

144 Essa "orgia de despedida" é bastante frequente na experiência dos adictos: enquanto se preparam para uma "cura de abstinência" ou para um período autoinduzido de ascese purificadora, entregam-se a uma festa de despedida na qual o uso exacerbado do objeto da adicção ganha uma espécie de licença especial, à maneira de uma "despedida de solteiro". Aqui, o adicto recorre uma vez mais à racionalização a fim de encobrir o ciclo vicioso dos polos opostos pelos quais oscila: excesso e abstinência, cheio e vazio, festa maníaca e queda depressiva.

145 Apontei alguns dos impasses gerados por esses projetos de "cura mágica" no capítulo sobre o envolvimento de Freud com a cocaína.

destaque na história da psicanálise. Seu artigo sobre o assunto – um dos trabalhos pelo qual é mais conhecido – é valioso tanto por sua importância histórica quanto por seu valor teórico-clínico.

Partindo do relato vívido de cinco casos clínicos, ele recorta o que denominou um "complexo sintomático oral" que, se bem não esteja ligado a algum quadro clínico conhecido ou determinado, aparece em diferentes neuroses com características variáveis. Assim, dentre seus exemplos, Wulff relatou o caso de uma neurótica obsessiva grave com crises depressivas, de uma histérica grave com clivagem de consciência, ausências e ataques histéricos, de uma paciente com transtornos de caráter do tipo antissocial e traços paranoides, de um homem com caráter obsessivo e transtornos sexuais na área genital, e de uma mulher obsessiva desde a infância. Em todos esses casos, Wulff encontrou o mesmo "complexo sintomático oral": necessidade imperiosa e ávida de comer, sonolência, torpor e aversão pelo próprio corpo. *Tais sintomas não provêm de uma estrutura neurótica típica*, mas representam muito mais "[...] uma transformação patológica singular de funções biológicas importantes" (p. 65-66).

Um excelente retrato da fenomenologia da adicção alimentar nos é trazido pela voz da primeira paciente descrita por Wulff:

> Eu não como sempre de maneira regular. Às vezes, sou dominada por um estado de espírito estranho que me leva a comer muito, estado que considero o estado de decadência de um ser humano que soçobrou moralmente. Quando começo a comer muito, um pessimismo, um profundo desespero, uma indiferença embotada, uma completa abulia sem desejo e sem alegria tomam conta de mim. Então, eu não trabalho, fico completamente embrutecida e muito mole. Como e durmo muito, quase o dia todo. Depois engordo uma enormidade, como se estivesse inchada, como se tivesse um edema. Minha aparência exterior muda, e fico com uma outra cara. Não quero mais me vestir, posso pôr somente roupas velhas e sujas, de preferência um robe velho; não me penteio mais e me lavo muito pouco. Em meu quarto reina nesse momento uma desordem horrorosa e, bagunçados, peças íntimas, roupas, livros e objetos diversos cobrem o chão em um caos total. Quando me encontro nesse estado, comer torna-se para mim uma *paixão invencível* que não posso combater. Doces e bolos exercem, então, sobre mim uma atração tão forte que eu me comparo a uma alcoolista ou drogada. (p. 61)

Bem, "uma paixão invencível que não pode ser combatida" é precisamente o cerne de qualquer adicção. Os efeitos mais comuns dessa possessão são, de fato, a emergência, uma associalidade característica: rompimento com o trabalho, isolamento, negligência com as insígnias do contrato social – as roupas sendo as mais óbvias – e com os cuidados corporais, perda das rotinas e dos hábitos, perda da vaidade, etc. Este autoabandono pode ser acompanhado, como no caso dessa paciente, por um profundo autodesprezo, uma visão negativa de si que denuncia um amor-próprio destruído, sentimento que é vivido na relação com o corpo próprio. A aproximação com o sono – "eu só como e durmo" – surge também no filme *A comilança*, e indica um certo tipo de instrumentalização da função alimentar para produzir um efeito narcótico de torpor e de alienação. Ora, essa associação entre comer e dormir remonta à experiência mais elementar de alimentação do bebê, que também é vivida por muitos adultos, mas aqui há um uso pervertido desse efeito do somático no psíquico. A "decadência moral" referida pela paciente aproxima-se da "deterioração do caráter" trabalhada no capítulo anterior, e vem acompanhada de uma tonalidade depressiva marcada.

Wulff apontou como as crises de ataque bulímico são desencadeadas, em geral, por situações de frustração, amor-próprio ferido, ofensa e perda de confiança em si, que produzem um sentimento de inferioridade e um profundo desgosto consigo mesmo, além de um estado de irritação e de ódio em relação a tudo e a todos. Outra observação importante é que tais crises se alternam com momentos de "humor gratificante da abstinência", ou seja, momentos em que a paciente evita ao máximo comer e se sente revalorizada, disposta e cheia de energia. "Mas, se eu como para aplacar a minha fome, o remorso, o medo e a melancolia me invadem, me sinto profundamente decaída moralmente, acho que estraguei tudo, prometo não fazer isso novamente" (p. 62).

No conjunto de exemplos clínicos descritos por Wulff, alguns pontos se destacam. O único paciente homem apresentava, ao lado dos ataques bulímicos, uma vontade de beber álcool, onanismo compulsivo e, depois, o coito realizado de modo compulsivo e sem prazer. A última paciente descrita apresentava, de modo muito característico, a alternância de estados acima referida. Nos períodos de compulsão alimentar desenfreada e desesperada, que eram seguidos de um sono agitado e perturbador, ela se sentia repugnante, suja e podre como um animal. Chamava esses períodos de "estados de porco". Neles, se sentia vazia e não se interessava por nada; mas ela vivia uma intensa excitação sexual, e era quando empreendia suas conquistas amorosas. Nos períodos de jejum, se sentia feliz, trabalhava muito e emagrecia rapidamente; chegava a jejuar até o desfalecimento. Nesse caso, Wulff pôde reconstruir historicamente o contexto em que surgiram seus primeiros ataques bulímicos, na puberdade: eles eram desencadeados por humilhações vividas em seus envolvimentos sentimentais, em uma época em que estava tomada por experiências e fantasias eróticas. Comia por desgosto e por vingança: "[...] se não me amam assim, pelo menos terão uma razão! Então, quero ser totalmente animal, completamente repulsiva e suja, e fazer o que é nocivo e proibido" (p. 68).

A segunda paciente descrita – uma histérica grave – era também viciada em narcóticos (tomava éter, ópio, morfina e álcool para dormir e descansar). Aqui, tornava-se bastante evidente que o estômago era sua zona histerogênica e erógena mais sensível. Ela também oscilava em termos de humor e de sintomatologia, mas desta vez entre três fases distintas. Na primeira, ataques histéricos se seguiam às refeições, com inquietação e excitação motora, dores de cabeça, náusea, vômito e perda de consciência. Em outros períodos, era possuída por uma voracidade sem limites: engolia tudo o que encontrava pela frente e nunca se sentia saciada, ingerindo quantidades enormes sem discriminação alguma. A excitação era a marca de tais momentos, que podiam evoluir para um estado crepuscular que não era recordado posteriormente.

Isso às vezes ocorria de noite, com especial intensidade, e o ataque voraz se dava em um "estado sonambúlico estranho" caracterizado por enorme desordem mental. Torpor profundo, crises de desespero e tentativas de suicídio repetidas por vezes ocorriam. Na terceira fase, que podia durar alguns dias, a paciente levantava de bom humor, comia pouco e se sentia bem, dormindo muito pouco.

Esse caso clínico tem uma importância especial no artigo de Wulff, já que lhe possibilitou estabelecer com mais clareza a ponte entre o "complexo sintomático oral" e as adicções. Wulff teve a oportunidade de acompanhar durante a análise o efeito que o uso de injeções de pentotal – que haviam lhe sido prescritas contra dores – lhe causava: as crises histéricas se tornavam muito mais inteligíveis, já que a descarga motora se atenuava em benefício de uma expressão simbólica das fantasias subjacentes, seja na forma de uma representação dramática, seja na forma de uma representação verbal. O que sobrevinha, de forma mais clara, era um "sonho" de caráter erótico. Wulff concluiu então que *o alimento, assim como uma droga, produz nesses casos um aumento da excitação sexual inconsciente* (sendo que o pentotal também diminuía as resistências e as inibições).

Wulff se apoiou, aqui, em um importante artigo de Radó sobre os efeitos psíquicos da intoxicação. Este foi o primeiro ensaio de Radó sobre as adicções, que precedeu o de 1933, mais completo e mais conhecido, e que surgiu logo em seguida ao de Wulff.

A contribuição de maior interesse de Radó (1926) em seu primeiro artigo é a proposição dos conceitos de "orgasmo alimentar" e de "orgasmo farmacológico", pondo em relevo a articulação entre adicção e oralidade. O "orgasmo alimentar" designa a intensa experiência de prazer do bebê ao seio, que é revivida na toxicomania. Para Radó, o erotismo oral está presente de forma notável nas adicções, mesmo que a ingestão da droga não se dê pela via oral; a atividade autoerótica é totalmente substituída, no toxicômano, pelo seu novo "orgasmo alimentar", para onde deriva toda excitação sexual[146]. O intoxicar-se torna-se – em si mesmo – um objetivo sexual, constituindo um "metaerotismo" que põe de lado todo o aparelho sexual periférico; ele está, nesse sentido, a serviço da busca de prazer. O aparelho psíquico torna-se, também, um "aparelho de prazer autoerótico"; o ego é totalmente subjugado pelo Id e as organizações mentais mais diferenciadas são desorganizadas pela "pulsão de destruição". Ora, além de visar ao prazer, a intoxicação busca também evitar o sofrimento: produzindo artificialmente sentimentos de tensão e, em seguida, aliviando-os, a experiência farmacológica converte a tensão penosa em tensão prazerosa.

Para Wulff, a excitação erótica oral *stritu sensu* não é suficiente para explicar a bulimia: é necessário compreendermos o papel crucial que o "orgasmo alimentar" cumpre na sua economia psicossomática. "Trata-se aí do investimento pela libido do conjunto do processo digestivo, que se estende em seguida para o corpo inteiro" (p. 74). No caso da paciente anteriormente mencionada, é digno de nota que a excitação sexual e as conquistas amorosas se davam em seu período de compulsão alimentar, e não durante o jejum, quando emagrecia e se sentia melhor com seu corpo. Esse efeito erótico do processo alimentar se faz também presente na "ebriedade do sono", característica desses pacientes. A sonolência patológica que sucede às refeições copiosas lembra as

---

[146] Esta oposição entre excitação sexual e orgasmo farmacológico não pode ser generalizada. É fato que em muitos casos observamos um decréscimo de atividade e de interesse sexual conforme a espiral da intoxicação avança, mas em alguns outros verificamos uma realimentação recíproca entre as duas formas de excitação. Isto é característico no uso da cocaína e de outros estimulantes, em festas *rave*, baladas e casas noturnas. Certa paciente costumava cheirar cocaína na companhia do marido, e isso se tornou um padrão que dominou a relação por anos. A droga era usada à noite e, bastante caracteristicamente, para fazer sexo; a atividade sexual praticamente não acontecia mais sem esse estimulante adicional. É claro que, do ponto de vista da qualidade do contato com o outro, é difícil reconhecermos aqui uma relação propriamente "genital".

doenças histéricas do sono descritas por Charcot – o sono-sonho sendo o reino encantado no qual todos os desejos são satisfeitos –, mas transcende essa função de fuga da realidade; se trata de "[...] um sono profundo, agitado, perturbado, em que elas se debatiam, gemendo, e do qual emergiam muito deprimidas, com um sentimento de cansaço e abatimento. Não é raro se masturbarem durante o sono" (p. 73-74). Uma das pacientes substituía o sono por devaneios de conteúdo sexual, e outra – acima mencionada – tinha crises histéricas que reproduziam fantasias e experiências sexuais. Assim, o estado de excitação não se restringia à satisfação oral, mas se manifestava com muito mais força durante o processo digestivo ulterior. Eis aí, pois, a expressão mais direta do "orgasmo alimentar" postulado por Radó.

Em uma fórmula muito útil, Wulff considerou o "complexo sintomático oral" uma espécie de intermediário entre a melancolia e a adicção. Essa observação nos levaria a um estudo mais detido sobre a relação entre adicção e o ciclo melancolia-mania, o que não será possível no presente livro. Por ora, dedicar-me-ei a aprofundar um pouco mais a relação entre as adicções e a compulsão alimentar; afinal, os transtornos alimentares podem bem ser tomados como um protótipo das adicções, revelando a importância decisiva da oralidade nesses domínios.

A "perversão alimentar" como protótipo das adicções: uma reversão na lógica do "apoio"

Um terço dos casos de bulimia é acompanhado ou seguido de toxicomanias medicamentosas, alcoolismo ou práticas delinquenciais (Brusset, 1991, p. 139). Esses dados epidemiológicos confirmam a observação do psicanalista, mais singular e qualitativa, reforçando o parentesco entre a compulsão alimentar e outras adicções. Mais do que um parentesco, trata-se aqui de um caso paradigmático de adicção, já que na adicção alimentar a dimensão oral se faz presente na sua forma mais crua e evidente.

Fenichel utilizou a expressão "adicções sem drogas" para reunir um conjunto de vícios que não implicam o uso de drogas, e incluiu a compulsão alimentar como um dos principais – em conjunto com o vício de ler, certos *"hobbies*, a adicção ao amor e ao sexo. Couvreur (1991) fez uma interessante objeção a essa terminologia: frente à descoberta recente de que há, nos transtornos alimentares, produção intracerebral de substâncias opioides de efeito morfínico leve, o "sem drogas" não se aplica inteiramente. Mesmo nas formas de adicção sem drogas, uma certa dimensão do efeito famacológica está em jogo, ainda que se trate da produção endógena das substâncias piscoativas, e não de sua autoadministração. Ora, essa observação só reforça os elos comuns que aproximam as diversas modalidades da adicção, fazendo-nos recordar a "toxicidade da libido" do modelo das neuroses atuais.

Em seu artigo sobre a fase oral, Abraham abriu caminho para uma importante distinção psicopatológica no que tange à oralidade. Devem-se perceber as diferenças entre os sujeitos diretamente fixados ao comer, e aqueles que – devido a um autoerotismo oral exacerbado – desenvolvem uma variedade de fantasias e sintomas neuróticos correlatos (tiques nervosos com a boca, inibições no falar ou no comer na frente dos outros, etc.). No segundo caso, já se deu um deslocamento do prazer oral de sua fonte somática nutricional, o que indica um avanço significativo em termos do desenvolvimento libidinal. Essa observação é de grande importância, já que o que observamos nas adicções é um retorno do autoerótico ao autoconservativo, constituindo o que D. Braunschweig e M. Fain (1975) denominaram "neonecessidade"[147].

---

147 "Definiremos, pois, a neonecesssidade como uma necessidade essencialmente falsa por estar organizada de antemão, e que tem por missão emprestar o mesmo caráter imperativo das necessidades vitais dominadas pelos instintos de conservação. As necessidades vitais implicam a dependência ao objeto real, seja ele humano, animal ou inanimado (coisa, substância) [...]. A neonecessidade, por outro lado, de acordo com a sua intenção dessexualizante [...], tem como finalidade dissimular sua condição de

Trata-se aqui, precisamente, de uma reversão da lógica do apoio, segundo a qual a sexualidade se apoia sobre a autoconservação[148].

Em outro lugar (GURFINKEL, 1996), apresentei hipótese semelhante no caso da toxicomania. A indagação de fundo era: como compreender a conduta do usuário de droga, do lado da sexualidade ou do lado da autoconservação?

Enquanto conduta que busca o prazer, o ato de drogar-se deveria ser compreendido na esfera da sexualidade; a princípio, a droga não vem satisfazer uma necessidade ou uma função corporal no sentido da conservação do organismo. Devemos lembrar-nos aqui de como Freud (1911a) situou as pulsões sexuais ao lado do prazer, em oposição às de autoconservação. A sexualidade resiste à passagem do princípio do prazer ao princípio da realidade; podemos dizer, talvez, que ela seja a expressão mesma de uma tendência mais geral do aparelho psíquico de aderir persistentemente às fontes de prazer, de um setor da atividade mental que permanece dissociado e "rebelde" ao princípio da realidade. Apenas a pulsão sexual, com a sua total independência em relação à "ação específica" e à especificidade material do objeto, pode vir a investir este objeto – a droga – de libido; é a variabilidade do objeto própria da pulsão sexual – sua infinita capacidade de deslocamento – que permite e promove tal investimento.

Uma observação mais cuidadosa, no entanto, nos faz reformular tal conclusão. Se nos quisermos manter no âmbito da pri-

---

"necessidade" artificialmente adquirida sob a aparência de uma promessa erótica" (BRAUNSCHWEIG; FAIN, 1975, p. 227).

[148] Como sabemos, o conceito freudiano de "apoio" trata da articulação entre os diversos erotismos parciais e seu correspondente em termos das funções vitais. Ele veio a ganhar um lugar de crescente importância na teoria da sexualidade, até ser considerado uma das três características principais da sexualidade. No entanto, deve-se ressaltar que foi particularmente em relação ao erotismo *oral* que Freud concebeu a ideia: é neste campo que se concentra toda a discussão da questão do apoio, que tem no caso da oralidade seu verdadeiro protótipo.

meira teoria das pulsões, não podemos deixar de questionar as peculiaridades desse estranho objeto, pois o toxicômano, no auge de sua intoxicação, estabelece um vínculo particular com a droga em que esta passa a se tornar uma questão de sobrevivência. Se, no caso de uma dependência física, essa observação se concretiza – o organismo realmente necessita da droga para manter o seu equilíbrio físico-químico –, no discurso e na vivência do toxicômano isso é flagrante. A "pressão" se transforma em *urgência*: a droga é uma questão de vida ou morte[149].

Ora, a estranha relação de objeto que se estabelece na toxicomania busca operar uma espécie de *metamorfose pulsional*, na qual a pulsão sexual busca assumir o aspecto da pulsão de autoconservação, subvertendo a sua própria natureza e passando a funcionar segundo as leis dessa última. Assim, uma das maneiras de distinguir um usuário de drogas de um adicto é justamente esta: no caso desse último, o objeto da sexualidade refluiu a sua forma autoconservativa, engendrando uma "neonecessidade"[150].

Ao longo deste trabalho, tenho abordado, sob diversos pontos de vista, a relação entre adicções e perversão. Um dos ângulos mais profícuos é aquele que aproxima adicção e fetichismo. A semelhança entre os dois se baseia no fato de que nesse último se observa uma fixação exacerbada a um objeto parcial, que substitui o alvo genital e se torna a condição necessária para o gozo; o objeto da adicção se mostra, também, uma espécie de objeto-fetiche.

Ao estudar o fetichismo, Freud deu cada vez mais importância a seu efeito de símbolo. Mesmo destacando o papel das experiências sexuais precoces – importância que vai sendo questio-

---

149 A presente seção dá continuidade à discussão iniciada no capítulo "Sexualidade e adicções: entre a neurose e a perversão" acerca do modelo do fetichismo e da compreensão da adicção à luz do conceito freudiano de pulsão.

150 A proposta de Radó (1926) de um "orgasmo alimentar" subjacente às toxicomanias antecipa, em parte, essa discussão sobre a armadilha da neonecessidade.

nada ao longo dos anos –, ele ressaltou que muitas vezes é "[...] uma associação de ideias simbólicas, quase sempre inconscientes para o sujeito, o que conduziu a substituição do objeto pelo fetiche" (FREUD, 1905, p. 1184-5). Em seu célebre artigo sobre o assunto, Freud (1927a) propôs, como interpretação mais geral, que o fetiche é um substituto do falo da mãe, já que o sujeito não tolera renunciar à existência de uma mãe fálica e reconhecer sua própria castração; no entanto, afirmou claramente a variabilidade desse objeto (o fetiche pode vir a ser qualquer coisa) e a sua determinação de acordo com as vicissitudes do desenvolvimento psicossexual de cada um.

Embora por vezes se reconheça algum significado simbólico da droga para o sujeito, ela tem um efeito direto no organismo, independente de mediações simbólicas. Na constituição do objeto-droga, conta muito pouco uma suposta relação de significação – ao contrário do fetichismo, não existe a arbitrariedade da relação significado/significante – e muito o efeito que a droga tem sobre o organismo; grande parte do efeito da droga sobre o psiquismo não é simbólica, mas sim farmacológica. A especificidade material da droga enquanto objeto não é apenas suporte para uma realidade psíquica, mas tem um lugar fundamental nessa relação de objeto. O que significa exatamente esta intrusão do material, do farmacológico e do orgânico, no universo do psíquico?

Bem, é precisamente essa relativa ausência de significado simbólico que diferencia a toxicomania do fetichismo. Um objeto que se constitui para o sujeito devido a suas propriedades materiais – e é através do efeito dessa materialidade diretamente no psiquismo que encontra o caminho do prazer – seria, pois, um objeto que almeja o lugar de objeto da pulsão de autoconservação. Para o toxicômano, agora só essa ação específica pode lhe dar prazer e, mais do que isso, satisfazer as suas necessidades. Assim, a metamorfose acima referida tem o sentido de recolocar o universo do desejo no plano da necessidade. O que está em jogo aqui é uma inversão da própria lógica do apoio; a pulsão sexual, que ganha voo próprio ao se descolar das funções vitais – e esse movimento é também constitutivo do psiquismo –, realiza o sentido mais profundo da pulsão apontado por Freud, que é o de ser o verdadeiro motor do desenvolvimento psíquico; mas essa mesma pulsão abre mão da sua vitalidade para trilhar o antigo caminho da autoconservação, em busca *do objeto exclusivo de um prazer necessário*.

A metamorfose da pulsão é, pois, uma espécie de "perversão" de sua própria natureza[151]. Encontramo-nos, aqui, diante de um enigma. A "perversão" afeta o registro da contingência do objeto, mas não só ele: o modelo da pulsão sexual é deslocado para o da necessidade. Se o encontro com a droga é uma experiência de prazer – incluindo-se na dimensão do hedonismo –, e se o prazer está essencialmente ao lado da pulsão sexual, como compreender este tipo de prazer que abandona a sua origem sexual e retorna para o registro da necessidade? Qual é o estatuto metapsicológico desse prazer não sexual[152]?

---

[151] Ocampo, trabalhando com hipóteses bastante próximas da aqui apresentada, pergunta-se sobre o laço irredutível do toxicômano com a droga: "[...] de fato, como entender esta relação adictiva com um objeto, na qual a droga se converte para o toxicômano no objeto exclusivo de um prazer necessário? A relação com a droga assim anunciada no sintoma adictivo não é já um contrassenso a respeito da teoria da pulsão, para a qual o objeto não é, justamente, nem exclusivo nem pré-determinado no que se refere à satisfação? Como compreender esse prazer necessário quando sabemos que o próprio da atividade pulsional é estar por inteiro no movimento que a dissocia da "necessidade vital" sobre a qual se apoiou no começo? A "biologização" à qual o toxicômano reduz seu prazer ("tenho necessidade de prazer" ou tenho prazer graças às propriedades químicas da droga) deve ser compreendida então como uma maneira de "perverter a pulsão", dado que no sintoma adictivo a pulsão aparece reduzida ao papel mudo e mortífero de "imitar" o instinto?" (OCAMPO, 1988, p. 22-23).

[152] Em uma direção semelhante, Piera Aulagnier propôs que a toxicomania se caracteriza por uma relação na qual "[...] um objeto tornou-se para o Eu uma outra fonte exclusiva de todo prazer, tendo sido por ele deslocado para o registro das necessidades [...] [e] a droga tornou-se não somente fonte do único prazer que conta realmente, mas de um prazer que se tornou necessidade" (AULAGNIER, 1985, p. 150-151). De fato, Aulagnier propõe que o toxicômano busca silenciar a demanda de prazer sexual dirigida ao outro, excluída em proveito de um prazer que não quer depender senão da atividade psíquica do sujeito; haveria aqui uma clivagem entre "sexual"

A perversão da pulsão, própria do funcionamento adictivo, revela o que diversos autores têm chamado de "curto-circuito pulsional" na busca de prazer dos adictos.

O prazer buscado pelo usuário de droga trilha o "caminho mais curto": ele se dá segundo o processo primário, de modo alucinatório, e implica um certo grau de "repúdio à realidade"[153]. Mas, no caso do toxicômano, o caminho mais curto transforma-se em curto-circuito, que opera basicamente em dois sentidos: a transgressão da lei da contingência do objeto, conduzindo a uma fixação exacerbada, e a biologização da pulsão, na qual a pulsão sexual se redobra sobre a esfera da autoconservação, relacionando-se com um objeto que se constitui mais por suas propriedades materiais do que por suas ressonâncias fantasmáticas. A exclusividade do objeto expressa o primeiro sentido, e a necessidade de prazer expressa o segundo. Na realidade, esses dois aspectos devem ser tomados em conjunto, já que a fixação ao objeto é insuficiente para compreender a perversão em questão se não se leva em conta o "achatamento" da atividade de representação expressa pela biologização da pulsão: o retorno ao registro da necessidade equivale à anulação do "a mais" do instinto que caracteriza a pulsão, excesso que é a fonte da força constante que constitui a função desejante.

A *pressão*, enquanto característica da pulsão, também se transforma. Quando a exigência de trabalho imposta ao psíquico se torna

---

e "narcísico". Ora, para pensar metapsicologicamente em um "prazer não sexual", Aulagnier utiliza-se da teoria do narcisismo e da segunda teoria pulsional. A exclusão da demanda ao outro como busca de "independência" implica um investimento no eu e em um "narcisismo não sexual" referido às pulsões do Eu e à pulsão de morte.

[153] A "realidade" repudiada não se restringe, aqui, àquela provinda da percepção do mundo exterior. Trata-se, sobretudo, da "realidade psíquica": aquela que evidencia o limite da onipotência do Eu, que revela a falta constitutiva do sujeito e a insatisfação inerente à relação com o outro, que confronta o sujeito com a castração e com a ambivalência em relação ao objeto (que, conforme Klein, se torna flagrante na posição depressiva).

uma urgência compulsiva de drogar-se, subentende-se uma substituição do pensamento pela ação; a urgência é a impossibilidade de esperar, e a impossibilidade de esperar implica a impossibilidade de pensar. Está novamente colocada aqui uma perversão. Se a pulsão é o conceito limite entre o anímico e o somático, é este seu lugar intermediário que permite o surgimento da realidade psíquica apoiada na vida biológica do organismo. A pressão transformada em urgência acaba por recolocar a representabilidade psíquica da pulsão no plano biológico, extirpando por meio da conduta adictivo-compulsiva, o que é próprio do psíquico: a capacidade de pensar[154].

Na paixão oral de *A Comilança*, a perversão da pulsão acima referida toma a forma do processo de desarticulação observado no filme, expresso no projeto de "comer até morrer". Ao lado da regressão do genital ao oral, observamos uma desarticulação dos laços e do contrato social, uma progressiva indiferenciação e perda da identidade individual, a degradação, a violência e, finalmente, a morte. Ficamos com a indagação a respeito da suposta destrutividade inerente à lógica oral.

Ora, na adicção alimentar, a perversão da pulsão manifesta-se em sua forma mais pura e direta. Pois, à medida que não houve nenhum deslocamento do objeto nutricional ao objeto libidinal autoerótico, é justamente no primeiro que toda busca de prazer se concentrará. No caso de um sintoma conversivo histérico, a função vital – por exemplo, a função alimentar – é perturbada e alterada devido à influência da pulsão sexual[155]; mas, no caso do viciado em comer, a perturbação atinge um novo patamar. Para Wulff, o bulímico procura restabelecer as relações de objeto no

---

[154] A urgência da droga indica ainda, no toxicômano, uma impossibilidade de escolha. A escolha do objeto implica liberdade e autonomia em relação a ele, inexistente no ato compulsivo de drogar-se; daí a raiz etimológica do termo *adicto*. O adicto é um escravo de seu objeto, que perde assim sua condição de sujeito.

[155] Esse mecanismo é classicamente descrito por Freud (1910b) no exemplo da cegueira histérica.

nível oral mais primitivo e, em contraste com o melancólico que o faz em fantasia, o bulímico *age na realidade*[156], apresentando uma "atividade quase puramente erótica" semelhante às perversões sexuais (p. 70). E, comparando essa atividade adictiva com a compulsão obsessiva, Wulff nos faz ver que nessa última se trata – como no caso da histeria – de um efeito do recalcamento. Um impulso pulsional rejeitado é desviado de seu fim e deslocado por um objeto substitutivo, obedecendo a uma mediação propriamente psíquica; no caso da bulimia, a satisfação pulsional oral-erótica é dirigida *diretamente* para o alimento. Se uma compulsão de tipo obsessivo é impedida, sobrevém a angústia; mas, se o comportamento adictivo é refreado, sobrevém um puro e simples aumento de tensão.

A adicção alimentar, mais do que uma forma de adicção, pode ser considerada sua modalidade mais simples e básica e, também por isso, o seu protótipo. Talvez pudéssemos rever a terminologia proposta por Fenichel (1945) – "adicções a drogas, adicções sem drogas" –, substituindo-a pela "perversão alimentar" e por outras adicções, as "adicções sem comida". Nas adicções alimentares, a paixão oral manifesta-se da forma mais evidente e direta possível, segundo a reversão perversa da lógica do apoio. Em contraste com o psiconeurótico, que padece da angústia diante do destino errante do homem – ser jogado no mundo à medida que o desejo se desprende da necessidade –, esses adictos insistem em percorrer o caminho de volta, por atalhos cada vez mais curtos, até o curto circuito final da vida pulsional.

---

156 Como assinalou Brusset, o bulímico na verdade *age sobre seu próprio corpo*, a fim de que este, em seguida, aja sobre o psiquismo. "A utilização do corpo e das necessidades para dela se obter efeitos propriamente psíquicos é muito característica dessa psicopatologia [...]; a repetição de um comportamento fisiologicamento autoentretido contribui para gerar o sistema prazer-deprazer, assim como aquele que se encontra além, na compulsão à repetição" (BRUSSET, 1991, p. 162).

10
Paixão, caráter e seus paradoxos

Neste capítulo, retornaremos ao tema da paixão como modelo para compreender as adicções, munidos agora de novos elementos. Após termos examinado os aspectos essenciais das paixões anal e oral, discutirei, em seguida, os paradoxos da paixão, que tão dificilmente se deixa aprisionar pela oposição normal-patológico; antes, porém, retornarei mais uma vez à problemática do caráter e sua potencial degradação.

O caráter e seus desvios

Os paradoxos da paixão e sua relação com a fronteira normal/patológico nos remetem à questão do caráter. O que é, afinal, caráter "normal", e o que é caráter patológico? Como compreender a deformação e a degradação do caráter?

É preciso reconhecer que, desde os trabalhos de Jones e de Abraham sobre o caráter anal, a sutileza da fronteira entre o patológico e o constitutivo do humano tem sido ressaltada. Assim, ambos descreveram os chamados "aspectos positivos do caráter" derivados dos erotismos pré-genitais; pois o erotismo anal contribui com a capacidade do ser humano de persistir em um projeto, com a confiabilidade de uma pessoa, com a obstinação nas tarefas e com a disposição para o trabalho, enquanto que o erotismo oral contribui com a generosidade, com a sociabilidade, com uma abertura para o novo, com a ambição e com uma "[...] crença otimista na benevolência do destino" (ABRAHAM, 1924a, p. 167), pré-moldando certas qualidades essenciais do caráter genital.

Abraham definiu caráter como a soma das reações instintivas de uma pessoa para com seu ambiente social. Ele partiu do princípio de que o caráter de homens e mulheres, em sua forma definitiva, se ergue sobre as fundações primitivas pré-genitais, mas que só se completa ao se atingir a organização genital e o amor objetal. Diversos aspectos remanescentes dos estágios primitivos sofrem transformação, especialmente em sua dimensão antissocial, mas nunca são inteiramente deixados para trás. O processo essencial que permite essas transformações é a travessia edipiana: a elaboração da questão da castração tem papel fundamental na formação do caráter, possibilitando um domínio relativo do narcisismo original, das tendências hostis e do princípio do prazer. Desenvolve-se, a partir daí, um trabalho de integração entre os impulsos libidinais e de ternura para com a mãe, agora em uma relação de objeto total (não parcial), o que aos poucos pode estender-se para o pai e para as outras pessoas do meio social.

É digno de nota como Abraham postulou uma espécie de caráter "maduro", que implica o afastamento das tendências antissocias inerentes ao universo pré-genital: "[...] enquanto que nos primeiros níveis de desenvolvimento do caráter os interesses do indivíduo e os da comunidade vão uns contra os outros, no nível genital os interesses de ambos coincidem" (ABRAHAM, 1925, p. 1987). Ora, a formação desse caráter depende essencialmente da história do complexo edipiano, no qual contam circunstâncias internas e externas. São diversos os fatores que estão em jogo: uma infância muito conturbada e falha em termos de afeto e amor[157], os processos de introjeção de figuras iniciais e das pessoas do convívio cotidiano, modificações regressivas do caráter devido à neurose, além das grandes variações relacionadas à situação social e à cultural. É importante lembrar ainda que o caráter, em que pese sua aparente estabilidade, é na verdade móvel e, assim como pode ser alterado por todos esses fatores, é também passível de ser modificado pelo tratamento psicanalítico: "[...] a análise do caráter é um dos trabalhos mais difíceis que o analista pode empreender, mas é, em alguns casos, o mais compensador" (ABRAHAM, 1925, p. 205)[158].

E quanto ao "caráter normal"? Abraham considerava "normal" uma pessoa capaz de se adaptar à comunidade, sem que isso seja impedido por qualquer excentricidade demasiado grande de seu caráter: deve-se encontrar uma média entre os extremos da crueldade e da bondade excessiva, ou entre a avareza e a extravagância. Em uma fórmula, ele definiu o caráter genital como aquele no qual se atingiu um domínio relativo das tendências narcísicas e ambivalentes. A seguinte descrição expressa bem a sua visão do assunto:

---

[157] Segundo Abraham, uma criança que sofreu uma falta considerável de simpatia e de afeição da parte das pessoas que a cercam, terá maior dificuldade de amadurecer em direção ao caráter genital: "Se a criança não tem diante de si exemplos de amor, ela própria terá dificuldade em entreter quaisquer desses sentimentos e, além disso, será incapaz de afastar aqueles impulsos primitivos que originalmente se dirigem *contra* o mundo externo" (1925, p. 199). Ora, se para atingir o nível genital do caráter uma pessoa "tem de possuir uma quantidade suficiente de sentimentos afetuosos e amistosos" (p. 204), podemos supor, em uma linguagem kleiniana, que para tanto se faz necessária a introjeção e a instalação relativamente estável de um "bom objeto" no mundo interno. A tarefa da pesquisa psicanalítica é, nesta questão, compreender como e em que proporção fatores internos e externos interagem para produzir tal resultado.

[158] Essa proposição contrasta com as sentenças taxativas de inanalisibilidade dos chamados transtornos de caráter e casos antissociais.

> O estágio final da formação do caráter mostra, em tudo, traços de sua associação com os estágios precedentes. Ele toma emprestado destes tudo aquilo que conduz a uma relação favorável entre o indivíduo e seus objetos. Da primeira fase oral tira a iniciativa e a energia; da anal, a resistência, a perseverança e diversas outras características; das fontes sádicas, a força necessária para prosseguir a luta pela existência. Se o desenvolvimento de seu caráter foi bem-sucedido, o indivíduo pode evitar cair nos exageros patológicos de tais características, quer em direção positiva, quer negativa. Ele é capaz de manter seus impulsos sob controle sem ser conduzido a uma completa rejeição das pulsões [...]. Os sentimentos amistosos comuns são inteiramente distintos das formas exageradas de superbondade neurótica e, semelhantemente, é possível manter um curso médio entre os dois extremos patológicos de atrasar tudo ou estar sempre com pressa demasiada ou, ainda, de ser excessivamente obstinado, ou influenciado com facilidade demasiada. No que se refere aos bens materiais, o meio termo a que se chega é que o indivíduo respeita os interesses dos outros até um certo ponto, mas, ao mesmo tempo, garante sua própria existência. Ele conserva até certo ponto os impulsos agressivos necessários à manutenção da vida, e uma parte considerável de suas pulsões sádicas não é mais empregada para fins destrutivos, mas sim para propósitos construtivos. (1925, p. 203)

É curioso pensarmos que a paixão está muitas vezes associada aos *excessos* e aos *extremos*, e não ao "caminho do meio" sugerido por Abraham como modelo do caráter genital. Não devemos esquecer, no entanto, que são as paixões orais e anais que trazem consigo a força de Eros na sua forma bruta, seja em seus aspectos "positivos" ou "negativos". Pode-se criticar a teoria de Abraham sobre o caráter e o desenvolvimento da libido por ser linear e normatizadora; mas, em uma leitura mais atenta, observamos que ela comporta também uma concepção sutil dos paradoxos da paixão, pois é sobre as mesmas bases primitivas e pré-genitais que se ergue o caráter em sua forma madura, ou, por outro lado, se produzem as suas diversas distorções (resultantes de desvios, fixações ou regressões).

Hoje em dia, a tentativa de definição de "normalidade" costuma incomodar os psicanalistas. Os riscos de simplificação, esquematização e de transformação da psicanálise em uma psicologia adaptacionista sempre existiram, e Abraham mesmo não deixou de estar sensível a eles:

[...] devemos acima de tudo evitar cometer o erro de estabelecer uma norma relativamente à proporção em que as diversas qualidades mentais devem se achar combinadas em qualquer pessoa. Mal se precisa dizer que com isto não estamos pretendendo proclamar o ideal da "mediocridade dourada" em todas as relações do homem com seu ambiente. (ABRAHAM, 1925, p. 201)

E, ainda: "[...] não existe nenhuma linha absoluta de demarcação entre os diferentes tipos de formação de caráter" (ABRAHAM, 1925, p. 201); ou: "não é a intenção deste estudo dizer exatamente o que é um caráter 'normal'. A psicanálise nunca estabelece normas desta espécie" (p. 199). Em sua proposição, ele insiste na mutabilidade e nas variações de caráter, e no fato de que a ideia de superação do narcisismo e da ambivalência é sempre *relativa*.

O modelo de Abraham sobre a formação do caráter contém um interjogo muito mais fluído entre as diversas fontes libidinais do que em geral se supõe; algumas nuanças devem ser aqui ressaltadas. As fontes orais, anais e genitais se combinam de diversas maneiras, sofrendo diversas transformações; algumas tendências são aproveitadas na sexualidade adulta, algumas são sublimadas e outras são direcionadas para a formação do caráter. Assim, por exemplo, a limpeza, o amor à ordem e a força de vontade são traços "normais" que compõem o caráter de um homem, mas que, quando exacerbados, constituem um "caráter anal". É curioso notar que os impulsos orais, apesar de mais primitivos, são em geral mais aproveitados na constituição genital definitiva do que os anais. Por outro lado, muitos elementos que compõem o complexo anal da libido são também transformações de impulsos orais, aos quais foi imposta uma renúncia e que foram substituídos por novas formas de prazer. O prazer de sugar migra para o prazer derivado do controle esfincteriano e uretral, já que "[...] a ação desses músculos é a mesma que a dos lábios no sugar e, evidentemente, modelada sobre ela" (ABRAHAM, 1924a, p. 164). Nas transformações regressivas do caráter, em geral tal processo é estancado no nível anal; mas quando ele avança ainda mais, o que emerge não é um caráter oral "puro", mas sempre uma mescla de traços orais e anais. Na prática, estamos quase sempre diante de "produtos mistos", já que a origem do caráter anal se acha intimamente ligada com a história do erotismo oral. E, acima de todo, seguindo Abraham, alcançamos um *insight* bastante mais amplo sobre a natureza humana: compreendemos que *absorver*, *expulsar* e *reter* são as experiências psicossomáticas fundamentais que formam a base de toda relação de objeto.

E como, então, definir um caráter "patológico", uma vez que ele é formado com o mesmo material que constitui o caráter "normal"?

Seguindo a pista de Abraham, podemos caracterizar o patológico pelo exagero e pelo excesso, em contraste com o "caminho do meio". Ou, elaborando um pouco melhor essa fórmula, podemos ver patologia na *fixação de formas*, em contraste com a possibilidade de trânsito, fluidez e mescla dos elementos componentes. A repetição estereotipada de traços e de condutas pode ser tomada como um aspecto distintivo do caráter patológico, o que nos leva a um tema metapsicológico de suma importância: *a hipótese da compulsão à repetição*.

Em uma reflexão bem mais recente, Bollas também localizou no fator *fixação* o distintivo da patologia do caráter. Uma "pessoa normal" é "[...] alguém com conflitos tão diversos que não se pode dizer que ele esteja sob a ação de uma fixação" (2000, p. 12). É necessário, pois, distinguir o caráter de uma pessoa dos "distúrbios" do caráter, nos quais se reconhece uma fixação estrutural daquilo que, em outra situação, seria simplesmente denominado "traço de caráter". No entanto, a abordagem de Bollas, tributária da psicanálise das relações de objeto, difere da de Abraham por não colocar as fontes libidinais no centro da discussão do caráter. Em vez de falar de caráter oral ou caráter anal, ele descreve os distúrbios de caráter do tipo narcisista, *borderline*, esquizoide, histérico, etc. – todos derivados de modalidades distorcidas de relação com o objeto primário. Prescindindo da teoria da libido, Bollas concebe o caráter de uma pessoa como a expressão do seu si-mesmo, que tende a evoluir sempre que não sofre perturbações de processos patológicos. O caráter humano resulta da história de desenvolvimento do *self* e é, portanto, uma criação singular:

> Se um *self* está comparativamente livre para estabelecer seu próprio idioma de ser e de se relacionar por via dos meios ambientais, então ele irá concretizar uma estética idiossincrática à medida que molda e formata seu mundo de um modo que lhe é particular. (BOLLAS, 2000, p. 9)

Por isso, "o caráter é por si mesmo indecifrável" (2000, p. 9).

No caso das adicções, temos visto a utilidade de definir sua dimensão patológica a partir dos conceitos de fixação e de regressão. Mas diversos desenvolvimentos da psicanálise nos permitem pensá-la para além do modelo da fixação/regressão, se bem que não de todo alheio a ele. Assim, a fixação exacerbada ao objeto adictivo vem em geral acompanhada de uma *coisificação* do mesmo, ou seja, uma paulatina redução de qualidades humanas e vivas do objeto a uma dimensão inanimada e mortificada deste. Essa transformação pode ser descrita, nos termos mais clássicos, como uma progressiva parcialização do objeto, linguagem que não abarca totalmente o fenômeno da coisificação. Ao se trabalhar unicamente com a dimensão econômica e a quantitativa do modelo pulsional, corre-se o risco de perder de vista os aspectos qualitativos da relação de objeto, que têm sido ressaltados por uma "psicanálise do *self*".

Conforme fórmula proposta por Fairbairn (1941), ao lado da *busca de prazer*, deve-se também levar em conta a *busca por objeto*. Afinal, o objeto é apenas um *meio* de satisfação, ou o encontro com ele é também e, sobretudo, um *fim* em si mesmo? Ora, a redução dos anseios do *self* por objetos a um fator meramente econômico corresponde justamente a um fenômeno próprio das adicções, nas quais se verifica uma desarticulação progressiva da qualidade humana da relação de objeto. Em termos de caráter, podemos dizer que se trata justamente de sua *deterioração*, processo que temos examinado em detalhe no estudo das paixões anal e oral. Eis uma via profícua de definir a patologia do caráter: trata-se precisamente de uma *coisificação da relação de objeto*.

Mas, mesmo que nos atenhamos ao modelo clássico das pulsões das primeiras décadas, compreendemos que a chamada "análise de caráter" foi, sem dúvida, um dos grandes avanços da pesquisa psicanalítica na década de 1920, e que produziu frutos muito ricos. A hipótese que norteava o trabalho de Abraham era que as transformações do caráter se dão em função das vicissitudes do desenvolvimento libidinal, seja no sentido progressivo, seja no sentido regressivo. A ideia de uma "involução do caráter" havia sido proposta inicialmente por Freud (1913c), que observou em mulheres em menopausa uma regressão tanto em termos de sintomas psiconeuróticos quanto em termos de caráter. Abraham veio a adotar essa linha de pensamento em seus estudos sobre a ciclotimia maníaco-depressiva, observando nos intervalos livres a predominância do caráter anal (semelhantemente aos casos de neurose obsessiva), e sua subsequente dissolução nos movimentos regressivos em direção aos estados melancólicos ou maníacos[159]. Nos últimos capítulos, temos retomado essa hipótese a fim de aplicá-la ao estudo das adicções: o desenvolvimento da espiral adictiva manifesta, acompanhada de uma característica deterioração do caráter mais ou menos acentuada, pode ser compreendida segundo um movimento regressivo em direção à ordem pré-genital? O alcance e a limitação desse modelo é o que cabe ser colocado em debate.

Paixão: entre a degradação do vício e a força de Eros

A paixão anal é sempre uma formação psicopatológica? Trata-se necessariamente da loucura da posse que ignora a alteridade, que força o próprio desejo em detrimento do direito de

---

[159] Para um aprofundamento do tema do caráter na psicanálise freudiana e pós-freudiana, consultar Fenichel (1945) e Bergeret (1974).

liberdade do outro e que carrega em seu bojo a sombra do ódio ao objeto próprio da posição narcisista? O destino dessa paixão, conforme ela é abraçada de forma radical, é sempre a deterioração do caráter?

Para contrabalançar o impacto do romance de Fowels, reporto-me a um belo filme dirigido por Pedro Almodovar: *Ata-me*. O filme contém uma clara referência à história do colecionador, mas com uma diferença sutil de ênfase que conduz a um desfecho surpreendente. Ricky (Antonio Banderas), o protagonista, acaba de sair de um hospital psiquiátrico. Ele é extremamente desejado pelas mulheres do hospital, tendo sido amante da diretora, que sofre imensamente com sua alta. Ao deixar o hospital, Ricky sai em busca de uma atriz – Marina Osório (Victoria Abril) – com quem havia tido um encontro amoroso um ano antes. Ricky ficara apaixonado, e agora decidiu raptá-la. Ao longo do filme, ele a mantém cativa, e espera assim conquistá-la; sempre que a deixa sozinha, a amarra na cabeceira da cama para que não fuja. A tensão do relacionamento dos dois evolui de modo semelhante ao dos protagonistas de *O colecionador*, mas, ao atingir seu auge, somos surpreendidos por uma reviravolta: o raptor, após inúmeras brigas e exigências da moça em ser libertada, resolve, ao sair, não amarrá-la mais, para que possa ir embora se quiser. Ela, então, olha profundamente nos seus olhos e pede: "Ata-me". Ora, isso pode ser escutado como uma surpreendente e comovente declaração de amor, pois o que pede o apaixonado, senão "ser amarrado"?

No uso corriqueiro da linguagem, se diz "estou amarrado" quando se está amorosamente envolvido – e, é claro, se diz também "me enforquei", ao se casar.... O verbo *possuir* é muitas vezes utilizado com sinônimo de ter uma relação sexual, em geral entre homem e mulher; não seria a posse uma das dimensões inerentes ao amor que, à maneira das pulsões parciais que são integradas à organização genital definitiva, constitui um dos aspectos que fazem parte do amor de objeto? Ora, muito se tem discutido sobre uma suposta dimensão narcisista em toda relação amorosa.

O mito do amor romântico, que por muitos é apreciado como belo e sublime, é carregado de contradições e de primitivismo; a conjunção de amor e morte em histórias tais como a de Romeu e Julieta e a de Tristão e Isolda bem o demonstra. Vimos como, na parte final de narrativa de Fowles, Frederick parece ter adotado essa visão, ao imaginar uma morte a dois que expressasse o êxtase grandioso de um amor impossível. "Só queria tê-la comigo, segura para sempre" – diz ele. Bem, essa frase pode ser interpretada tanto como o "até que a morte os separe" do casamento indissolúvel calcado no mito do amor romântico, quanto como o delírio de uma posse absoluta, a qualquer preço, que ignora qualquer outra determinação alheia aos próprios desígnios.

O filme de Almodovar vem, pois, bem a propósito, como um contraponto à história do colecionador. Pois tal contraste nos faz perceber que os paradoxos da paixão amorosa – e a ambiguidade implicada na posse – são maiores do que uma abordagem mais simplista dá a entender. Marina Osório é viciada em drogas. Ricky – o "louco" apaixonado – assume, gradativamente, a função de sair às ruas para conseguir droga para ela; ele não tem malícia, age de modo ingênuo, impulsivo e irresponsável, rompendo o pacto de respeito e reverência para com o código do tráfico. Por decorrência, acaba sofrendo a retaliação dos traficantes, e volta para casa todo machucado. Trata-se de um movimento ambíguo que contém uma grande ironia. Ele busca agradá-la, atendendo a seus anseios adictivos – como Frederick, que cercava Miranda de mimos: livros, vestidos, material de pintura, boa comida…; Marina Osório, do seu lado, parece sentir isso como um gesto de amor, próprio de um cavalheiro que busca agradar a sua pretendente. Ele a conquista e a convence de suas "boas intenções", e ela fica enfeitiçada e tomada por um desejo crescente, substituindo uma paixão por outra. Assim, nasce uma história de amor, cujo pano de fundo são os paradoxos do vício e da paixão[160]. O filme pode ser tomado como uma fábula romântica, que escamoteia toda a dimensão degradada e degradante da loucura de posse do colecionador; mas creio que ele é mais do que isso: ele almeja questionar uma visão unilateral e moralista da paixão amorosa. Com sua sinceridade bruta, com a força de suas pulsões, com seu charme e com sua ingenuidade, Ricky consegue o que Frederick nunca conseguiu: conquistar uma mulher.

Colecionadores, artistas, cientistas e psicanalistas

Ora, também no caso do hábito de colecionar objetos devemos evitar uma visão reducionista.

O colecionador está profundamente engajado em assimilar um determinado aspecto da realidade que lhe atrai a atenção. Ele se dedica a se apropriar de um universo particular, buscando estudá-lo, compreendê-lo e tomá-lo para si; esse movimento de apropriação pode ou não redundar na socialização do resultado do processo. Podemos considerar que *ele busca uma introjeção do objeto*, no sentido específico que Ferenczi atribuiu a esse termo: "[...] o neurótico procura incluir em sua esfera de interesses uma parte tão grande quanto possível do mundo externo, para fazê-lo objeto de fantasias conscientes ou inconscientes" (FERENCZI, 1909, p. 84). Essa tendência – tipicamente neurótica, oposta à atitude projetiva do paranóico – é, ao mesmo tempo, constitutiva do humano. Trata-se de um superinvestimento nos obje-

---

[160] Podemos supor que há uma espécie de "relação amorosa" entre o traficante e o viciado? A sofreguidão com que o adicto busca o traficante – e o lugar tão singular que ele ocupa em sua vida e em seu imaginário – muitas vezes encontra, do outro lado, uma contrapartida generosa, atenciosa e benevolente de grande apelo: "Você pode me ligar a qualquer hora do dia e da noite que te darei o que você quer, nunca vou te deixar na mão".

tos – sentimentos exagerados de amor, repulsa, atração e ódio são experimentados por pessoas e coisas do mundo externo –, cuja finalidade é escapar de certos complexos recalcados penosos. Para Ferenczi, a introjeção pode se manifestar através das funções de nutrição e de excreção, como se verifica na "gulodice" dos histéricos e nas diversas formas bizarras de apetite – a atração pelo "fruto proibido", o apetite de mulheres grávidas, etc. –, assim como na cleptomania histérica.

Ora, esta "sede por objetos" é também típica dos colecionadores! Um colecionador de livros, por exemplo, ambiciona assimilar o imenso acervo cultural que está ali depositado, mesmo sabendo que tal projeto é impossível na prática; trata-se, portanto, de uma realização muito mais simbólica do que efetiva. Ainda assim, sua paixão pode levá-lo a tornar-se um pouco mais sábio. Algo semelhante ocorre com o colecionador de CDs de música: muitos desses aficcionados mal conseguem escutar e assimilar tudo o que possuem, mas ainda assim alentam o sonho de, um dia, talvez...

Fowles propõe, em seu livro, uma discussão acerca da relação entre o colecionador, o cientista, o artista e o crítico de arte. Quando Miranda conhece pela primeira vez a coleção de borboletas de Frederick, reage com indignação – "[...] você é um verdadeiro avaro, fechando toda esta beleza nas gavetas deste armário" (FOWLES, 1958, p. 54) –, e compara seu trabalho, então, com o do cientista:

> [...] odeio os cientistas; odeio as pessoas que colecionam coisas, que as classificam e depois se esquecem da sua existência. É o mesmo que hoje as pessoas estão fazendo com a arte. Classificam um pintor de impressionista, cubista ou qualquer outra coisa e depois deixam de o ver como um pintor vivo, individual... (FOWLES, 1958, p. 54)

Frederick diz: "[...] sou etmólogo, coleciono borboletas", e Miranda acrescenta: "[...] e, agora, então, acrescentou-me à sua coleção [...] fechou-me neste quarto e vem-me observar e estudar sempre que tem vontade de fazê-lo" (FOWLES, 1958, p. 43-44). Assim, o cientista pode ser tomado por uma paixão fria e aséptica, transformando um destino sublimatório em um processo deteriorado; mas, por outro lado, a "loucura de colecionador" pode ensejar grandes obras. Lembro-me, por exemplo, do filme biográfico sobre Kinsley – biólogo, observador criterioso e classificador obsessivo – que, ao aplicar o seu método ao estudo da sexualidade humana e publicar os resultados em seu conhecido Relatório, convulsionou os costumes da sociedade norte-americana.

Os artistas também conhecem o valor de colecionar; vejamos alguns exemplos no campo das artes plásticas. Naum Alves de Souza, o grande criador de universos imagéticos da dramaturgia paulistana contemporânea, se diz um apaixonado por coleções, e apresenta sua própria casa como uma residência-ateliê, que é um espaço de recolhimento e conservação de objetos[161]. Silvano Miranda ("Fafá"), artesão em madeira residente em Joanópolis, São Paulo, faz questão de não derrubar nenhuma árvore para produzir suas peças. A sua relação com as árvores e com a natureza é bastante visceral, e testemunha um trabalho de simbolização muito particular. Ele recolhe, nas matas e na cidade, o material bruto, e o guarda em seu espaço próprio; diz que já tem material recolhido para produzir por toda vida, e que seu drama é ver que não dá conta de realizar tudo o que concebe conforme recolhe as peças brutas. "Eu já vejo o que elas serão, mas elas vão se estragando com o tempo, e eu não dou conta"[162]. A angústia de Silvano lembra aquela do colecionador de livros ou de discos que sabe que não conseguirá ler ou escutar tudo o que tem; trata-se da angústia de se afogar em uma obra potencial que o sujeito vê em seus objetos, mas que sabe ser maior do ele mesmo.

Muitos artistas plásticos são colecionadores de objetos do mundo; eles ensinam para seus alunos e crianças que, na sucata,

---

161 "O senhor das coleções". Revista Morar, *Folha de São Paulo*, 29 de agosto de 2008, p. 16-21.

162 Comunicação pessoal. Para mais informações sobre o artista, consultar o site www.raizdaterra.art.br.

se encontra o material bruto da criação; no limite, o lixo excretado pelo mundo civilizado pode tornar-se a matéria bruta do artista. Mesmo Ana Teixeira, especializada em intervenções urbanas ou em "arte pública" – experimentação radical que, a princípio, "coleciona" e conserva tão pouco –, desenvolveu um projeto peculiar nas ruas de várias cidades do mundo: dispunha-se, sentada diante de uma cadeira vazia, a escutar histórias de amor. Ana filmou diversos desses encontros, e se tornou, assim, uma colecionadora de histórias de amor; mas, na videoinstalação que daí resultou, ela tirou o som original, pois não queria fazer fofoca com a história alheia...[163]

Ora, Freud, tensionado entre a ciência e a arte, era também um colecionador! Sugeri, em capítulo anterior[164], que a paixão de Freud pelas antiguidades – e pelos livros! – implica uma transformação bem-sucedida de uma tendência adictiva, já que nela se dá um trabalho de simbolização sobre as origens da civilização e do sujeito psíquico. As antiguidades são como objetos transicionais para lidar com os outros ausentes e distantes e com a passagem do tempo: os soterramentos e os esquecimentos, as marcas constitutivas da cultura humana e da individual e a transitoriedade da vida.

Um exame da paixão de Freud pelos livros, retomando os indícios por ele deixados na análise do sonho da monografia botânica, pode ser útil.

Conforme já vimos, Freud (1900) se autodenominou um "bibliomaníaco", sendo a paixão pelos livros "a primeira paixão de sua vida". Aos dezesseis anos, acumulou uma enorme dívida em uma livraria, e teve que recorrer à ajuda de seu pai para saldá-la. Ora, foi justamente seu pai quem transmitira a Freud o desejo de seguir uma carreira intelectual, que ele mesmo não fora capaz de

---

163 F. Awi, "Artistas de rua". Revista do *Jornal do Brasil*, maio de 2008.
164 Cf. "A cocaína, os charutos, as antiguidades, os livros... e o silêncio sobre as adicções", sessão do capítulo "O jovem Freud, a cocaína e as adicções".

realizar[165]! Bem, a linha associativa do sonho desencadeada pelo tema "livros" conecta-se a alguns outros elementos significativos: a autorreprovação por "[...] deixar-se arrastar por demais por suas afições e preferências", uma lembrança infantil dos cinco anos de idade (Freud regozija-se em destruir, junto com sua irmã, um livro ilustrado dado pelo pai) e sua mania, durante os tempos de faculdade, de "[...] sempre estudar em monografias" (recorrendo a fontes originais, e não secundárias), no afã de "[...] buscar o mais completo em cada questão, de que tanto me orgulhava" (FREUD, 1900, p. 452).

Esse pequeno fragmento da autoanálise é surpreendente e elucidativo, no que se refere às tendências adicctivas de Freud e aos paradoxos da paixão. A relação com os livros comporta, para Freud, uma grande riqueza de sentidos simbólicos, relacionando-se, por um lado, à impossibilidade de conter seus impulsos infantis vorazes e agressivos, dirigidos principalmente ao pai – acarretando em culpa e autorreprovação –, e, por outro, expressando um trabalho sublimatório de suas fantasias de ambição e poder, o que o impulsionou à própria criação da psicanálise. Se o pai é, aqui, atacado e explorado; também é com ele que Freud se identifica para levar à frente suas ambições intelectuais. Ora, é justamente a natureza ambivalente dessa relação, despertada pela morte do pai, que colocará em movimento a profunda revisão subjetiva realizada por Freud em sua autoanálise; o fruto será *A interpretação dos sonhos*, cuja escritura inaugura a disciplina psicanalítica. Quando Freud viu, em seu sonho, uma *monografia* na

---

[165] "A primeira sorte de Sigmund Freud foi ter tido por pai um judeu que não era dotado para o comércio, malgrado fosse este seu ofício, mas que, autodidata e talvez descrente, professava o liberalismo e a modernidade. Seus irmãos de um primeiro matrimônio e um outro, mais jovem, consagraram-se à prática a ao ensino do comércio, escolhendo ser bem-sucedidos onde seu pai tinha fracassado. Sigmund, tornando-se médico e pesquisador, obteve o tipo de sucesso que seu pai desejou e sobre o qual havia expressado o desejo a seu filho: um sucesso na área cultural" (ANZIEU, 1989, p. 23).

vitrine de uma livraria, ele estava vislumbrando sua própria obra dos sonhos pronta, publicada e exposta para venda – certamente, "o mais completo" que poderia se esperar sobre o assunto.

O duplo aspecto implícito ao material onírico do sonho da monografia botânica – a censura pelos próprios vícios, sendo a monografia um álibi e uma justificativa racionalizadora, e o trabalho de sublimação das paixões através do conhecimento – foi bem assinalado por Anzieu. Por um lado, temos a autocensura: "[...] uma reprovação é comum a todas as recordações [despertadas pela análise do sonho]: a de ceder demasiado às fantasias" (ANZIEU, 1989, p. 194); assim, por exemplo, Freud teria descoberto o poder anestésico da cocaína, se não tivesse interrompido suas pesquisas para as férias e o encontro com a noiva. O sentido do sonho é, pois, o desejo de escapara a todas estas censuras. Em seguida, temos as justificativas:

> [...] é por culpa de Martha que ele não fez esta descoberta. Aliás, sua monografia sobre a cocaína foi um trabalho fecundo. Ele sempre se mostrou um estudante aplicado: poderia se permitir algumas fantasias; mais valia a paixão pelos livros do que outras paixões. A monografia de valor que ele prepara sobre os sonhos, do mesmo modo, desculpa estas fantasias atuais: fumar, colecionar antiguidades, etc. (ANZIEU, 1989, p. 194)

Mas, por outro lado, temos também o poder do trabalho de sublimação advindo da autoanálise:

> Freud não percebe, no momento, a grandeza de sua ambição e de seu projeto. Como José e os intérpretes antigos de sonhos, foi nos sonhos que ele depositou a confiança em si, em seu trabalho, em suas ideias. Esta confiança lhe vem da infância: a recordação do livro de figuras desfolhado é o símbolo da parte feliz de sua infância, do mesmo modo que seu pai fez da Bíblia de Philippson o símbolo de seu gosto de aprender [...] (p. 195)

Um sonho, diz Anzieu, faz mais do que continuar os pensamentos da vigília, pois,

> [...] tirando sua força dos impulsos profundos, é capaz de dar forma à ação futura. [...] O sonho da "Monografia botânica" é verdadeiramente a primeira circunstância em que Freud percebe intensamente tudo isso. Ele vê, como Fliess, o livro dos sonhos acabado, pode folheá-lo como o primeiro

livro que o fascinou na infância. A fé necessária para escrevê-lo é assim liberada. *Traumbuch*: livro sobre os Sonhos (e mesmo chave dos sonhos), mas também livro sonhado, livro de sonho [...] (1989, p. 195)

Penso que a relação entre aos vícios e o "trabalho do sonho" não é, aqui, fortuita. O duplo aspecto da relação de Freud com os livros nos dá a medida da complexidade do tema, e também fornece uma importante pista quanto aos meios de transformação possíveis do funcionamento adictivo. Pois um exame atento nos permite compreender que foi justamente o investimento de Freud no sonho como objeto – e o trabalho psíquico que o acompanhou – que serviu como um elemento intermediário de mediação entre a pulsão impetuosa e o trabalho de simbolização, cumprindo um papel decisivo na elaboração de suas tendências adictivas. Segundo meu ponto de vista, *a compulsão à repetição encontra, no "trabalho do sonho", um freio e um meio de transformação que convertem a força impetuosa e indomável das pulsões em figuração, sentidos simbólicos e gesto criativo*. Assim, se reconhecemos na adicção uma espécie de "colapso do sonhar", a sua terapêutica deverá pautar-se pela (re)colocação em marcha da atividade simbolizante do psicossoma, que chamamos, simplesmente, de "função do sonhar" (D. GURFINKEL, 2001, 2008d).

Vejamos ainda mais um exemplo: o de um colecionador da era das "novas adicções". Tomás trabalhou por muitos anos em empresas multinacionais, tendo passado vários períodos fora do país; em certo momento, movido por um sentimento de desgaste e de desilusão, decidiu mudar de vida. Nesse ínterim, tivera muito contato com as novas tecnologias emergentes na área da informática e, como um amante da música, desenvolvera um *hobby* singular: colecionar arquivos musicais para computador. Quando deixou sua carreira e voltou ao Brasil, transformou esse *hobby* na principal atividade de sua vida e, durante muitos meses, ocupou pelo menos doze horas de seu dia envolvido com o assunto. Tomás acumulou uma incrível quantidade de músicas que, como ele mesmo reconhecia, nunca seria capaz de escutar ao longo de toda sua vida, e começou a se incomodar com o fato de ter perdido o controle sobre a situação: não conseguia mais parar. Os contatos com pessoas se reduziam, quase que exclusivamente, a encontros de trocas de arquivos de música, entremeados e acompanhados de uso cada vez mais frequente de maconha. Anos depois, após ter superado essa fase difícil – não sem antes ter reconhecido que estava bastante "perdido", deprimido e paralisado, o que o fez finalmente procurar uma ajuda terapêutica –, criou um negócio próprio cuja área de atuação foi, justamente, a da informatização de música, utilizando para tanto a sua experiência acumulada.

A história é, em si, ilustrativa de alguns aspectos singulares das paixões adictivas. Em primeiro lugar, constatamos que os objetos de adicção podem ser de fato os mais variados, o que, por vezes, devido às mudanças culturais, resulta na emergência de "novos" tipos de adicção[166]. Em segundo lugar, é interessante notar como aqui se dá uma adicção "dupla": o colecionar arquivos de música e o uso intensivo de maconha; creio que, neste tipo de situação, uma adicção realimenta a outra, como nos casos de associação entre álcool e drogas, entre diferentes drogas, entre o jogo e a bebida, entre os estimulantes e o sexo, etc. O exemplo ilustra também algo que nem sempre é evidente: o surgimento e a evolução de uma carreira adictiva a partir de uma crise marcante e bem localizável, em um percurso de vida que vinha até então se mantendo aparentemente bem organizado. Mas o aspecto mais singular desta história, e que mais nos interessa, é o destino que Tomás conseguiu dar ao seu "vício", à medida que foi capaz de fazer um trabalho de elaboração de sua crise. Aqui testemunhamos novamente, como no caso de Freud e seus livros, a transformação bem- sucedida de uma compulsão à repetição em um projeto de vida consistente, no qual a relação com um objeto que era usado adictivamente pôde vir a ganhar um sentido produtivo

---

[166] Sobre este assunto, ver capítulo "Adicções: 'atualidade' do tema".

e criativo[167]. Ainda que se trate, aqui, de uma descrição sumária e esquemática – e que corre o risco de parecer uma fábula –, trata-se de uma situação verídica que ilustra bem os paradoxos da paixão, assim como a "dupla face" dos fenômenos adictivos que venho tentando assinalar.

Retornemos, agora, ao caso mais clássico dos colecionadores de antiguidades.

Recentemente, houve uma grande exposição no Museu Rodin, em Paris, a qual reuniu as coleções de antiguidades de Freud e de Rodin, e em torno das quais houve uma grande reflexão sobre o tema[168]. Rodin tornou-se, em Paris, um colecionador de antiguidades na mesma época que Freud, em Viena. Ambos acumularam com ardor tais objetos do passado antigo (do Egito, da Grécia, de Roma, da China e do México), que pouco a pouco foram ganhando um lugar importante em suas vidas e para os quais dedicaram muito tempo e dinheiro; e, sobretudo, ambos falavam de suas peças como uma metáfora de sua obra. Apesar de nunca terem se encontrado, um estranho destino comum parece aproximá-los: na mesma livraria-editora-galeria de Heller, em Viena, em que Rilke fez uma conferência sobre Rodin, em novembro de 1907, Freud proferiu, no mês seguinte, sua conferência sobre os escritores criativos e a fantasia e, em janeiro, os trabalhos de Rodin foram expostos. Heller, Rilke, Lou Andreas-Salomé, Stefan Zwig, Romain Rolland e Marie Bonaparte conviveram com Freud e Rodin – conheceram sua paixão por antiguidades, suas

---

[167] Ao avaliarmos o caso aqui relatado, é importante que levemos em conta a *conservação de um sentido simbólico* do objeto – o lugar da "música" no mundo subjetivo de Tomás –, o que nos distancia da *degradação coisificante* das adicções mais graves. A mesma ressalva se aplica aos colecionadores de livros e de antiguidades.

[168] "La passion à L'oeuvre: Rodin et Freud collectionneurs". Paris: Musée Rodin (commissariat général: Dominique Viéville), 15 de outubro de 2008 a 22 de fevereiro de 2009.

criações e seus ideias – é serviram como "elos intermediários virtuais" entre eles.

Rodin reuniu mais de 6 mil peças, e passava muito tempo entretido com elas. Ele considerava-as uma importante fonte de seu processo criativo. Desde jovem, costumava desenhar objetos antigos observados no Louvre e copiar imagens de livros de gravura de bibliotecas, constituindo, assim, uma espécie de "biblioteca de imagens" particular; esse acervo foi muito revisitado por Rodin no final de sua vida. Conforme começou a formar sua própria coleção, as peças passaram a fazer parte de seu ateliê de escultura; emergiu, então, em sua obra, um novo estilo, traduzido, por exemplo, no *Estudo do torso de um homem que anda*, ou nas figuras sem cabeça e sem braço, que conservam os traços de uma arte remota. Em uma carta[169], Rodin disse que as peças antigas "[...] não estão mortas, mas vivas, e eu as animo ainda mais, quando facilmente as completo com minha visão". Assim, o nosso artesão de Joanópolis parece seguir um método que guarda alguma semelhança com o do mestre de Paris: reunir, colecionar e conviver intimamente com objetos que carregam em si emanações de tempos e espaços diversos – uma civilização antiga para o europeu, a natureza "selvagem" para o habitante da montanha – e utilizá-los como matéria-prima – seja ela imaginária ou concreta – de suas criações.

É, pois, fundamental que consideremos o sentido singular que a coleção adquire para o artista ou para o cientista em cada caso.

> Cada objeto de coleção é investido de um valor que lhe atribui seu proprietário. Para Freud, o valor financeiro [...] vinha depois do seu caráter de verdade científica. O psicanalista pedia ao conservatório do Museu de Viena o fornecimento de certificados de autenticidade de suas aquisições. [...] Mas para Rodin, apenas o olhar do artista era capaz de apreciar o valor

---

[169] Carta a Hélène de Nostitz de outubro de 1905. In: Catálogo da Exposição "La passion à L'oeuvre: Rodin et Freud collectionneurs". Paris: Musée Rodin, 2008.

de uma obra, sob o único critério da beleza. Mas um outro valor, sem dúvida mais íntimo, os reunia: Rodin e Freud dotavam tais objetos de uma vida que lhes transcendia[170].

As antiguidades nos remetem a um trabalho de resgate, de conservação e de reparação do passado perdido e esquecido. Através delas, a memória e a história podem ser reconstruídas. Uma vez que muito pouco nos é acessível no curto horizonte de nossa observação presente, o que não pode ser recordado exige um trabalho de *construção*, seja do lado do artista, do cientista, ou do psicanalista.

É preciso reconhecer, pois, que a paixão de colecionar pode estar associada à produção de grandes obras. O sentido subjetivo de uma coleção é um contraponto à dimensão adictiva da paixão anal do colecionador. Ela pode ser fonte de um processo de criação e, sobretudo, um meio de comunicação e de ligação com um mundo de objetos mais amplo e, por vezes, distante e inacessível; ela opera, nesse caso, mais em um circuito de relações simbólicas de objeto do que em um curto-circuito autoerótico e narcísico, como no caso de uma neonecessidade. Trata-se, também aqui, do trabalho de simbolização próprio da função onírica.

E quanto ao psicanalista?

O analista não é também um "colecionador de histórias", como Ana Teixeira, que recolhia histórias de amor nas ruas das cidades? Ora, se a sua dedicação à vida psíquica alheia implica uma devoção, ela pode tornar-se um vício e redundar na degradação de seu ofício. Daí a importância da ética no trabalho do psicanalista; assim como no caso da artista plástica, não se trata de fazer fofoca: é preciso suprimir o som[171]... O paralelo entre o psicanalista e o arqueólogo sugerido por Freud merece ser lembrado: em ambos, trata-se de um trabalho de resgate do passado,

---

170 Catálogo da Exposição, anteriormente citado.

171 Daí a grande dificuldade na comunicação de material clínico entre analistas, em congressos, em publicações etc.

de construção de memória e de reparação. Mas e quando esse trabalho se desvirtua? Sabemos, por exemplo, dos descaminhos possíveis do amor de transferência – quando as histórias de amor vazam do campo da realidade psíquica e irrompem na realidade material... O psicanalista, entre o cientista e o artista, está diariamente exposto a essas questões, e certamente não está imune, em seu trabalho, aos paradoxos da paixão.

Todas essas observações nos alertam contra uma concepção reducionista e simplista da paixão e, por decorrência, das adicções. *Ata-me* indica como um desejo de posse e de submissão é próprio de todo amor, e que um processamento bem-sucedido dessas formas de loucura pode resultar em uma bela história de amor. A paixão do colecionador pode degradar-se até o extremo da atuação direta do ódio narcísico ao objeto, mas pode ganhar também um destino sublimatório na atividade artística ou na científica; em ambos, reconhecemos um pouco da loucura de um amor desmesurado, que é capaz de produzir grandes obras. Esses paradoxos da paixão nos remetem à origem etimológica do termo grego *páthos*, que significa "sofrimento" ou "doença"; o patológico, no nosso campo específico de trabalho, se refere em geral à "doença mental" ou à loucura, constituindo a dita *psicopatologia*, mas também contém em si o germe e o vigor de Eros – a fonte da paixão[172].

A lição que levamos desta discussão é que devemos considerar a diversidade de modos de se relacionar com os objetos, e procurar examinar com mais cuidado quando se trata de uma "patologia". Há uma delicada fronteira que separa a paixão anal, que submete e ignora o outro, e a experiência simbolizadora de

---

172 Essa multiplicidade de sentidos, tão significativa para a experiência humana e para a psicanálise, inspirou a chamada "psicopatologia fundamental". A ideia, inicialmente formulada por Pierre Fédida, foi adotada por diversos pesquisadores como mote de um rico e vigoroso movimento de pesquisa e debates interdisplinares, com forte presença nas universidades e meios psicanalíticos do Brasil (BERLINCK, 2000).

um colecionador de antiguidades como Rodin ou Freud, na qual observamos um trabalho de sublimação, de reparação e de criação subsequente. O mesmo se coloca em relação à paixão oral: devemos distinguir a compulsão alimentar de um interesse e cultivo de atividades alimentares. A gastronomia e a culinária comportam uma arte e uma série de experiências profundamente simbolizadoras; é preciso considerar, também, que em muitas situações o uso de bebidas e de cigarro se dá em contextos simbólicos de ritos culturas, tais como brindes e comemorações, confraternizações coletivas, rituais religiosos, etc.

Vê-se, assim, como a definição de adicção continua sendo um grande desafio; afinal, como diferenciar um vício de um "uso do objeto"[173]? Temos ainda muito a aprender sobre processos ao mesmo tempo tão próximos e tão distantes: a paixão que aprisiona e degrada, a paixão solitária do colecionador, a loucura coletiva da comilança e o trabalho de criação do cientista e do artista, que contém em si um pouco de tudo isso.

---

[173] No sentido atribuído por Winnicott (1971) a essa expressão.

11
Relacionamentos adictivos

Na clínica das adicções, a paixão evidencia-se de maneira mais cabal no "vício pelo outro". O apaixonado está hipnotizado e siderado diante do objeto; trata-se, pois, de uma modalidade de adicção, ou seja: estamos diante de um *relacionamento adictivo*.

Em capítulo anterior, examinei a relação entre a paixão, a hipnose e a submissão ao líder nos movimentos de massa, a fim de discutir certos aspectos do fenômeno adictivo. Freud (1921a) destacou a dimensão libidinal que subjaz a esses vínculos, relacionando-os à tópica psíquica por ele proposta: o ideal do Eu fica depositado no líder, hipnotizador ou objeto de amor, e o Eu fica em uma posição de inteira submissão. A libido narcisista, usualmente investida no Eu, é transferida para este outro, que se torna um objeto ideal – daí a escolha de objeto de tipo narcisista. O proselitismo, tão característico do microcosmo dos adictos, pode ser compreendido à luz dessa constelação psíquica, que tem como subproduto a criação de um objeto idealizado que precisa ser constantemente louvado, cultuado e propagado; trata-se de uma militância que lembra aquela dos fanáticos religiosos, movidos por uma crença absoluta, ou a disciplina e a obediência dos soldados subordinados a suas instâncias superiores. De maneira análoga, o bebedor que se vê em uma relação de "perfeita harmonia" com o álcool é presa de uma idealização do objeto, buscando apagar, através dela, a percepção de toda imperfeição no sexo, no amor e na vida.

Assim, o predomínio dessa relação com um objeto ideal no contexto de uma escolha de objeto marcadamente narcisista – em detrimento de um engajamento com os "objetos reais" – nos permitiu diferenciar a paixão do amor. Na paixão, reconhecemos uma espécie de "amor tóxico", no qual os excessos indicam algum extravio na relação com o outro. Ainda que levemos em conta os paradoxos do amor e toda a complexidade do tema, podemos encontrar nessas formulações alguma orientação para se compreender a paixão adictiva.

Isso nos leva a estudar o fenômeno clínico tão comum que é o *relacionamento adictivo*. Certas pessoas apresentam regularmente uma espécie de *dependência patológica* em relação a um outro – em geral, um parceiro amoroso. Tal configuração poderia ser tratada como um "tipo de caráter", seguindo a proposta de Freud sobre os "tipos libidinais". Em artigo tardio, pouco visitado, ele descreveu três tipos libidinais básicos – o erótico, o obsessivo e o narcisista –, assim como os tipos mistos, formados pela combinação entre os tipos básicos. Não é difícil reconhecer no sujeito apaixonado o tipo erótico:

> [...] são pessoas cujo interesse principal – a maior parte de sua libido – está concentrado na vida amorosa. Amar, e, mais particularmente, ser amado, é para eles o mais importante na vida. São constantemente acometidos pelo temor de perder o amor, e se encontram por isto em uma *peculiar dependência* dos demais, que podem privá-los deste amor. (FREUD, 1931, p. 3074)

Mas, no relacionamento adictivo, trata-se de algo mais do que um "tipo libidinal"; ou, ainda, trata-se de uma tamanha exacerbação de tal tipo caracteriológico que nos força a ver aí, sem sombra de dúvida, um *páthos*: uma paixão e uma doença, ou, mais simplesmente, a doença da paixão.

Os relacionamentos adictivos podem ser comparados à perversão. A maneira imperiosa, compulsiva e muitas vezes violenta com que o outro é tratado – demonstrando uma incapacidade de reconhecer, justamente, a alteridade do objeto – nos lembra o perverso, incapaz de se identificar com o outro nos seus desejos e sofrimentos; por outro lado, a sexualização excessiva, parcializada e dissociada não é uma característica obrigatória desse tipo de vínculo. Estaríamos inclinados a ver nos relacionamentos adictivos, assim, uma espécie de "perversão sublimada". Daí o relativo predomínio de um "amor tóxico" sobre uma "sexualidade tóxica", ainda que combinações diversas entre eles sejam usualmente encontradas. Vale a pena aqui recordar que Freud já se preocupava com a "degradação" da vida erótica, e que utilizou o modelo da relação do bebedor com o vinho para discutir a questão; estamos no âmbito do que tenho aqui denominado, de modo genérico, uma *degradação do caráter*.

É fundamental assinalarmos também o papel da problemática da perda do objeto nos relacionamentos adictivos. Isso nos põe em contato com a psicopatologia da perda e, em particular, com o modelo da melancolia enquanto um luto impossível. Quando a dialética do amor perde sua regulação tão delicada e difícil, e rompe-se a capacidade de tolerar os "altos e baixos" do jogo amoroso, caímos na gangorra entre a paixão e a melancolia. O apaixonado, enquanto crê possuir o objeto, vive um estado febril de triunfo próximo à mania, no qual o Eu se funde e se confunde com o ideal do Eu; mas, quando a perda do objeto ou a simples frustração de expectativas se afirma, sobrevém a revolta muda ou explícita, e o ataque raivoso e violento ao objeto ou ao Eu identificado com ele. Nesse caso, a tensão entre o eu e seu ideal explode em todo seu potencial destrutivo[174].

---

[174] Refiro-me aqui à formula sobre a melancolia/mania e à relação Eu/ideal de Eu, enunciada por Freud (1921a) em *Psicologia das massas* e análise do ego (cap. XI). A aproximação entre adicções, mania e ciclotimia é de grande relevância, não sendo possível desenvolvê-la mais neste contexto.

Como Freud propôs, a labilidade dos investimentos do melancólico se deve a uma escolha de objeto marcadamente narcisista. Diante da perda do objeto, a tendência a um refluxo da libido para o Eu é considerável, e a possibilidade de um reinvestimento em outros objetos e no mundo fica bastante reduzida. Na paixão adictiva, observamos este mesmo ponto vulnerável: há também um caráter narcisista neste amor, já que ele é em grande parte alimentado pela necessidade de sustentar quase que alucinatoriamente – e a qualquer custo – o ideal que o Eu se sente tão incapaz de alcançar. Nos bastidores do amor tóxico, se encontra uma grande precariedade do amor-próprio. Assim, nos paradoxos da paixão e no paroxismo do amor narcísico, encontramos tanto a devoção quanto a devoração do objeto. Isso está bem representado pela paixão oral: a fome canibalística pela totalidade do amor vampírico faz coincidir o "ataque" pulsional libidinal ao objeto com sua eliminação. A adicção pode ser descrita, pois, sob este ponto de vista, como uma doença do difícil equilíbrio entre investimento no objeto e investimento no Eu; nela, o Eu fica devastado e esvaziado pela paixão.

Amor vampírico

Examinemos os relacionamentos adictivos sob a ótica de um "amor vampírico".

O "amor vampírico" pode ser tomado como uma figuração precisa de certos aspectos de tais relacionamentos, e evidencia claramente a sua dimensão oral. Abraham já havia se referido à pessoa de caráter oral como um sanguessuga ou vampiro, que está sempre solicitando algo com uma exigência agressiva, e que é impaciente e intolerante a qualquer adiamento da satisfação imediata; ele notou, ainda, que tais pessoas detestam ficar sozinhas, o que é característico do "viciado no outro". No "amor vampírico", o desejo é de tal maneira voraz e primitivo que tem como meta – ou, pelo menos, como consequência inevitável –

"sugar o sangue" do outro. O resultado desse tipo de amor é a "destruição" do outro – ou, se preferirmos, sua "promoção" à família dos vampiros. Eis aí o canibalismo inerente à lógica oral, segundo o qual *ter* o objeto envolve necessariamente incorporá-lo e destruí-lo.

No entanto, a ideia de uma *promoção* da "vítima" a vampiro como resultado do ataque oral nos mostra toda a ambiguidade contida na ideia da "destruição" do objeto, e recoloca em pauta os paradoxos da paixão; pois, ao tornar a "vítima" imortal e poderosa, o caçador estaria lhe concedendo, em troca de sangue e prazer, um prêmio e um dom maravilhosos. Ora, este "canto da sereia" do vampiro nos remete, por um lado, ao proselitismo mercadológico – propaganda enganosa – próprio dos apaixonados e perversos, mas põe em relevo também, por outro, o estranho e misterioso poder de atração desse tipo de amor, que tanto fascina os poetas e os escritores, verdadeiros cronistas do universo da fantasia inconsciente.

Ora, os relacionamentos adictivos compreendem um leque muito grande em termos de grau de comprometimento e de "degradação de caráter", e a fronteira entre o universal e o patológico segue sendo problemática. Se, conforme se diz, em todo amor há um tanto de fetichismo, também podemos dizer que em todo amor há alguma dose de *vampirismo*. O tema do "amor vampírico" está hoje na ordem do dia em nossa cultura, especialmente entre os adolescentes; a canção *Doce vampiro*, de Rita Lee – não tão "atual" –, nos brinda com material oportuno para darmos início a esta discussão:

> Venha me beijar, meu doce vampiro
> Oh, uohu, na luz do luar
> Ahan, venha sugar meu calor
> de dentro do meu sangue vermelho
> Tão vivo, tão eterno veneno
> que mata tua sede
> que me bebe quente
> como um licor
> Brindando a morte, e fazendo amor.

> Me acostumei com você
> sempre reclamando da vida
> me ferindo e me curando a ferida
> Mas nada disso importa,
> vou abrir a porta pra você entrar
> beijar minha boca,
> até me matar, de amor.[175]

Um dos aspectos singulares dessa canção é o fato de ela adotar o ponto de vista da "vítima" do ataque vampírico. Ser vampirizado é retratado – de maneira quase que proselitista – como muito desejado, e fonte das maiores delícias. O vampiro é doce, e o sangue é doce; ele é oferecido como um eterno veneno que mata a sede – sede de amor ou de morte? O que é afinal esta "doce morte": trata-se do trabalho de Eros ou de Tânatos? Não é possível decidir, e talvez nem seja cabível colocar a questão nestes termos: no universo do amor vampírico, a dualidade amor e morte comporta uma tal delicadeza que dispensa polarizações redutoras. O beijo de amor e o beijo da morte estão perfeitamente concatenados, e a "pequena morte" é sempre – devemos lembrar – a clássica metáfora da experiência do orgasmo[176]: um matar-se de amor. Assim, "[...] beija minha boca, até me matar, de amor"...

Ora, aqui os circuitos oral e genital estão bastante interligados – e não apenas no campo da psicopatologia, mas na psicologia da vida erótica e amorosa de modo geral. A metáfora da penetração – "[...] vou abrir a porta pra você entrar" – evidencia um intercâmbio fluente entre esses dois tipos de erotismo que vai muito além do plano meramente anatômico[177]. Podemos es-

---

[175] In: A. CHEDIAK, A. (Org.). *Songbook Rita Lee.* – vol. I, Rio de Janeiro: Lumiar, p. 52.

[176] Na língua francesa, se usa a expressão *petit mort* para designar o orgasmo.

[177] Lembremos o célebre "sonho da injeção de Irma", relatado por Freud (1900) em *A interpretação dos sonhos*, no qual esta paciente que "resiste" à solução oferecida por seu analista tem sua boca e garganta examinadas física

pecular, também, sobre a equivalência simbólica entre sangue e sêmen. Abraham (1908, 1909) trabalhou extensivamente sobre os significados simbólicos dos "filtros do amor", do néctar da mitologia e do álcool: o uso dessas substâncias representa, segundo sua interpretação, o processo de procriação. Tais objetos seriam substitutos simbólicos do sêmen humano, que contém um efeito vitalizador e imortalizante (já que procriar é imortalizar-se através dos descendentes); "[...] ele fertiliza como o soma celestial, que cai sobre a terra como o orvalho ou a chuva" (ABRAHAM, 1909, p. 202). Assim, a força da carga simbólica das substâncias vitais do corpo, seja o sangue que alimenta continuamente o organismo de energia vital e assim garante a sobrevivência do indivíduo, seja o sêmen que veicula a magia da perpetuação da espécie, é de grande relevância. Freud sempre esteve atento a esta dualidade – preservação do indivíduo e preservação da espécie –, que tratou em termos da tensão irredutível entre as pulsões autoconservativas do Eu e as pulsões sexuais. E, de fato, o ato sexual aponta virtualmente para a morte do somático e o triunfo do germinativo; no beijo da mulher aranha, a experiência orgástica é sempre acompanhada do fantasma de dissolução do Eu.

A "destruição" inerente ao amor vampírico pode ser entendida, também, como a anulação do outro enquanto sujeito. Dentre as diversas ambiguidades tão bem retratadas por Rita Lee – amor e morte; licor e veneno; saciar o desejo e matar a sede; prazer supremo do "eterno" amor e "eterno" veneno da imortalidade; ferir e curar –, destaca-se a confusão entre sujeito e objeto. Na sintaxe do texto, somos perturbados por um salto abrupto entre os pontos de vista do vampirizado e do vampiro; assim, por exemplo, do "meu sangue vermelho que mata tua sede" pulamos para a "[...] sede que me bebe quente como um licor". Isto gera uma confusão no leitor. Creio que esse "eco contratransferencial"

---

e analiticamente por Freud e seus colegas; o sentido dessa cena como um "exame sexual" não escapou aos comentadores (ANZIEU, 1989).

não é casual; ele deriva da indiscriminação progressiva Eu-outro que tenho ressaltado na paixão oral – evidenciada no filme *A comilança* –, e que produz um efeito de *ambiguidade* generalizado próprio desse tipo de amor. A sede de um amor radical é recíproca e compartilhada em espelho, alimentando a ilusão de ser um só. Ora, a clínica dos relacionamentos adictivos fornece-nos uma abundância de evidências dessa ambiguidade, responsável por mal-entendidos, sofrimentos e gozo infindáveis[178]. A perda do Eu em favor da fusão com o outro é fonte de muita dor, mas é também fonte de delícias insondáveis – ainda que ilusórias e, por vezes, muito traiçoeiras. Os ganhos secundários não são, aqui, nada desprezíveis. Daí a ambiguidade de *páthos*: a um só tempo paixão e doença.

Não é de se estranhar que a cultura vampírica tenha ganhado tamanha repercussão no imaginário dos adolescentes, os verdadeiros guardiões da paixão desde *Tristão e Isolda* e *Romeu e Julieta*. Ora, se este amor que fere e promete uma cura mágica para a dor de viver é um bálsamo narcotizante para todos os humanos – especialmente quando estamos mais feridos em nosso narcisismo –, na etapa de passagem da infância para a vida adulta, quando a vulnerabilidade e a força do desejo estão à flor da pele, a busca de um amor desse tipo fica certamente exacerbada.

A série *Crepúsculo*, de Stephenie Meyer, de enorme sucesso, confirma a ressonância profunda do amor vampírico na mente adolescente. Nela, um elemento merece destaque: a ética subjacente à família de vampiros que protagoniza a história. O personagem Carlise Cullen teria sido, no século XVII, um caçador de vampiros que acabou sendo mordido. Mas ele aprendeu a domar seu instinto sanguinário, e passou a conduzir-se segundo o preceito de alimentar-se apenas de sangue animal, e nunca de san-

---

[178] Cabe aqui assinalar a riqueza do estudo de Bleger (1967) sobre a relação entre a simbiose – outra forma de se referir aos relacionamentos adictivos – e a ambiguidade.

gue humano[179]. Curiosamente, ele é um médico, e seu trabalho reparador redobra o princípio ético que criou; ao defrontar-se, no dia a dia de seu ofício, com o sangue exposto de seus pacientes, é colocado continuamente à prova em relação aos seus princípios. Ele ensinou, também, à sua esposa e aos "filhos adotivos" a técnica de conter os impulsos, construindo uma família de vampiros capaz de viver entre os homens, sempre em um lugar limítrofe entre o humano e o não humano (MEYER, 2008).

O romance adolescente entre o vampiro Edward – filho de Carlise – e a humana Bella está, justamente, centrado no conflito derivado da destrutividade do amor vampírico. Entre Bella e sua fera, há uma paixão profunda e resistente a todos os obstáculos, mas marcada pela diferença de condição entre os dois. Edward sente uma paixão ardente e uma atração irresistível pelo sangue de Bella, mas está decidido a conter seu impulso para não transformá-la em vampira, o que para ele seria uma condenação terrível. Por amor, precisa modular o desejo de sua natureza vampírica. Bella, cada vez mais apaixonada e envolvida com a família de vampiros, quer urgentemente tornar-se um deles, o que significaria consumar e entregar-se completamente à sua paixão por Edward (MEYER, 2008). Ora, essa situação, engenhosamente criada pela autora, expressa muito bem o dilema do amor vampírico: como atender ao desejo sem destruir o outro? Mas comporta, também, uma proposição de encaminhamento desse dilema na forma da ética criada por Carlise, Pois esse amor vampírico, arcaico e totalizante, que acaba por destruir o outro, precisa ser modulado e interditado, o que só é viabilizado através de uma lei paterna. A interdição ao assassinato de humanos pode ser entendida como uma barreira imposta ao amor oral que abre caminho

---

[179] Essa ética pode ser aproximada das diversas regulações dos hábitos alimentares, tão variadas e frequentes, desde aquelas originadas em impedimentos religiosos até as orientadas por um respeito à natureza e à saúde, tais como a alimentação vegetariana.

para uma jornada em direção à genitalidade, em que a alteridade e o sangue dos outros devem ser respeitados.

Ainda assim – retomando os paradoxos da paixão –, creio que a ambiguidade do amor exacerbado dos adolescentes deva ser valorizada pelo frescor e vitalidade que ele comporta. Mesmo que pareça imaturo ao olhar do adulto, ele comporta uma espécie de "sabedoria passional"; esta promove uma receita para a arte de viver[180] que não cabe ser descartada, e que nunca é totalmente superada pelo "amor adulto": nas palavras de Rita Lee, trata-se de *brindar a morte, e fazer amor...*

Bem, se refletirmos um pouco mais sobre o *modus vivendi* adotado pela família Cullen e construído pelo seu pai-médico curador, compreendemos que o *respeito pelo sangue dos outros* comporta uma fórmula ética e um programa de tratamento do "amor vampírico".

Essa problemática ética se encontra no centro do romance *O sangue dos outros*, de Simone de Beauvoir (1984). O livro foi escrito durante a Segunda Guerra mundial, época em que a autora passava por profunda crise de valores, desencadeada pela morte do pai e pelos acontecimentos políticos e sociais extremamente perturbadores; segundo seu depoimento, "[...] procurei razões, fórmulas para justificar, diante de mim mesma, o sofrimento que me impunham. Encontrei algumas delas em que ainda acredito; descobri a solidariedade, minhas responsabilidades e a possibilidade de consentir na morte para que a vida ganhasse sentido" (BEAUVOIR, 1984). O protagonista do livro é Jean Blomart, filho de um rico editor, que cresce indignado com a indiferença cínica de sua família burguesa em relação ao sofrimento e à miséria social que os circundava. Jean torna-se um trabalhador comum, rompe com a família e inicia sua militância política de esquerda; mas, ao presenciar a morte de um amigo mais jovem que havia se

---

[180] Ou, conforme expressão de Le Poulichet (1996), "a arte de viver em perigo".

engajado por sua influência, é tomado por enorme culpa e questionamento. A isto, vêm a se somar os horrores da guerra que se iniciava e o dilema sobre participar ou não da resistência francesa, o lugar da relação amorosa diante do engajamento político e a relação com a arte, protagonizada pelo irmão do rapaz morto em combate.

A preocupação com o "sangue dos outros", considerado tanto no plano pessoal quanto no social, parece ser o eixo da reflexão proposta por Beauvoir. A sua geração foi protagonista de um conflito que continua a nos atingir: o dilema entre engajamento social e dever pessoal. Atravessando todo o romance, entrevemos um contraponto ao amor vampírico: o reconhecimento da alteridade. O outro é paulatinamente descoberto e visto como um *outro humano*, com direito ao seu próprio sangue. O escravo, o adicto ou o trabalhador-escravo vivem em uma condição sub-humana, pois o seu sangue não lhe pertence inteiramente. Da mesma maneira, na paixão individualista marcada pelo narcisismo, a capacidade de identificação com a dor e o prazer do outro está muito limitada, e a preocupação com o sangue dos outros não pode entrar em cena. Beauvoir mostra-nos como um desejo de engajamento social nasce de um sentimento de "comunidade de destino", substituindo a lógica predatória do vampiro. Trata-se da instauração de uma condição ética de ser humano.

Patologia nas relações de objeto

Se a exacerbação no amor e no sexo tem sido o modelo para compreendermos a paixão adictiva a partir de Freud, ao avançarmos para o campo pós-freudiano, encontramos na chamada "psicanálise das relações do objeto" mais material significativo para aprofundarmos nossa compreensão sobre os relacionamentos adictivos e sua "paixão vampírica" e, por decorrência, sobre as adicções em geral.

O trabalho de J. McDougall merece destaque, já que nele a situação prototípica utilizada para pensar as adicções é justamente o "vício no outro": uma relação interpessoal de caráter compulsivo que denominou "relação adictiva". Nesse tipo de relação, o outro é responsabilizado por tudo o que se passa com o indivíduo: ele é o responsável por todos os males, tem a obrigação de proporcionar a felicidade e, conforme falha nessa missão, é acusado de todas as desgraças. A fragilidade de uma relação adictiva é evidente; o "calcanhar de Aquiles" desse tipo de viciado reside no fato de que, se há um desejo infantil de ser o "dono do mundo", para realizar tal desejo é necessário que ele tome corpo na realidade exterior, e que ganhe a confirmação do outro. Ou seja, tal adicto vive em um estado crônico e doloroso de dependência em relação ao outro, e à mercê de sua disposição maior ou menor de cumprir o *script* esperado.

O apoio na teoria da transicionalidade de Winnicott é um ponto de partida fundamental da abordagem de J. McDougall; para ela, a adicção é uma *patologia da maturação normal dos fenômenos transicionais*, conforme Winnicott mesmo já havia sugerido[181]. O objeto transicional, experimentado na vida infantil, é dotado das qualidades mágicas da presença materna; enquanto tal, ele é um objeto *ainda em vias de introjeção*. O tempo das identificações constitutivas do Eu ainda está por vir, e deverá emergir como um desdobramento natural do caráter justamente *transicional* dos processos em jogo. O segredo do sucesso do objeto transicional em sua missão de salvaguardar o postulado da autocriação reside no fato de que ele "[...] encarna para a criança a imagem da mãe ou, mais exatamente, do ambiente maternante, portanto *uma imagem em vias de introjeção*" (McDOUGALL, 1982, p. 60). Não há ainda uma identificação simbólica, e a criança não é capaz de assumir para si a função materna; nesse contexto, é

---

[181] Sobre a adicção como patologia transicional, ver "Sujeito quase" (in D. GURFINKEL, 2001) e "Adicções: da perversão da pulsão à patologia dos objetos transicionais" (GURFINKEL, 2007).

o objeto transicional que possibilita suportar a ausência da mãe, ao representar precisamente a união com ela. Em contraste com os objetos transicionais, os objetos da adicção são "transitórios" e cronificam-se nesta posição: a introjeção nunca se processa de fato, e os objetos precisam ser continuamente recriados – eles estão fadados a permanecer sempre "do lado de fora". Esse estado de coisas se deve a extravios no processo transicional comum.

> Segundo Winnicott, se esse processo é entravado pelo ambiente e pelos problemas inconscientes dos pais, a criança corre o risco de ter apenas um recurso: clivar-se em dois, uma parte que se fecha sobre o mundo subjetivo interno e outra que se vira em direção ao mundo exterior, mas sobre a base de uma adaptação complacente [...] tal clivagem cria uma potencialidade adictiva. (McDOUGALL, 1982, p. 61)

A dissociação entre o verdadeiro e o falso *self* – originada da falha ambiental – seria, pois, um fator etiológico decisivo para as adicções. O sentimento de irrealidade e de vazio – próprio da esquizoidia – busca ser debelado com o uso de um objeto, que

> [...] será chamado a preencher a função transicional, e será destinado a proporcionar ao indivíduo o sentimento de ser "real", vivo, válido: destinado enfim a preencher as lacunas no Eu, lacunas de sentido no que diz respeito a sua própria identidade e a sua maneira de pensar o mundo. (McDOUGALL, 1982, p. 61)

No relacionamento adictivo, o outro, ao mesmo tempo em que é reconhecido como fora do controle mágico, precisa ser constantemente manipulado; fixa-se, assim, em um estatuto intermediário entre ser uma criação própria do sujeito e ser dotado de uma existência independente. Ainda que aparentemente estejamos em um relacionamento "adulto", os parceiros não atingiram uma identificação estabilizadora derivada da introjeção das figuras parentais; como esse processo ficou truncado, o outro é convocado como um objeto para compensar tal lacuna. O drama maior deriva da ineficácia desta tentativa de cura, pois, como o objeto é transitório, ele nunca é de fato introjetado, e só se mantém no mundo exterior. As "doses" de objeto precisam, assim, ser constantemente renovadas[182].

A descrição de J. McDougall da tensão que recai sobre uma relação adictiva e do tipo de transferência que se estabelece no tratamento analítico com tais indivíduos é notável, e merece ser transcrita de modo extenso:

> A ambivalência fundamental e inelutável em relação àquele que foi escolhido para esta função transicional vai marcar fortemente a própria relação analítica. O objeto externo privilegiado desses analisandos é um substituto da mãe primitiva, sentida como excessivamente "boa" e excessivamente "má"; ao mesmo tempo, é um objeto-coisa a ser controlado a seu bel-prazer. Tratar os objetos humanos como objetos-coisas é uma forma arcaica de relação amorosa; há um desejo de formar um "todo" com esse outro quando ele é vivido sob seus aspectos idealizados, mas há também um terror dele e de sua influência suposta sob seus aspectos maléficos. A intensidade do pedido é impossível de ser satisfeita, e a raiva destruidora, sem limites, que essa situação suscita procura realizar-se num roteiro exterior. O indivíduo, dividido entre a ilusão do poder benéfico do analista e a ilusão de estar preso na rede de um feiticeiro malévolo, que o faz sofrer torturas apenas por prazer, fica muitas vezes confuso em relação a seus pontos de referência identificatórios, e considera o analista responsável pelo fato. Nesse clima, impregnado de hostilidade e dependência, esses analisandos não se entregam com facilidade à encenação, no espaço analítico, dos temas magistrais do amor canibal e do ódio assassino. Ao contrário, se conseguirem permitir-se utilizar o analista criativamente como indivíduo real e imaginário ao mesmo tempo, poderá nascer entre os dois espaços psíquicos, entre o Eu do analista e o Eu do analisando, um novo espaço, no qual o encontro será possível. (McDOUGALL, 1982, p. 62)

O segundo aspecto ressaltado por McDougall em seus estudos sobre as adicções, ao lado da questão transicional, foi a "desafetação"; aqui nos aproximamos dos temas da neurose atual,

---

[182] A aproximação entre adicções e patologias do amor conduz-nos a uma reflexão sobre o sentido que atribuímos ao encontro amoroso: podemos considerar que a capacidade para tal encontro possa também estar fundada em uma travessia suficientemente boa pela etapa transicional? Sobre esta questão, conferir "A mítica do encontro amoroso e o trabalho de Eros" (GURFINKEL, 2008b).

da "clínica do agir" e das contribuições da psicossomática psicanalítica[183]. Com esse termo, a autora quis designar uma tendência acentuada de desapego ou retirada de afeição dos objetos – pessoa e coisas –, ficando o indivíduo psiquicamente alijado de suas emoções e de sua realidade psíquica. Em que pese o seu cuidado em não cair em uma categorização estereotipada – preocupação constante da autora –, McDougall não deixa de postular, aqui, uma *patologia do afeto*, que pode chegar a ser "um problema psíquico grave".

McDougall assinalou o parentesco da desafetação com a "alexitimia", descrita por Sifneos, e com o "pensamento operatório" da neurose de comportamento, de Marty. A sua opção terminológica – esclarece ela – deve-se ao caráter *defensivo* do fenômeno: na impossibilidade de contar com os recursos do recalcamento da representação ou da projeção do afeto, o indivíduo encontra como saída a "ejeção" da consciência de qualquer representação carregada de afeto, comprometendo, em consequência, a capacidade simbólica e a onírica. Não se trata de "[...] uma incapacidade de vivenciar ou de exprimir uma emoção, mas sim de uma incapacidade de conter o *excesso* de experiência afetiva (próxima à angústia psicótica) e, portanto, nessas condições, de uma incapacidade de refletir sobre essa experiência" (MCDOUGALL, 1989, p. 105-107).

No campo da patologia do afeto, incluem-se as personalidades adictivas e a normopatia. Em ambas, observamos o uso constante do mecanismo de descarga-na-ação e o risco sempre presente de reações psicossomáticas. A incapacidade de conter a vivência afetiva é o que leva tais pessoas a precisarem imediatamente "dispersar" sob a forma da ação o impacto das experiências emocionais. Os comportamento adictivos – propõe McDougall – têm como objetivo "[...] obscurecer e afastar da consciência as experiências psíquicas insuportáveis e impossí-

---

[183] Cf "A clínica do agir" (GURFINKEL, 2008c).

veis de suprimir porque a força dos afetos em jogo e sua natureza conflituosa suscitam muita confusão" (1989, p. 107). A *ação adictiva* torna-se, portanto, o meio de evacuar uma excitação afetiva insuportável. Assim,

> [...] todos somos capazes de descarregar nossas tensões através da ação quando as circunstâncias são particularmente geradoras de *stress* (comemos, bebemos, fumamos mais do que de hábito, etc.). Mas aqueles que empregam continuamente a ação como defesa contra a dor mental (quando a reflexão e a elaboração mental seriam mais adequadas) correm o risco de ver sua vulnerabilidade psicossomática crescer. (McDOUGALL, 1989, p. 107)

Essa passagem sintetiza bastante bem diversos aspectos relevantes para uma psicanálise das adicções. A descarga pela ação é um recurso geral dos homens, e que pode ser ativado em certas situações por qualquer um, em maior ou menor medida; trata-se de uma tendência adictiva universal, ou uma "adicção da vida cotidiana". Mas algumas pessoas recorrem a esse caminho de forma crônica, caracterizando um traço estrutural. O recurso para a ação vem em *detrimento* do trabalho do psíquico, e não como uma forma de *expressão* dele. Ora, essa "atrofia do psíquico" tem como consequência o aumento da vulnerabilidade psicossomática, já que a descarga pela ação é bastante limitada em termos de eficácia para dar conta da invasão da tensão pulsional e da experiência afetiva. Quando as soluções adictivas se mostram inoperantes – incapazes de dar conta das pressões psicológicas e da submersão afetiva –, ocorre uma "ressomatização do afeto": o afeto, essencialmente psicossomático, reflui para sua dimensão mais crua e primitiva de um funcionamento fisiológico, uma vez que sua face psíquica foi totalmente ejetada. Joyce McDougall demonstrou, dessa maneira, com grande perspicácia e sensibilidade clínica, o parentesco entre as adicções e os fenômenos psicossomáticos, assim como com a normopatia e a desafetação.

Consoante com a linha de abordagem do presente trabalho e com a tendência predominante na bibliografia psicanalítica, McDougall concebeu as adicções como um campo clínico único, já que a psicodinâmica subjacente às diversas formas de adicções é semelhante. Além da adicção ao álcool, ao cigarro, às drogas e à comida, ela incluiu a adicção ao trabalho, a adicção ao outro e a sexualidade adictiva. Os adictos ao trabalho – ou a alguma outra forma de atividade realizada de forma compulsiva – estão voltados totalmente para o "fazer", e não para o "ser"[184]; com isso, eles buscam evitar a qualquer custo deixar espaço para o não fazer nada e para a atividade imaginativa. A sexualidade adictiva – modalidade de adicção sobre a qual McDougall mais se debruçou – tem algo em comum com a adicção ao outro, acima comentada, mas com uma diferença importante: a instrumentalização direta do sexo como objeto de adicção, em uma modalidade de tipo perversa. Ao se entregarem a façanhas sexuais frenéticas e compulsivas, tais adictos tratam seu parceiro menos como pessoa e mais como uma droga, ou seja, um objeto inanimado.

As adicções e a perspectiva das relações de objeto

A compreensão de J. McDougall (1982, 1984, 1986, 1989, 1995) sobre as adicções, a qual foi evoluindo ao longo de diversos textos, nos oferece uma das abordagens contemporâneas mais interessantes sobre o tema; no seu trabalho, vemos com nitidez os efeitos que a perspectiva das relações de objeto – e mais particularmente a teoria dos objetos e fenômenos transicionais de Winnicott – produziu na psicanálise das adicções.

Winnicott já havia assinalado que a travessia pela etapa transicional está diretamente relacionada à aquisição da capacidade para uma relação afetuosa com objeto. Nesse sentido, a "desafe-

---

[184] J. McDougall se apoia, aqui, talvez, na distinção entre "ser" e "fazer" proposta por Winnicott em seu texto sobre os elementos femininos e masculinos da personalidade (WINNICOTT, 1971).

tação" indica, justamente, uma perturbação da transicionalidade. O bebê tem um sentimento de posse sobre o objeto transicional, e o vive como um pleno direito; o objeto é abraçado com afeto, e atacado tanto com amor apaixonado quanto com pura agressão, e precisa sobreviver a esses ataques (WINNICOTT, 1971, p. 5). Da mesma forma, os "outros" que são objetos dos adictos são utilizados como objetos a serem amados, atacados e dominados, como no caso de O *colecionador* (WYLER, 1965). Mas se trata de um objeto transicional patológico, pois,

> [...] ao contrário do objeto transicional, os objetos da necessidade adictiva não conseguem proporcionar por mais do que um breve período o reconforto exigido, e aquilo que oferecem raramente é suficiente para a criancinha desesperada e enfurecida que sobrevive nesses pacientes. (McDOUGALL, 1989, p. 108)

Trata-se, nos termos de Winnicott (1971, p.7), mais de um objeto que proporciona um consolo compensatório (*comforter*) do que de um acalmador curativo (*soother*), como é o caso do verdadeiro objeto transicional.

Ora, as adicções operam no que McDougall chamou de "teatro transicional", pois este é, justamente, o lugar precário entre a realidade psíquica interna e a relação com o mundo dos objetos. O patológico se instala devido a uma fixação na *exterioridade* do objeto, o que gera, por decorrência, uma dependência crônica a ele. No processo transicional saudável, o passo seguinte seria a *introjeção estabilizadora* das figuras parentais; mas, nas adicções, esse passo nunca é dado. Nos relacionamentos adictivos, "[...] o Eu busca obter uma certeza através dessa exploração inconsciente do mundo exterior" (McDOUGALL, 1982, p. 59). Devido ao estado precário dos objetos do mundo interno, o objeto externo precisa ser constantemente manipulado e usado, de um modo extrativista. *Nas adicções, não foi possível construir ainda uma "economia sustentável".*

Bem, esse arranjo de coisas só se estabelece com a participação ativa do outro:

> [...] os "outros" que inconscientemente se deixam manipular, que se submetem a representar os papéis exigidos e a viver por procuração as crises psicológicas que o paciente nega em si mesmo também encontram uma maneira "caracteriológica" de resolver problemas semelhantes. Inconscientemente cada um escolhe um outro capaz de representar bem o papel que lhe é atribuído. (McDOUGALL, 1989, p. 108)

Em uma linha de pensamento semelhante, também Bleger apontou como em uma relação simbiótica a participação ativa do outro é inerente, o que nos coloca necessariamente no campo das interatuações cruzadas:

> [...] a rigor, deveríamos falar de simbiose quando a projeção é cruzada, atuando cada um em função dos papéis compensatórios do outro. A simbiose é, assim, um tipo de dependência ou de interdependência no mundo externo. A necessidade de promover a atuação de papéis é índice de um déficit de comunicação no plano simbólico. (BLEGER, 1967, p. 23)

Esse é um dos motivos devido ao qual uma abordagem terapêutica no âmbito grupal (de casal ou de família) pode ser uma boa indicação, já que possibilita uma intervenção direta e bastante mais eficaz nestas interatuações cruzadas. Não é à toa que diversos analistas das relações de objeto tenham-se interessado e valorizado essa modalidade terapêutica.

Um dos maiores desafios de uma psicanálise das adicções é compreender o que determina o seu ciclo vicioso, animado por uma compulsão à repetição. Segundo McDougall, "[...] como nenhum objeto real pode substituir o objeto fantasístico (que está faltando ou sofreu danos) no mundo interno, a substância materna-tranquilizadora tem que ser constantemente buscada no mundo externo e, habitualmente, em quantidades crescentes" (1989, p. 109). Assim, o que determina a necessidade de repetir continuamente o ato adictivo seria uma *falha na introjeção das figuras parentais*. O efeito passageiro do ato adictivo levou McDougall denominar tal objeto como *transitório*, em contraste com um verdadeiro objeto transicional. Bem, as consequências nefastas de um objeto interno frágil ou danificado – ou da falta de um objeto bom internalizado e firmemente enraizado – foram detalhadamente trabalhadas por M. Klein (1935, 1936, 1940), e esta foi certamente uma das fontes de McDougall. A sua contribuição própria foi evidenciar o caráter paradoxal do objeto da adicção: um objeto "bom" que traz grande alívio, mas que deixa o Eu cada vez mais enfraquecido e escravizado.

Ora, esta é uma outra maneira de falar da falácia da incorporação e do grande engano que a põe em marcha. McDougall tem clareza da diferença entre incorporação e introjeção[185]:

> [...] embora a incorporação literal de objetos parciais substitutos baseie-se num desejo inconsciente de obter ou reparar aquilo que falta ou está estragado no mundo interno, é evidente que esses atos não são o equivalente dos processos *psicológicos* de incorporação e introjeção. Pelo contrário, *a necessidade de objetos externos em forma de sexualidade compulsiva ou de abuso de drogas é evidência de colapso dos processos de internalização.* Os atos adictivos são incapazes de reparar a representação estragada, seja do pênis ou do seio, no que se refere à sua significação simbólica. Aliviam a angústia apenas temporariamente e, portanto, adquirem qualidade adictiva pelo fato de terem de ser continuamente buscados. (1995, p. 214-215)

Em que pese a imprecisão terminológica, o pensamento é cristalino: é fundamental distinguirmos os verdadeiros processos de internalização, de caráter psicológico e com efeitos simbólicos, de uma incorporação *literal* e parcializada que apela para o atual e para somático no que este tem de dissociado e de antissimbólico. Não há, nesse último caso, trabalho de reparação possível.

O adicto insiste em impor a sua visão de mundo. Ele necessita criar um objeto idealizado para sobreviver, e por isso cai no conto de fadas e de bruxas de um objeto tão bom que aniquila o Eu. O sujeito precisa acreditar na "bondade", no poder e nas propriedades mágicas e curativas desse objeto, mas acaba por ser traído por ele, e se vê capturado em uma rede difícil de escapar.

---

185 A importante distinção entre incorporação e introjeção, que não será aqui aprofundada, foi formulada com muita clareza por Maria Torok (1968), a partir de uma releitura de trabalhos de Ferenczi, Freud e Abraham.

Essa situação paradoxal lembra os mitos do canto irresistível da sereia e do pacto com o diabo; como se sabe, a pessoa sempre cai nesse pacto em um momento de fraqueza e de desespero, querendo acreditar na "promessa" que lhe é oferecida.

Ao comparar seu conceito de objeto transicional com o conceito kleiniano de objeto interno, Winnicott (1951) ressaltou que é a presença de um objeto interno *vivo* que sustenta a experimentação na área transicional, mas que tal vivacidade é sustentada, por seu lado, pela presença viva da mãe real. Conforme esta começa a se mostrar deficiente em um grau significativo, todo o castelo de cartas desmorona: o objeto interno se transforma em um objeto morto, moribundo ou persecutório, e os objetos transicionais perdem o sentido, desaparecendo ou tornando-se objetos-fetiche, ou falsos objetos transicionais. O objeto da adicção é justamente esse falso objeto transicional, que é alvo de uma fixação exacerbada como forma de defesa ou como uma técnica de "sobrevivência psíquica", conforme expressão de McDougall. Seguindo a sugestão de Winnicott, somos levados a pensar que a falha na introjeção de um bom objeto e de figuras parentais protetoras e capazes de oferecer uma estabilidade e um sentimento de segurança para o *self tem sua etiologia na experiência precoce com uma mãe morta*[186].

Ao descrever o caráter paradoxal da relação de objeto adictiva, McDougall se apoia no caráter paradoxal do objeto transicional. Mas, aqui, ao contrário da situação descrita por Winnicott, o paradoxo tem um caráter negativo de engodo. Na travessia transicional, é fundamental que o paradoxo de um objeto ao mesmo tempo criado e percebido seja sustentado pelo outro humano por um certo período de tempo, alimentando o *self* de ilusão a fim de prepará-lo para o tempo da desilusão. A dissolução prematura do paradoxo é profundamente nefasta e, assim, leva justa-

---

[186] Tal hipótese foi posteriormente desenvolvida por Green (1980), em trabalho bastante conhecido.

mente a uma dissociação precoce entre falso e verdadeiro *self*, predispondo para uma série de formações patológicas, tais como a esquizoidia e a normopatia. Como Winnicott (1951) sugeriu, nas adicções se dá uma regressão ao estágio primitivo no qual os fenômenos transicionais não são desafiados, ou seja, uma regressão ao tempo em que o paradoxo ainda é sustentado, e não desfeito ou desafiado pela realidade do objeto apresentada pelo outro humano. Mas exigir do mundo a *manutenção a qualquer custo* desse paradoxo ao longo de toda a vida é uma patologia grave e, ao lado dos enormes danos que provoca no ambiente, coloca o sujeito em uma condição bastante frágil e precária. McDougall nos faz ver, assim, o lado sombrio do paradoxo; se desfazê-lo prematuramente é profundamente danoso para a construção de um viver criativo, uma *fixação no paradoxo* condena o sujeito a viver na terceira margem do rio, incapaz de completar a travessia transicional até o encontro com o objeto objetivamente percebido; por esse outro caminho, aparentemente tão distante daquele do esquizoide, também o adicto tem seu viver criativo seriamente comprometido. Este é o drama do "teatro transicional".

O que está em questão nas adicções é uma incapacidade para o autocuidado: "[...] a falta de uma constelação introjetiva estável incapacita o indivíduo para desempenhar um papel auto-sustentado de cuidar de si mesmo em ocasiões de estresse" (McDOUGALL, 1995, p. 197-198). A construção da capacidade de cuidar de si foi um tema muito trabalhado por Winnicott, que demonstrou como ela se constrói de maneira paulatina por uma identificação com aqueles que primeiramente exercem tal função. No início, a função de cuidado é de responsabilidade do meio ambiente humano, ou de uma mãe suficientemente boa.

> [...] o processo gradual através do qual o indivíduo se torna capaz de cuidar de si [*to care for the self*] concerne a estágios posteriores do desenvolvimento emocional individual, estágios que devem ser atingidos no seu próprio tempo, em um ritmo que é determinado pelas forças naturais do desenvolvimento. (WINNICOTT, 1949, p. 246)

Para McDougall, a adicção começa a se estabelecer muito precocemente, conforme um padrão de relacionamento adictivo se desenvolve na relação mãe-bebê. Em virtude de uma persistência indevida no período de fusão inicial, qualquer interação com o outro se torna ameaçadora; "interagir" implica manter uma distância e uma discriminação em relação ao outro que são intoleráveis. Por decorrência, o desenvolvimento de capacidades próprias (a motilidade, a vivacidade emocional, a inteligência e a sensualidade) fica inibido, dependendo exclusivamente do investimento materno. O bebê teme profundamente desenvolver os próprios recursos para lidar com a tensão, não desenvolve a capacidade de ficar só e busca constantemente a presença da mãe para lidar com qualquer experiência afetiva. Incapazes de se tranquilizar e de cuidar de si mesmos quando adultos, os adictos recorrerão ao mesmo expediente conhecido da época infantil: buscar no mundo externo o objeto interno que lhes falta: "[...] as drogas, a comida, o álcool, o fumo, etc. são descobertos como objetos que podem ser empregados para atenuar dolorosos estados mentais – preenchendo uma função materna que o indivíduo é incapaz de proporcionar a si mesmo" (McDOUGALL, 1995, p. 201).

Assim, a relação inicial com a mãe tem uma parcela grande de responsabilidade sobre este estado de coisas:

> [...] por causa de suas próprias angústias ou temores e desejos inconscientes, a mãe é potencialmente capaz de instilar em seu lactente aquilo que pode ser conceituado como um *relacionamento adictivo com a presença dela* e suas funções de cuidados. Num certo sentido, é a mãe quem está num estado de "dependência" em relação a seu bebê. (McDOUGALL, 1995, p. 201)

Essa observação sobre a dependência *da mãe* é de enorme importância. Estamos, aqui, como já vimos, no campo das interatuações cruzadas, no qual uma dependência é também e necessariamente uma interdependência. É essa condição, observável a olho nu, que levou muitos pesquisadores do campo das adicções a adotarem o termo *codependência*, inicialmente aplicado aos familiares de alcoolistas. O relacionamento adictivo original com a mãe tende a ser restabelecido ao longo da vida do adicto, e a intervenção terapêutica deve levar este fato em conta com muita seriedade.

Em suma: a compreensão da adicção a partir dos relacionamentos adictivos nos permite avançar mais na aproximação entre paixão e adicção, pois reconhecemos em ambas, afinal, uma raiz comum. A patologia na vida amorosa pode ser vista, sob a perspectiva de que ora nos ocupamos, como uma modalidade de adicção, e vice-versa.

Uma rápida passagem pelo trabalho de alguns outros autores nos proporciona um olhar mais panorâmico sobre a questão.

Ao estudar as deformações patológicas da relação amorosa, Jessica Benjamin (1988) aproximou as condições para o estabelecimento de uma boa relação entre adultos ao processo inicial de separação mãe-filho, e atribuiu as desfigurações de tal relação a uma unilateralização em termos dos dois polos da balança em jogo: a autonomia egocêntrica e a dependência simbiótica. A reciprocidade intersubjetiva é perturbada, nos casos patológicos, quando um dos sujeitos implicados não é capaz de desligar-se de um destes dois polos, e a tendência que toma conta é a do estabelecimento de um esquema rígido de complementação recíproca: a busca simbiótica de um dos parceiros da relação amorosa induz e é realimentada pelas fantasias onipotentes, de matriz agressiva, do outro parceiro; do ponto de vista sintomático, o que se observa é um padrão de cunho marcadamente sádico e masoquista. Benjamin se apoia, em seu trabalho, na tradição de pensamento das relações de objeto e recorre, mais particularmente, aos estudos de Otto Kernberg (1995) sobre a patologia da vida amorosa[187].

---

187 Axel Honneth (2003) operou uma importante extensão dessa abordagem para o círculo mais amplo do campo social. Ele parte da tese de que o modelo para as relações amorosas e seus possíveis descaminhos reside nas relações primárias, e propõe o *trabalho de reconhecimento* gerado pela tensão entre autoabandono simbiótico e autoafirmação individual como a verdadeira matriz da subjetividade humana. Assim como no amor, no âmbito das relações sociais – e, em particular, em termos de *direito* e *solidariedade* –,

Henry Krystal[188] (1978) assinalou também a importância da incapacidade para o autocuidado na clínica das adicções, e teceu alguns comentários bastante interessantes sobre o "efeito placebo" do objeto adictivo. Tal efeito entra em ação mesmo no caso da toxicomania, e fica em geral encoberto pelo efeito químico da droga. Para Krystal, o efeito placebo possibilita ao adicto ter acesso às funções de autocuidado, revertendo transitoriamente a inibição de tais funções. Segundo sua visão, as funções de autocuidado estão depositadas no objeto, e só se tornam acessíveis através da "representação dramática" que é o ato adictivo, na qual o objeto da adicção representa o objeto ideal. Nessa dramatização se dá, por um lado, uma introjeção fantasística e uma identificação com o objeto ideal e, por outro, uma separação e rejeição do objeto temido. O interesse dessa observação sobre o efeito placebo reside no fato de que ele nos leva a uma relativização ou mesmo à desconstrução da teoria que coloca o acento exclusivamente no efeito desinibidor e euforizante da substância química; seguindo Krystal, poderíamos concluir que, no fundo, se trata de um efeito do tipo sugestão hipnótica, e que é o poder mágico atribuído ao objeto o que de fato conta para o estabelecimento de uma adicção. Em outras palavras, o que importa é o sentido da droga no âmbito de uma relação de objeto. A proposição exige, certamente, um debate mais aprofundado.

Krystal aproximou, ainda, as adicções e os distúrbios psicossomáticos, além de ter trabalhado bastante com traumatizados de guerra, especialmente no caso das vítimas do Holocausto. Para ele, adictos e pacientes psicossomáticos compartilham o mesmo distúrbio afetivo e de simbolização (alexitimia e pensamento operatório), cuja origem se encontra em distúrbios da relação de ob-

uma "luta por reconhecimento" é o que orienta o processo de socialização, e, diante das diversas formas de desrespeito – a violação, a privação de direitos e a degradação –, é uma falha de reconhecimento que está em causa.

[188] Psicanalista norte-americano que manteve um intercâmbio de ideias com J. McDougall.

jeto relacionados à comunicação afetiva. Ele contribuiu, quanto às patologias do afeto, com o conceito de "anedonia", que designa uma dificuldade de reconhecer ou experimentar sentimentos de satisfação ou prazer. Assim, não só a dor, o sofrimento e a angústia são extirpados na desafetação, mas também o prazer e o sentimento de realização do *self*. Eis uma lição difícil, para os adictos e para todos nós: não parece haver, na experiência humana, uma fórmula que permita eliminar a sensibilidade para o desprazer sem eliminar, ao mesmo tempo, a capacidade para o prazer.

Nas análises de seus pacientes que sofrem de desafetação, McDougall encontrou com frequência uma figura de mãe muito frágil, que coibe qualquer demonstração de emoção por parte da criança. Bollas observou (1987, 1989), igualmente, na história pregressa dos adictos e "normóticos" – sua versão terminológica para aquilo que J. McDougall chamou de "normopatia" –, um ambiente familiar que procura extirpar qualquer manifestação de estados subjetivos, produzindo, além de uma desafetação, uma dessubjetivação. A fragilidade narcísica é decorrente, em grande parte, de um discurso familiar no qual um ideal de inafetividade condena qualquer experiência imaginativa, e de uma mãe incapaz de interpretar os sinais emocionais de seu filho. Nesse deserto simbólico, só sobrevivem sensações corpóreas e reações somáticas como "equivalentes do afeto", e testemunhamos a recorrência aos mecanismos primitivos da clivagem e da identificação projetiva para fazer surgir o afeto *no outro*: "[...] um representante do objeto interno é procurado, a maior parte do tempo, no mundo externo" (McDOUGALL, 1989, p. 116). Ao lado desses mecanismos, McDougall ressaltou também o papel da *rejeição*, operante nos processo psicóticos, para explicar a desafetação. Ela considera insuficiente a explicação etiológica dos pesquisadores psicossomatistas em termos do modo de funcionamento mental e de sua dimensão econômica, e acrescentou a ela os seguintes fatores: a *ejeção* do psiquismo da atividade de fantasia, a dissociação entre representação de palavra e representação de coisa e os distúrbios ocorridos na relação transicional mais antiga entre a mãe e o bebê.

Ora, esse raciocínio teórico-clínico se insere em uma linhagem de autores que ressaltam as consequências nefastas da insuficiência do outro – mãe, pai e ambiente familiar – em realizar um papel coadjuvante fundamental para a construção de funções psíquicas fundamentais da criança e do futuro adulto. Bion falou da função de *reverie* da mãe; Winnicott teorizou sobre a mãe suficientemente boa e suas diversas funções ao longo do desenvolvimento da criança; Bollas (1987) acrescentou a função de "objeto transformacional" dos pais; Green (1980) teorizou sobre a construção de uma "estrutura enquadrante" no psiquismo da criança a partir do *holding* materno, abordou os problemas relativos ao complexo da mãe morta e discorreu longamente sobre a clínica do vazio e do branco. Todos, de uma maneira ou de outra, compreenderam que o psiquismo humano e sua capacidade simbólica – incluindo a articulação entre afeto e linguagem – só podem ser compreendidos no âmbito das relações de objeto.

Se fôssemos destacar um único elemento, a título de síntese, para representar a mudança de perspectiva do pulsional ao relacional na psicanálise das adicções, eu optaria pela expressão "relacionamentos adictivos". Ao falarmos em termos de *relacionamentos adictivos*, estamos automaticamente inserindo as adicções no campo das relações de objeto, e construindo um olhar sobre a mesma através de um novo prisma. A adicção é um uso do objeto derivado de algum descaminho, ruptura, ou quebra na "busca de objeto" (Fairbairn) inerente ao humano; a solução adictiva tenta, assim, contornar algum tipo de fracasso na relação de objeto, mas está ela mesma fadada ao fracasso, já que luta com as mesmas armas que, desde o início, se mostraram ineficazes.

Compreendemos, assim, a importância e o valor prototípico desta modalidade tão sutil e frequente de adicção que é a "intoxicação pelo outro". E, de fato, se trata de uma neurose bem atual, já que é a *atualidade* de um pacto relacional tão intenso quanto difícil de romper que está em jogo, conduzindo a uma cristalização que produz e reproduz continuamente uma intoxicação relacional viciada, que pode chegar aos extremos de uma *folie a deux*.

12
As terapêuticas vinculares na clínica das adicções

Neste capítulo, faremos uma breve passagem pelo tema da utilização do dispositivo vincular no tratamento das adicções. Esta proposta nasce de uma decorrência natural de se considerar a adicção como, em essência, uma problemática da dependência, à maneira dos relacionamentos adictivos discutidos no capítulo anterior.

A ideia de uma terapêutica do vínculo nasce de um importante tronco de desenvolvimento do campo psicanalítico.

Do ponto de vista da prática clínica, já na década de 1920 começaram as primeiras experiências de atendimento psicanalítico de crianças e, duas décadas depois, a psicanálise começou a ser utilizada no atendimento de grupos, famílias e casais. Os psicanalistas propuseram-se, pouco a pouco, a acompanhar os pais de crianças e os familiares de pacientes mais comprometidos que tinham em tratamento, e esta experiência de "entrevistas" evoluiu, em alguns casos, para verdadeiros processos terapêuticos.

Essas práticas ensejaram importantes revisões teórico-clínicas. O fato é que os modelos em vigência – construídos a partir da prática psicanaltícia individual, e marcados pelo foco voltado para o mundo intrapsíquico – mostraram-se inconsistentes para dar conta dessas novas situações clínicas. Da conjunção dessas novas práticas com modelos teóricos significativamente reformados, de caráter predominantemente intersubjetivista, nasceu uma *psicanálise do vínculo*.

Esse movimento ganhou diversas vertentes no campo psicanalítico mundial, o que nos mostra que se tratava de um processo de amadurecimento necessário da disciplina. Os psicanalistas kleinianos e suas pesquisas junto à Clínica Tavistock[189] representaram um impulso importante. A concepção kleiniana do sujeito psíquico como constituído por um mundo interno formado por objetos e relações dinâmicas entre eles, e regulado, nas trocas com objetos externos, pelos mecanismos de projeção e de introjeção, ofereceu um suporte teórico inicial, a despeito das críticas veementes de que Klein teria desprezado o papel do outro real. Bion prosseguiu nessa linha, mas deu maior atenção, no estudo da vida psíquica, à relação desta com outro psiquismo; o estudo das funções maternas de recepção, processamento e devolução apropriada das vivências de seu bebê ampliou consideravelmente a psicanálise em direção a uma visão intersubjetivista.

A posição militante de Winnicott foi, neste aspecto, juntamente com a de outros autores das relações de objeto, definidora de novos rumos. "Não existe tal coisa chamada 'o bebê'", proclamou ele; no início, o indivíduo não é uma unidade, e o que dever ser considerado é a unidade indivíduo-ambiente. O papel do am-

---

[189] Enid Balint criou em 1948 um importante Centro de Estudos Maritais que veio a se instalar na Clínica Tavistock, onde trabalhou por muitos anos em estreita colaboração com Michael Balint, seu futuro marido. A partir da década de 1960, Henry Dicks iniciou, na Inglaterra, trabalho pioneiro de psicoterapia de casal apoiado nas ideias de Klein, M. Balint e, sobretudo, Fairbairn.

biente é importante para qualquer ser humano, e tanto mais importante quanto mais no início, quando o Eu ainda está em vias de formar. A "preocupação materna primária", o "ambiente facilitador", a "mãe suficientemente boa" e a "mãe devotada comum" são algumas das figuras conceituais conhecidas propostas por Winnicott, destinadas a colocar em foco a intersubjetividade; a importância crucial da experiência da "sobrevivência do objeto", a fim de possibilitar a passagem de um "relacionar-se com objetos" puramente subjetivo a um verdadeiro "uso do objeto" – um relacionar-se com objetos objetivamente percebidos – refere-se a essa mesma dimensão. Dessa concepção renovada decorre uma reorientação de grande importância da prática clínica: a transferência não é entendida mais apenas como um campo de repetição e de depositação de material inconsciente, mas também como um campo de experiência relacional.

Movimentos paralelos ocorreram em outros lugares. A explosão lacaniana da França foi importante por propor a constituição do Eu a partir das identificações e da relação especular com o outro, o que se refletiu em uma prática clínica com crianças que exige obrigatoriamente a inclusão dos pais com parte do processo transferencial – em uma crítica feroz à prática kleiniana vigente. Uma nova geração de analistas se formou sob um espírito muito inquieto e crítico, abrindo caminho para o trabalho dos "grupalistas" – com destaque para Anzieu e Kaës, importante estudioso dos processos inconscientes dos conjuntos intersubjetivos –, seguidos, por sua vez, por Ruffiot e Eiguer. Nos EUA, as terapêuticas psicanalíticas de casal e de família estiveram em tensão constante com a abordagem sistêmica, bastante forte naquele país, mas desenvolveram-se a partir da década de 1980 em centros como a Washington School of Psychiatry, sob a direção de D. Scharff – grande divulgador da obra de Fairbairn. Trabalhos tais como o estudo sobre a natureza das relações amorosas, de Kernberg (1995), mostram bem a assimilação nos EUA do pensamento britânico das relações de objeto e sua integração com a tradição freudiana; em alguns casos, como no estudo de

Kernberg, já se notam alguns indícios de diálogo com a psicanálise francesa. Na Argentina, Pichón-Riviere e Bleger foram os pioneiros de uma forte tradição nesta área, psicanálise do vínculo, hoje protagonizada por Isidoro Berenstein e outros. E, no meio brasileiro, vemos também essa perspectiva florescer, o que se reflete na bibliografia crescente encontrada sobre o tema[190].

Se fossemos sintetizar em uma frase o que há em comum entre todas estas tendências, poderíamos dizer que o foco deixou de estar voltado exclusivamente para a vida psíquica de um indivíduo, e ampliou o seu escopo; por conceber o psiquismo individual necessariamente em uma interconexão com a vida psíquica dos outros, o foco passou a englobar o indivíduo e seus pares: pais, familiares, cônjuges e outros significativos que partilham a mesma comunidade de destino. Para alguns, se trata de um *novo objeto* de estudo: o *vínculo* em si mesmo, que é algo diferente da soma dos psiquismos individuais envolvidos.

O enriquecimento daí advindo para a disciplina psicanalítica – assim como o ganho em termos de ampliação de sua área de alcance clínico – foi enorme. Hoje temos diversos analistas dedicando-se regularmente a terapêuticas vinculares, e um número muito maior de profissionais que incluem em sua clínica atendimentos do tipo ampliado, para além do atendimento individual

---

[190] Nesta mesma coleção, encontramos três bons exemplos. O livro *Psicanálise da família*, de Belinda Mandelbaum, apresenta um bom panorama introdutório do tema, partindo de um breve levantamento de aspectos antropológicos, sociológicos e históricos, passando pela abordagem sistêmica, e concentrando-se nas abordagens psicanalíticas kleiniana e vincular. Em *Psicoterapia do casal*, Purificacion Gomes e Ieda Porchat oferecem uma visão comparativa de algumas abordagens do tratamento de casais: a da psicanálise clássica, a da teoria das relações de objeto, a da psicanálise neokleiniana e a de uma "psicanálise pós-moderna". E, em *Famílias monoparentais: um olhar da teoria das configurações vinculares*, Lisette Weissmann nos traz uma dupla perspectiva: por um lado, oferece uma apresentação sistemática e clara do modelo teórico de I. Berenstein, e, por outro, utiliza-o para refletir sobre a família contemporânea, especialmente nos casos em que há apenas um genitor presente.

stritu sensu. No caso dos analistas de crianças e de adolescentes, a prática de atendimento a pais e, eventualmente, a familiares está totalmente incorporada em suas rotinas. No tratamento de pacientes psicóticos ou de casos graves, vários dispositivos complementares têm sido utilizados, ao lado do tratamento psicanalítico individual: o atendimento familiar, o atendimento psiquiátrico, o acompanhamento terapêutico e diversos recursos institucionais mais complexos, tais como hospitais-dia, centros de atividades psicossociais e clínicas de internação. Como têm sido observado por vários autores, os padrões patológicos e "viciados" dos vínculos familiares são, por vezes, determinantes em termos da fixação de sintomas e da impossibilidade de transformação evolutiva (nos casos de anorexia em jovens mulheres, por exemplo, o vínculo estreito e perturbado com a mãe é uma característica frequentemente ressaltada). Além disso, diversos profissionais que atuam em unidades de saúde e em projetos alternativos variados utilizam-se regularmente da modalidade grupal de atendimento, herdeira também dessa ampliação do *setting* psicanalítico clássico.

Ora, a clínica das adicções é um *habitat* natural para a psicanálise do vínculo.

O papel da família na etiologia e no tratamento da toxicomania tem sido frequentemente ressaltado. Bergeret (1982) observou, nas histórias clínicas, a preponderância de uma estrutura familiar precária, na qual o recurso a saídas adictivas é corriqueiro. O aspecto determinante aqui é menos um drama afetivo-genital repentino do casal parental, e mais uma falta de representações parentais autênticas, resultante de ausência, morte, afastamento prolongado ou incapacidade de um ou ambos os genitores de oferecer à criança e ao adolescente modelos identificatórios positivos. Olievenstein ressaltou a necessidade de a família fabricar um bode expiatório para excretar aquilo que não é capaz de suportar, produzindo o "idiota da família" (expressão de Sartre). O benefício dessa operação seria livrar-se de angústias relativas ao vazio, ao nada, à finitude e à morte: "[...] o Idiota da Família constitui na verdade o narcótico do grupo familiar, e [...] ele mesmo ingere narcótico com a única finalidade de executar seu papel" (OLIEVENSTEIN, 1985, p. 104). É preciso, no entanto – nos adverte Olievenstein –, caso o toxicômano não nos peça ajuda, respeitá-lo em sua escolha de uma vida marginal, já que esta é também uma tentativa de evasão da banalidade da vida comum e normalizada. Kalina (1988), por sua vez, postulou uma estrutura familiar pré-adictiva, da qual ressaltou alguns traços distintivos: o oferecimento de um modelo adictivo como técnica de sobrevivência, uma mãe depressiva que faz de seu filho sua própria droga, um pai ausente que simula fortaleza, mas que faz "vista grossa" a este pacto perverso, falta de limites, manipulação e invasões permanentes devido ao predomínio de relações simbiótico-narcisistas e, por decorrência, uma incapacidade de enfrentar a conflitiva edípica, gerando a necessidade de um sacrifício-assassinato-suicídio que é encampado pelo toxicômano, o "eleito".

A proposição desses perfis de dinâmica familiar merece comentários. Em primeiro lugar, deve-se tomar cuidado com a padronização e a generalização: assim como existe uma variedade muito grande na apresentação clínica de sujeitos adictos, com graus muito diversos de comprometimento e em diferentes estruturas de personalidade, também quanto à família do adicto encontramos enorme variação. Aliás, é irônico percebermos como o estigma do "drogado" muitas vezes se estende, na ótica dos profissionais da área e do senso comum, às suas famílias: "eis uma mulher de alcoólatra, eis a mãe de um toxicômano!" Por outro lado, a contribuição do meio familiar na etiologia das adicções é inegável, e com uma nitidez que sobressai. A saída adictiva como resposta à dor e aos desafios da realidade é de fato muito disseminada nessas famílias, assim como as perturbações significativas em sua estruturação – seja devido a acidentes e rupturas na história familiar, seja devido à própria fragilidade psíquica das figuras parentais – são frequentemente observáveis.

Do ponto de vista das estratégias terapêuticas, creio que a prática de atendimentos vinculares é um recurso de grande valor.

Em primeiro lugar, na situação muito frequente de adictos que não apresentam a mínima demanda de tratamento, o trabalho com a família ou com o casal acaba sendo uma porta de entrada e um primeiro passo importante, na tentativa de criar um espaço de sensibilização e mobilização. O próprio fato de o "eleito" perceber que as responsabilidades são redistribuídas no atendimento vincular pode fazer despertar alguma centelha de interesse em refletir sobre sua própria condição. Esse atendimento pode ser feito em paralelo a sessões individuais, com a participação de outro colega ou não, construindo com esse ir e vir um espaço de escuta para os processos adictivos. Em segundo lugar, é inegável que o recurso ao atendimento familiar e de casal possibilita, em algumas situações, um progresso terapêutico que seria muito difícil de se atingir apenas com o atendimento individual. Este tipo de atendimento, no entanto, nem sempre é possível. Com frequência, o cônjuge está tão comprometido com a dinâmica adictiva que apresenta enorme resistência a colocar em questão sua própria participação; a força dos ganhos secundários e o grau de "perversificação" e de deterioração do caráter são aqui determinantes. Em casos mais graves, o analista pode necessitar a ajuda de um psiquiatra que possa construir, através de algum contato com a família, um pacto de trabalho mínimo que possibilite a continuidade do tratamento ou, até, reconhecer a inviabilidade de seu trabalho.

Ora, é sempre imprescindível considerar a singularidade de cada caso, e compreender que o atendimento vincular não é uma nova panaceia para a psicanálise. A indicação do atendimento vincular varia bastante em função da gravidade do caso, da estrutura psíquica, da faixa etária do paciente adicto e de sua condição sociofamiliar. Às vezes, a família é justamente a primeira a chegar, como nos jovens e nos adolescentes; quando há uma desorganização psíquica grande, é difícil prosseguir sem que a família seja sustentada nos desafios do manejo cotidiano e da convivência; mas, em muitos pacientes de organização psiconeurótica mais clara, a questão da adicção – ainda que muitas vezes severa – pode bem ser tratada no âmbito do *setting* clássico individual, com pouca necessidade de alterações significativas. Essas experiências analíticas nos ensinam muito sobre a dinâmica inconsciente mais profunda da adicção, sem que estejamos isentos de surpresas, sobressaltos e oscilações, e, sobretudo, de momentos bastante tempestuosos em termos da tendência de passagem ao ato.

É interessante notar como, em decorrência da disseminação da corrente de pensamento vincular na psicanálise brasileira, o tema da família e da dimensão vincular na clínica da toxicomania – assim como sua inclusão nas estratégias de tratamento – tem sido objeto de atenção de diversos colegas em nosso meio. É o que se vê em pesquisas acadêmicas recentes, algumas publicadas em forma de livro. Já na década de 1990, Manoel M. Rezende (1994) realizou estudo com três famílias de toxicômanos, apoiando-se em aportes da psicanálise inglesa; observou nelas uma relação indiferenciada, dependência simbiótica, rigidez, um "vício sadomasoquista", o narcisismo exacerbado dos pais, a comunicação predominante através de objetos materiais e a homeostase proporcionada pela adicção. Flávia de Macedo (1996) abordou, apoiada em Winnicott, certos aspectos da vida emocional do toxicômano, com destaque para a busca de ilusão e a problemática da destrutividade; a partir de três estudos de caso, ressaltou as deficiências do ambiente familiar em termos de favorecer o desenvolvimento emocional satisfatório.

Os trabalhos prosseguiram nos anos seguintes. Luiz Alberto P. Freitas (2002) estudou a relação de dois adolescentes – um oriundo da favela e outro da burguesia carioca – com o narcotráfico, e observou uma característica comum na dinâmica familiar de ambos: um grande desamor e a absoluta falência da função paterna. Próximo ao pensamento de Kalina, partiu do conceito de "família pré-adictiva" e ressaltou, nesses adolescentes, a ausência de modelos identificatórios e um estabelecimento precário da Lei, o que os leva a buscar nos chefes das quadrilhas de traficantes o modelo paterno, e na polícia, no hospital e no cemitério, os limites não adquiridos. Lygia Humberg (2003), por sua vez, realizou uma interessante releitura do conceito de codependência a partir da psicanálise, e propôs renomeá-la como "dependência do vínculo" – um traço comum em familiares de toxicômanos, mas que não se restringe a eles. As adicções incluiriam, assim, dentre suas diversas formas, também uma "dependência do outro", típica dessas famílias. E, mais recentemente, em trabalho rigoroso e sério, Kátia Gomes (2010), retomando Kaës, abordou a dependência química como um sintoma partilhado e, a partir de estudo de mulheres atendidas em grupo em uma instituição pública, concluiu que se trata de uma "formação intermediária" que representa aspectos denegados dos conjuntos intersubjetivos a que pertencem (família e "instituição tratamento"). Ora, se Humberg e Freitas frisaram a importância do trabalho terapêutico com o grupo familiar no tratamento de toxicômanos, Gomes destacou o papel do dispositivo grupal nesse tratamento.

Assim, cada vez mais as adicções têm sido compreendidas sob a ótica relacional, enfatizando o papel dos vínculos familiares na etiologia e no tratamento.

A ideia da "codependência" nos serve bem para refletir sobre o tema. Ela surgiu, na década de 1970, no contexto do tratamento do alcoolismo, querendo indicar os transtornos envolvidos na relação entre a esposa e seu marido alcoólatra. Observou-se que, com muita frequência, tais mulheres empenhavam-se em um policiamento compulsivo de seus maridos, e apresentavam uma tendência a viver voltadas para as necessidades dos outros, alienando-se de si mesmas. Elas mesmas carregavam histórias de um ambiente familiar pouco estruturado, apresentavam uma autoestima acentuadamente rebaixada e um desejo de ser útil e necessária para o outro; sendo bastante abnegadas e resistentes a situações de tensão e sofrimento, estavam sempre empenhadas na missão – ingrata e impossível – de controlar e mudar os outros.

Bem, um olhar mais apurado logo veio a perceber que a dita codependência é, ela mesma, uma forma de dependência, já que a pessoa depende totalmente de haver um outro doente, em estado de sofrimento e dependente de cuidados para se sustentar; se esse outro não está mais disponível para ocupar esse papel, o codependente simplesmente se desagrega. Observou-se, então, ao longo dos anos, que diversos aspectos do perfil da mulher do alcoolista eram também encontrados nos familiares dos toxicômanos, e que estes codependentes apresentavam frequentemente outras formas de adicção, tais como comer, gastar e jogar de modo compulsivo. Ora, uma reflexão mais apurada nos faz compreender que aqui se trata de um *padrão de relacionamento com o outro pautado na realimentação recíproca de um estado de dependência crônico*. É fácil de entender que esse fenômeno tenha sido inicialmente descrito na relação com indivíduos adictos, já que é nestes ambientes familiares que tal padrão de relacionamento se manifesta de forma mais óbvia; mas ele pode ser encontrado em diversas outras modalidades de relacionamentos adictivos[191].

É razoável supor que um relacionamento adictivo exige a participação de pelo menos dois atores, já que "se um não quer, dois não brigam". Ali onde há um sujeito predisposto a se entregar a uma relação passional de dependência, submissão e escravização, deve haver um outro necessitado de ocupar compulsivamente o papel do cuidador – papéis que podem, aliás, ser alternadamente trocados ao longo do tempo ou vividos de modo simultâneo. Como se sabe, tais relacionamentos são envolvidos em enorme turbulência emocional, incluindo episódios de grande carga de explosão de agressividade e podendo conduzir aos extremos de uma *folie a deux*; e, mesmo que não se chegue a tais extremos,

---

[191] Esse foi o motivo que levou Humberg, a partir de sua releitura do conceito de codependência, a chamá-la simplesmente de "dependência do vínculo": "Aqui será estudada a dependência do vínculo que, mesmo tendo um início comum com o estudo da codependência, enfatiza que esta não se restringe nem a mulheres, nem a familiares de dependentes. Em minha opinião, existem casais onde nenhum dos dois é dependente químico, porém ambos são extremamente frágeis, mantendo uma dependência mútua, como se um fosse a droga do outro" (2003, p. 24).

há sempre uma tonalidade sadomasoquista de fundo imperando. Winnicott (1949c) já assinalara como certas pessoas que viveram situações bastante instáveis em termos de sustentação inicial se tornam cuidadores compulsivos, na tentativa sempre falida de oferecer ao outro o que não puderam obter; são os enfermeiros e psiquiatras de plantão, encontrados em muitas famílias. A precariedade na construção da função de autocuidado predispõe, assim, a formas adictivas de relacionamento, nas quais, seja no lugar do dependente, seja no lugar do cuidador compulsivo, se atualiza o fracasso e a tentativa de cura relativa à jornada humana, de saída corrompida, que parte da dependência absoluta do bebê, passa pela dependência relativa da primeira infância e pela dependência da criança e do adolescente, até atingir a suposta "dependência madura" da vida adulta.

Ora, é precisamente nesses termos que *a questão da adicção pode ser compreendida como totalmente conectada à problemática humana da dependência*; daí o interesse de se denominar a adicção como "dependência" (toxicomania como "dependência de drogas", etc.).

A consideração pela dinâmica vincular na etiologia e no tratamento se expande, assim, naturalmente, para outros tipos de adicção, além do alcoolismo e da toxicomania. Afinal, estamos no campo das paixões humanas, tantas vezes tóxicas, ou no universo do amor vampírico, com seus pactos sinistros e sua promessa de gozo tão atraente, na qual a perspectiva da vida eterna – que é reservada apenas aos deuses onipotentes – nos parece acenar, ao longe, com um estado ideal de "independência absoluta".

Deve-se ressaltar que, mesmo que a prática clínica de atendimento vincular não seja uma receita para todos os casos, um olhar que concebe a adicção como uma forma de dependência pode produzir efeitos clínicos significativos. É isso que observamos, por exemplo, no caso "Branca de Neve", relatado por J. McDougall (1982). Quando recebemos no consultório ou na instituição um sujeito adicto, muitas vezes deparamos com uma problemática relacional intensa e com "pactos sinistros" aos quais o indivíduo está amarrado – compromissos de sangue com o traficante, um casamento ou um grupo de referência sustentado pelo proselitismo da droga, uma mãe que inconscientemente se alimenta e se sustenta pelo cuidado do seu bebê, a situação sado-masoquista de uma *folie a deux*[192], etc. –, o que torna o trabalho infinitamente mais complexo. Somos confrontados com relacionamentos de tipo indiferenciado – simbióticos ou narcísicos, como se quiser chamá-los –, revelando a patologia da dependência, que é o pano de fundo da dinâmica inconsciente das adicções.

---

192 Este tipo de pacto é brilhantemente bem retratado por D. Cronemberg em seu filme *Gêmeos, mórbida semelhança*.

13
A adicção de transferência e os vícios da psicanálise

Para encerrar nosso percurso sobre a psicanálise das adicções, algumas palavras sobre as adicções na e da psicanálise. Afinal, ninguém está imune aos vícios, inclusive o psicanalista e seu ofício.

Os "vícios" da psicanálise podem ser considerados, sob perspectivas diversas, em termos de uma *perversão de seus objetivos*. Tal corrupção tem sido bastante denunciada no processo de institucionalização da psicanálise, assim como formas destinadas a sua transmissão. Desde o início da história da psicanálise, havia uma preocupação legítima a respeito de sua manutenção e desenvolvimento, e uma ideia sobre a criação de mecanismos que o viabilizassem. Dada a natureza tão peculiar deste saber, a transmissão deveria incluir necessariamente um aprimoramento do instrumental subjetivo do analista, obtido particularmente através de sua análise pessoal. Mas os modelos de organização e de controle do processo de formação que foram sendo colocados em prática logo apresentaram vários problemas, como "efeitos colaterais" que contradiziam frontalmente os objetivos de uma análise. Se estes objetivos podem ser formulados como a busca de uma maior liberdade interior em termos de dispor dos recursos psíquicos a fim de realizar os anseios pessoais, minorando as inibições, sintomas, angústias e obstáculos subjetivos que dificultem tais realizações, o que se observou em muitos momentos, dentro das instituições psicanalíticas, foi uma tendência ao dogmatismo e à submissão diante dos modelos idenficatórios oferecidos pelos analistas formadores.

Em termos das experiências psicanalíticas individuais, em muitos casos esse mesmo tipo de perversão tem sido observado. Algumas análises acabam tendo uma duração excessiva, que parece não se justificar; nelas, a transferência com o analista tende a se perpetuar, carecendo de um trabalho que facilite a sua dissolução paulatina, e instala-se, assim, uma *dependência* crônica em relação à análise e ao analista. Algo ali parece alimentar uma imagem de analista como um mestre ou líder a ser seguido, perpetuando-o em um lugar de ideal. A isso se associa um ideal de cura inalcançável e escravizante, pois condena o processo a ser interminável, o que está a serviço de alimentar um sentimento de onipotência e evitar o enfrentamento de uma castração simbólica.

Freud já notara que a hipnose comporta o risco do vício da dependência do médico. Sabemos que a técnica de sugestão, ainda que possa ser momentaneamente eficaz, não contribui para a o desenvolvimento no paciente de seus próprios recursos, o que o habilitaria para um melhor enfrentamento dos conflitos psíquicos subjacentes aos processos neuróticos. O abandono da hipnose e da sugestão e sua substituição pela técnica da associação livre, foram motivados exatamente por tais problemas, o que levou ao aprimoramento de uma dimensão ética fundamental da psicanálise: objetiva-se, em uma análise, auxiliar o sujeito a libertar-se das amarras subjetivas proporcionadas pela neurose, a fim de que possa fazer as suas próprias escolhas de vida e, portanto, buscar seu caminho singular e responsabilizar-se por ele da melhor forma possível. Mas o estabelecimento da transferência com o analista traz de volta os antigos fantasmas da técnica da sugestão e da hipnose, e, se não for adequadamente manejada, pode conduzir a "efeitos colaterais" bastante perniciosos. A nova técnica nunca conseguiu expurgar totalmente esse risco, e aquilo que foi posto para fora pela porta da frente ameaça retornar pela porta dos fundos.

Ora, tais efeitos indesejáveis podem ser compreendidos como próprios de um "relacionamento adictivo", que traz para o campo da transferência a dimensão tóxica das paixões humanas. Bollas descreveu os "adictos em transferência" com muita propriedade. Em certas análises, à medida que os sintomas são bem analisados, logo surgem outros para desafiar o trabalho analítico; conforme esse ciclo se repete, nos perguntamos a serviço de que ele se mantém. Há um desejo secreto de que análise continue para sempre, o que é conseguido pela perpetuação de um estado de doença e de sofrimento. O sintoma perpetuado encontra na psicanálise "[...] uma vida erótica em si mesma" (BOLLAS, 2000, p. 220), e o processo se perverte em um "[...] encontro de dois autosofredores compartilhando uma paixão secreta" (2000, p. 218). Isso por vezes está associado à busca constante de novos analistas, com o recurso típico de desvalorizar as análises anteriores a fim de seduzir o novo analista.

> Mudando de analista durante toda a vida, o paciente consegue esquivar-se, com sucesso, tanto dos compromissos conscientes quanto inconscientes em relação aos limites da existência [...] apresentar-se como incompleto é um convite à entrada fálica do outro, a fim de preenchê-lo com um conhecimento analítico cada vez maior. (BOLLAS, 2000, p. 217)

Bollas denunciou essa corrupção inconsciente do processo analítico, particularmente, no caso de pacientes histéricos: "[...] certos histéricos se tornam viciados em transferência; eles encontram, no aconchegante erotismo da psicanálise, um estado apropriado a uma forma de vida histérica" (2000, p. 221). Creio, no entanto, que o risco de uma adicção de transferência se coloca em *qualquer* tratamento; é muito importante estarmos atentos a esse risco, e fazer frente a uma ideologia acrítica que se torna alimentadora desse fenômeno.

A perversão da transferência em direção a um relacionamento adictivo impactou e assombrou Freud quando ele se defrontou com o "amor de transferência", no qual a invasão tóxica da paixão bloqueia qualquer espaço para a atividade de pensamento. Outros analistas têm descrito e discutido fenômenos afins, tais como a "regressão maligna" de Balint e a "transferência selvagem" de Fédida, todos relacionados à problemática da regressão em análise. De uma forma bastante elucidativa, Balint (1968) distinguiu, no tratamento analítico, uma "regressão benigna" de uma "regressão maligna". Nessa última, mais frequente nos casos de histeria grave, em lugar da busca de *reconhecimento*, predomina uma busca incessante por *gratificação*; o paciente exige que o analista lhe dê tudo aquilo que sente que a vida lhe privou, e rejeita qualquer trabalho no sentido do ganho de *insight* que contribua para um crescimento psíquico mais consistente. Ora, Balint relacionou a regressão maligna a uma espécie de *voracidade toxicomaníaca na transferência*:

> [...] assim que um dos desejos ou necessidades primitivas é satisfeito, ele é logo substituído por um novo desejo ou anseio, igualmente exigente e urgente. Isto, em alguns casos, levou ao desenvolvimento de estados semelhantes à toxicomania, que são difíceis de lidar; alguns deles se mostraram – como Freud previu – até mesmo intratáveis. (1968, p. 129)

Fédida, de seu lado, sugeriu que a transferência comporta, em si mesma, um caráter sinistro (estranhamente familiar, ou *unheimlich*) devido à sua potência psicótico-alucinatória, que pode ou não dominar a situação analítica. Quando isso ocorre, estamos diante de uma "transferência selvagem", cujo modelo é a relação hipnótica. Nestes casos, um conluio cotransferencial se instala, e o analistas não mais é capaz de conservar o "lugar do estrangeiro"; ele torna-se um outro-substância – e, aqui, Fédida (1988, p.

93) estabelece também um paralelo entre a transferência selvagem e a droga no análise dos toxicômanos[193].

A "adicção de transferência" foi também descrita como uma forma de transferência específica que se observa no tratamento de pacientes adictos.

Freud propôs o termo "neurose de transferência" para descrever um fenômeno regular no tratamento de pacientes neuróticos: o estabelecimento temporário de uma forma de "neurose artificial" dentro da situação analítica, que deverá ser então o objeto privilegiado de trabalho analítico. Na psicanálise pós-freudiana, especialmente no ambiente britânico, passou-se a falar em "psicose de transferência", querendo com isto designar a tonalidade particular que o fenômeno transferencial ganha no tratamento de pacientes psicóticos ou fronteiriços, e contrapondo-se à ideia de que tais pacientes não seriam capazes de desenvolver uma transferência; há, sim, uma transferência em tais tratamentos, mas com características diferentes. Já a proposição de uma "perversão de transferência" e de uma "adicção de transferência" é menos conhecida.

Etchegoyen (1977) sustentou que a perversão comporta uma singularidade clínica e configura um tipo específico de transferência, e cunhou o termo "perversão de transferência" a fim de reunir os diversos fenômenos que se observam no tratamento psicanalítico desse grupo de pacientes, em contraste com a "neurose de transferência" e a "psicose de transferência". Em nosso meio, proposta semelhante tem sido desenvolvida por Flávio Carvalho Ferraz. Em seu cuidadoso estudo sobre a perversão, enfatizou a importância do trabalho atento na transferência, imprescindível para viabilizar uma "possível clínica da perversão" – em que pese a grande dificuldade nela envolvida. Nesse trabalho,

---

[193] Em cuidadoso estudo sobre as relações entre transferência, sugestão e hipnose, Fédida discute o uso da expressão "perversão de transferência" (1995, p. 126); através deste trabalho, compreendemos a relevância de uma "metapsicologia da transferência e da contratransferência".

já se referira à emergência de uma "perversão na transferência" (FERRAZ, 2002, p. 101), mas foi em trabalho posterior (FERRAZ, 2005) que avançou mais na discussão do tema. Partindo da controvérsia sobre qual eixo tomar para definir uma perversão – o eixo sintomático ou o eixo transferencial –, observou que as descrições de psicanalistas de diversas escolas parecem convergir, em essência, sobre as características da transferência de pacientes perversos. Se Clavreul (1990), autor de abordagem lacaniana, ressaltou o *desafio* como a marca distintiva dessa modalidade de transferência, analistas ingleses, em particular Meltzer e B. Joseph, assinalaram o esforço constante de tirar o analista de seu papel, gerando impasse e paralisia, em um misto de desprezo pela psicanálise e temor reverencial ao analista. A partir dessa convergência de observações, e em consonância com as proposições de Etchegoyen, Ferraz sublinhou o valor de pensarmos em termos de uma "perversão de transferência".

A partir da década de 1980, surgiram trabalhos como o de Elsa Garzoli, que propôs, seguindo a mesma linha de pensamento, o termo "adicção de transferência". Ela nos lembra que as características transferenciais de pacientes adictos foram assimiladas por Meltzer à perversão de transferência, e não consideradas por Etchegoyen; Garzoli, no entanto, defende a *especificidade da transferência na análise de adictos*, em contraste com a dos perversos. A autora descreveu a "adicção de transferência" nos seguintes termos:

> [...] instalar-se em uma relação com um terapeuta que precisa ser coisificado, a fim de substituir o objeto adictivo; tentar coisificar-se para o analista, e assim estabelecer uma relação especular estática; fazê-lo de modo sutil, sintônico e silencioso; e cuidar de ter o terapeuta "sempre à mão". (GARZOLI, 1996, p. 255)

Como se vê, a abordagem de Garzoli enfatiza o processo de coisificação na transferência e a busca de uma situação utópica de disponibilidade absoluta do objeto. Ora, também aqui se está fadado a situações de impasse, já que o próprio processo analítico, com seu jogo de presença e ausência, impõe privações inevitáveis[194].

Outros autores têm evocado essa mesma ideia, procurando descrever as especificidades transferenciais da análise de adictos. Frequentemente se faz referência a uma etapa necessária do processo de psicoterapia na qual o analista é usado como uma droga; Suzana Dupetit, por sua vez, ressaltou a alternância, no vínculo transferencial, entre dois lugares: ou o de um deus onipotente e terrorífico, ou o de um ser suplicante, que implora ao deus por anestesia, alívio da dor, concordância absoluta e quietude. Mais do que uma relação sadomasoquista, se trata da busca desesperada de uma "anestesia onipotente", que é, ao mesmo tempo, a reprodução de um modelo de relação predominante na família e no meio social do adicto:

> [...] este vínculo adictivo transferido ao analista está relacionado, em termos metapsicológicos, a uma dependência adicta do Eu a uma 'sociedade' ou a uma 'associação de objetos' que promove uma Cosmovisão Onipotente – o poder ilusório de um estado sem conflitos. (DUPETIT, 1996, p. 232)

---

[194] É curioso que a primeira descrição que Garzoli fez da adicção de transferência foi a de uma paciente que procurava envolver a analista através do relato recorrente de sonhos muito coloridos, produzindo uma situação de impasse e uma pseudoanálise; a análise da contratransferência é que tornou possível resgatar o processo analítico da paralisia instalada, libertando a própria analista de uma "adicção de contratransferência" aos sonhos. Isso nos mostra como qualquer objeto pode ser convertido em objeto de adição, tornando-se *coisa*, e que o sonho – justamente este objeto tão investido de interesse pelo psicanalista – pode ser uma presa fácil de um vício na transferência. Pontalis (1978), aliás, ao nos brindar com a figura do "fazedor de sonhos", já havia alertado sobre o perigo de o sonho perder sua função transicional e transformar-se em um objeto-fetiche. Sobre a transferência selvagem e os riscos de corrupção do dispositivo onírico no processo analítico, ver "A realidade psíquica, o sonho, a sessão" (in D. GURFINKEL, 2001), e sobre a aproximação entre a distorção manipulativa da função do sonho, a relação adictiva com a droga e a perversão de transferência, ver "'Sonhos dirigíveis' e 'viagem da droga': um parque de diversões?" (in GURFINKEL, 2008b).

A situação transferencial testemunharia uma oscilação entre o *laissez-faire* de um *dandy* e o totalitarismo do "olhar de um tigre".

Justifica-se a proposição da *adicção de transferência* como um conceito psicanalítico? O passo aqui deve ser dado com cautela, sob o risco de criar uma tipologia da transferência que se dissemina para todo e qualquer quadro da psicopatologia. E, se recorrermos ao pensamento estruturalista inaugurado por Lacan, há que se ter em conta que seriam três as grandes estruturas clínicas a serem consideradas – a neurose, a psicose e a perversão –, o que deixaria a adicção em um lugar no mínimo secundário. No entanto, se retomarmos a proposição de "unidade na diversidade" para dar conta do estatuto psicopatológico das adicções – conforme o fiz no início de nosso percurso –, creio que faz sentido considerar a proposta.

Destaquei, anteriormente, os seguintes aspectos como distintivos de uma adicção: uma ação de caráter impulsivo e irrefreável; um estado de escravização diante do objeto; a fetichização e a coisificação, com a degradação da relação objetal correlata; o caráter de neonecessidade; a impulsividade, a pertinência ao campo do colapso do sonhar e o parentesco com as neuroses atuais; a compulsão à repetição e o automatismo; o paralelismo com o estado maníaco e a defesa dissociativa; a patologia da dependência envolvida; e, por fim, a sua dimensão passional. Ora, este conjunto de aspectos se faz presente, em maior ou menor grau, na transferência de pacientes adictos, pois nela observamos a coisificação e degradação da qualidade da relação objetal, a busca voraz por gratificação, a urgência imperiosa e a necessidade inadiável do objeto-coisa, o empobrecimento geral da atividade simbolizante, dos meios expressivos e da qualidade da comunicação intersujetiva, a repetição compulsiva, a alternância entre uma posição onipotente-maníaca e uma posição suplicante por substâncias alimentadoras, a adesividade do vínculo e, ainda, de modo característico, um convite para uma "viagem especial" e a proposta de um pacto com um mundo paralelo, que regularmente a acompanha.

Isso seria suficiente para considerarmos um tipo específico de transferência? Do ponto de vista da experiência clínica, creio que sim; essas características de fato se destacam na prática de atendimento com pacientes adictos, e reconhecê-las, distingui-las e circunscrevê-las pode ser de grande utilidade para o amadurecimento das estratégias de trabalho[195]. E, mais do que isso: uma vez que a "adicção de transferência" se apresenta em diversas situações em que o sintoma adictivo *stritu sensu* não é evidente, somos levados a pensar em termos de uma dinâmica psíquica mais geral, que perpassa toda a experiência humana, e que, em cada caso, pode ser mais ou menos dominante. Isto pode ser um tanto inquietante, e difícil de ser assimilado.

Em suma: é inegável a vantagem em se colocar em evidência, no campo da transferência, o *páthos* humano da compulsão à repetição adictiva, tanto em termos de seus processos desagregadores e alarmantes, quanto em termos de uma força impulsora persistente e incansável; mas, por outro lado, no que se refere a alçar a adicção de transferência ao plano de um conceito psicanalítico, é necessário uma prudência maior, pois é apenas a partir de um estudo metapsicológico da transferência que poderemos adotar um posicionamento mais consistente.

---

[195] Conforme sugerido anteriormente, o estudo de Winnicott (1955) sobre as variedades clínicas da transferência nos serve, aqui, como um bom modelo inspirador. O trabalho pouco conhecido de Bleger (1967) também merece ser lembrado: ao estudar as manifestações de simbiose e de autismo na transferência sob a ótica do problema da dependência e independência, em diálogo com Fairbairn e M. Mahler, Bleger relacionou esse tipo de transferência a uma posição no desenvolvimento emocional anterior àquelas descritas por Klein, e postulou assim a "posição gliscro-cárica". Os estudos de Suzana Dupetit sobre as adicções são tributários dessa concepção, assim como da teoria do desenvolvimento emocional de Winnicott.

Faz-se necessário, também, um estudo mais apurado sobre a vizinhança entre adicções e perversão, sobre a qual esboço em seguida apenas alguns apontamentos.

Certos elementos em comum da sintomatologia e da transferência chamam a atenção. Em diversos casos de adicção, é frequente um trato "perverso" na relação com o outro, que envolve a manipulação, a impostura, a mentira e o uso sem-cerimônia e sem consideração das pessoas próximas – o que por vezes dá a impressão de um ódio profundamente enraizado e de ausência de sentimento de culpa. Deve-se sublinhar que tal tendência é visível, seja enquanto alguns episódios, seja enquanto um "estilo de fundo", mesmo que não haja uma estrutura perversa franca instalada; no entanto, também aqui há grande variação, e muitos sujeitos de estrutura neurótica ou psicótica mais definida flertam com a perversão, mas acabam não "abraçando a causa" da mesma maneira. Mas por que, exatamente, o impulso imperioso do adicto envolve a ruptura dos vínculos humanos significativos e do senso ético, implicando algum nível de degradação do caráter? Diz-se, muitas vezes, que um viciado rouba não por uma tendência à delinquência, mas pelo desespero pela droga; até onde esta explicação nos satisfaz? É notável a tendência de que a história de uma adicção se constitua como uma "carreira", na qual a cronificação no uso compulsivo do objeto é acompanhada por diversas transformações mais ou menos permanentes ou reversíveis no caráter e nas condutas sociais. Em termos transferenciais, a degradação da qualidade da relação objetal é nítida nos dois casos, ainda que na perversão predomine o desafio, e, na adicção, a coisificação do objeto[196].

---

196 Apresentei, em outro lugar, material clínico em que uma "perversão da transferência" era invocada, e no qual uma vizinhança com a "adicção de transferência" também se fazia presente. Ver capítulo "'Sonhos dirigíveis' e 'viagem da droga': um parque de diversões?" (in D. GURFINKEL, 2008d); ver também comentário sobre a situação contratransferencial envolvida (GURFINKEL, 2006, 2011).

O prosseguimento desta discussão exigiria que avançássemos em uma metapsicologia da perversão e da adicção, como tenho procurado fazer no presente livro. Ao compreendermos a importância de definir a perversão segundo sua especificidade transferencial, ainda que de modo não exclusivo – conforme sublinhou Flávio Ferraz –, nos afastamos da tendência descritiva, característica da psiquiatria atual, e passamos a conceber a estrutura perversa para além da ideia de uma perversão sexual *stritu sensu*, como o fez Freud no início. Ora, as práticas sexuais ditas perversas, se tomadas em seu sentido patológico e sintomático, nos remetem tanto à perversão quanto às adicções, uma vez que elas comportam, em geral, um caráter impulsivo e escravizante. Se abstrairmos o caráter pejorativo do termo, podemos dizer que que está em causa, nas duas situações, são os chamados *vícios* humanos.

Assim, não é à toa que Fenichel tenha agrupado perversão, adicções e psicopatia no mesmo tronco psicopatológico, e que Winnicott, tempos depois, tenha reunido sob a rubrica da *tendência antissocial* a gênese e a essência do que irá se cristalizar nessas três formas clínicas. Mas a proposição das "sexualidades adictivas" – termo cunhado por Joyce McDougall em sua revisão crítica do conceito de perversão – é, segundo penso, uma das grandes invenções teórico-clínicas do problema que nos ocupa. Pois o que define o caráter perverso de uma conduta sexual não é o desvio em relação a uma norma sexual, e sim o *caráter adictivo* com que ela é praticada, denunciando a preponderância de angústias subjacentes de natureza tanto edípica quanto arcaica. As diversas práticas sexuais do homem só merecem a rubrica de perversas quando deixam de ser um simples exercício de prazer e de exploração de possibilidades, mas quando se tornam compulsivas e escravizantes, no interior de um quadro psicopatológico muito mais amplo de distorção da qualidade das relações objetais.

Uma das consequências mais interessantes dessas considerações é que a teoria da perversão pode ser repensada, até certo ponto, segundo a ótica da psicanálise das adicções, e vice-versa.

Pois se um dos modelos iniciais utilizados para compreender a adicção foi o da perversão enquanto desvio em relação ao modelo genital da sexualidade – onde o objeto adictivo é visto como um substituto distorcido do alvo sexual –, pode-se considerar, seguindo uma nova ótica, que o desvio perverso se dá precisamente quando a experiência sexual ganha uma conotação francamente adictiva. A nova fórmula que surge, invertendo a lógica anterior, substitui a ideia da "droga como sexo" pela do "sexo como droga"[197].

Uma vez esboçadas essas correlações, creio que estamos preparados para considerar as especificidades da adicção em relação à perversão. Há que se reconhecer as diferenças bastante significativas, tanto no plano sintomático quanto no plano transferencial, que justificam, do meu ponto de vista, a proposição de uma "adicção de transferência" como uma categoria à parte – mesmo que a título provisório –, nos termos acima esboçados[198]. Trata-se, no mínimo, de uma ferramenta de trabalho de grande utilidade clínica.

A relevância dessa proposição talvez comece a ser compreendida conforme se perceba que o problema transcende, e muito, o campo específico do tratamento de pacientes adictos, e toca de perto o psicanalista em sua prática clínica, pois é preciso considerar *a inter-relação recíproca entre transferência, regressão e dependência*. Já sabemos, desde Freud, que a transferência implica, em certos momentos do tratamento, uma regressão aos investimentos libidinais infantis, à maneira do processo onírico e da história clínica de uma neurose. A psicanálise pós-freudiana veio a compreender, como bem assinalou Winnicott, que tal regressão

---

197 Essa mudança de perspectiva corresponde, a meu ver, à emergência do modelo relacional na história da psicanálise, transformando significativamente o modelo pulsional original.

198 A alternativa a isso seria considerar a "adicção de transferência" uma espécie de variação sobre o tema da "perversão de transferência", ou um caso particular da mesma; o debate permanece em aberto.

muitas vezes se configura enquanto uma *regressão à dependência*, ou seja, uma regressão relativa ao desenvolvimento do Eu[199]. Ora, em *toda e qualquer* análise está implicada uma regressão à dependência experimentada em relação ao analista – seja ela mais marcante ou mais discreta –, constituindo-se, portanto, como uma dimensão inerente da transferência.

Toda análise deve ter como tarefa ocupar-se da *dependência na transferência*. A situação de dependência em relação ao analista é, por um lado, condição necessária para o percurso analítico, mas, por outro, pode ser ocasião de distorções mais ou menos graves. Ora, o risco de o paciente tornar-se adicto à transferência está potencialmente colocado em qualquer análise, o que coloca a *adicção de transferência* – em sentido lato – *como um problema geral da psicanálise*. Se pensarmos, inspirados no modelo do amadurecimento emocional de Winnicott, que o percurso de uma análise implica uma jornada da dependência à independência, a problemática da dependência se coloca no centro do manejo da transferência, e o desafio da conquista da independência em relação ao analista se torna uma das tarefas essenciais do processo. Se a dissolução da transferência não for possível, estamos condenados a uma análise interminável, e à escravização sadomasoquista própria dos relacionamentos adictivos.

Em algumas análises, em meio ao percurso da dependência à independência, nos deparamos com momentos de "adicção de transferência". As dificuldades podem ser grandes, resultando em rupturas bruscas ou em um protelamento infindável. "Domar" a transferência selvagem pode não estar ao alcance do analista; mas, muitas vezes, há uma boa margem de manobra para um trabalho na transferência e na contratransferência. Ora, o trabalho de luto pelos ideais onipotentes de cura mágica cabe ser feito dos *dois lados* – tanto do lado do paciente quanto do analis-

---

[199] Sobre o tema da regressão, consultar "Psicossomática, regressão e psicanálise: nas bordas do sonhar" (in D. GURFINKEL, 2001).

ta –, o que inclui a tolerância com os "resultados parciais" obtidos e o respeito pelos restos transferenciais, que só o tempo e a vida irão curar.

Afinal, o analista não está imune aos vícios, e não apenas em termos dos pequenos e grandes vícios em sua vida pessoal, mas, sobretudo, em relação ao *vício da psicanálise*. Bollas assinalou que os psicanalistas não estão, em geral, na melhor posição para "[...] analisar a dinâmica de interminabilidade da paixão histérica pela psicanálise" (2000, p. 222), pois não é raro que eles mesmos tenham "se entrincheirado", por décadas, em análises excessivamente longas ou em múltiplas análises.

> Será que podemos dizer que, em tais análises, houve realmente uma análise da transferência do analista em relação à sua análise, como aquele que custodia a psicanálise? Não tenho certeza. Em tais circunstâncias, eu não consigo ver como o psicanalista estaria equipado psiquicamente para analisar o analisando histérico, já que ele teria convertido a psicanálise em um sintoma de sua própria histeria. (BOLLAS, 2000, p. 222-223)

Penso que esse questionamento pode ser ampliado para além do campo da histeria e de seu tratamento, remetendo-nos a uma problemática ética geral que concerne à adicção de transferência. Até onde os analistas estão preparados para o manejo da adicção de transferência, se eles mesmos estão presos à cadeia de transmissão de pontos cegos da família psicanalítica? Como libertar-se desse círculo vicioso maldito?

Podemos dar um primeiro passo, trazendo à memória o que se passou no início da história da psicanálise: por que, mesmo, foi necessário construí-la nos moldes em que foi criada, em contraste com a "técnica hipnótica" de então? Lembremos a "adicção à hipnose", sobre a qual Freud escreveu em 1890. Ora, a psicanálise "adulta" e suas instituições sofrem, por vezes, de reminiscências, e fazem "vista grossa" para a adicção de transferência que continuam a alimentar... O amor do psicanalista por seus pacientes, por suas teorias e por sua "causa" pode facilmente se converter em uma paixão tóxica, o que exige um trabalho de análise contínuo e urgente.

Referências bibliográficas

ABRAHAM, K. Beiträge zur Kenntnis des Delirium tremens der Morphinisten. *Centralblatt für Nervenheilkunde und Psychiatrie*, n.º XXV, p.369-80, jun. 1902.

———. Über Versuchemit "Veronal" bei Erregungszuständen der Paralytiker. *Centralblatt für Nervenheilkunde und Psychiatrie*, n.º XXVII, p. 176-180, mar. 1904.

———.(1908) Las relaciones psicológicas entre la sexualidad y el alcoholismo. In *Psicoanális clínico*. Buenos Aires: Lumen/Hormé, 1994.

———.(1909) Dreams and myths: a study in folk-psychology. In: *Clinical papers and essays on psycho-analysis*. London: Hogarth, 1955.

———. (1911) Notas sobre a investigação e o tratamento psicanalítico da psicose maníaco-depressiva e estados afins. In *Teoria psicanalítica da libido: sobre o caráter e o desenvolvimento da libido*. Rio de Janeiro: Imago, 1970.

———. (1916) O primeiro estágio pré-genital da libido. In *Teoria psicanalítica....*, op. cit.

———. (1920) A valoração narcísica dos processos excretórios nos sonhos e na neurose. In BERLINCK, M. (org.) *Obsessiva neurose*. São Paulo: Escuta, 2005.

———. (1921) Contribuição à teoria do caráter anal. In *Teoria psicanalítica....*, op. cit.

———. (1924a) A influência do erotismo oral na formação do caráter. In *Teoria psicanalítica....*, op. cit.

———. (1924b) Breve estudo do desenvolvimento da libido, visto à luz das perturbações mentais. In *Teoria psicanalítica....*, op. cit.

———. (1925) A formação do caráter no nível genital do desenvolvimento da libido. In *Teoria psicanalítica....*, op. cit.

ABRAHAM, N.; TOROK, M. (1972) Luto ou melancolia: introjetar-incorporar. In *A casca e o núcleo*. São Paulo: Escuta, 1995.

ALMODÓVAR, P. (Dir.). *Ata-me*. Espanha: El Deseo, 1990.

ANZIEU, D. *A auto-análise de Freud e a descoberta da psicanálise*. Porto Alegre: Artes Médicas, 1989.

AULAGNIER, P. *Os destinos do prazer*. Rio de Janeiro: Imago, 1985.

BALINT, M. (1968) *A falha básica*: aspectos terapêuticos da regressão. Porto Alegre: Artes Médicas, 1993.

BEAUVOIR, S. de. *O sangue dos outros*. Rio de Janeiro: Nova Fronteira, 1984.

BENJAMIN, J. *The bonds of love:* psychoanalysis, feminism and the problems of domination. New York: Pantheon Books, 1988.

BERGERET, J. (1974) *Personalidade normal e patológica*. Porto Alegre: Artes Médicas, 1988.

———. (1982) *Toxicomania e personalidade*. Rio de Janeiro: Zahar, 1983.

BERLINCK, M. *Psicopatologia fundamental*. São Paulo: Escuta, 2000.

BERNFELD, S. (1953). Freud's studies on cocaine. In: BYCK, R. (Ed.). *Cocaine papers by Sigmund Freud*. New York: Meridian, 1975.

BETTELHEIM, B. *Freud e a alma humana*. São Paulo: Cultrix, 1982.

BLEGER, J. (1963) *Psicologia da conduta*. Porto Alegre: Artes Médicas, 1984.

———. (1967) *Simbiose e ambigüidade*. Rio de Janeiro: Francisco Alves, 1977.

BOLLAS, C. (1987) *A sombra do objeto*. Rio de Janeiro: Imago, 1992.

———. (1989) *Forças do destino: psicanálise e idioma humano*. Rio de Janeiro: Imago, 1992.

———. *Hysteria*. São Paulo: Escuta, 2000.

BRAUNSCHWEIG, D. & FAIN, M. (1975) *La noche, el día: ensayo psicoanalítico sobre el funcionamiento mental*. Buenos Aires: Amorrortu, 2001.

BRUSSET, B. (1991) Psicopatologia e metapsicologia da adicção bulímica. In BRUSSET, B., COUVREUR, C. & FINE, A., *A bulimia*. São Paulo: Escuta, 2003.

BYCK, Robert. (1974) Sigmund Freud and cocaine. In: BYCK, Robert (ed.). *Cocaine papers by Sigmund Freud*. New York: Meridian, 1975.

CESAROTTO, O. *Um affair freudiano*: os escritos de Freud sobre a cocaína. São Paulo: Iluminuras, 1989.

CLAVREUL, J. O casal perverso. In: CLAVREUL, J. et al. *O desejo e a perversão*. Campinas: Papirus, 1990.

COUVREUR, C. (1991) Fontes históricas e perspectivas contemporâneas. In: BRUSSET, B.; COUVREUR, C.; FINE, A. *A bulimia*. São Paulo: Escuta, 2003.

DONABEDIAN, D. Procédé auto-calmant, état oniroïde, décherge? *Revue Française de Psychosomatique*, v. 4, p. 117-127, 1993.

DOSTOIÉVSKI, F. *O jogador*. Porto Alegre: L&PM, 2000.

DUPETIT, S. *La adicción y las drogas*. Buenos Aires: Salto, 1983.

———. La mirada del tigre: acerca de la transferencia en pacientes adictos. *Psicoanálisis* (APdeBA), v. XVIII, n. 2, p. 223-236, 1996.

ETCHEGOYEN, H. (1977) Perversión de transferencia: aspectos teóricos e técnicos. In: MOGUILLANSKY, R. J. (Org.) *Escritos clínicos sobre perversiones y adicciones*. Buenos Aires/ México: Lumen, 2002.

FAIN, M. Approuche métapsychologique du toxicomane. In: BANDELIER, M. (Org.) *Le psychanalyste à l'écoute du toxicomane*: réflexion autour de J. Bergeret – M. Fain. Paris: Dunod, 1981.

———. Spéculations métapsychologiques hasardeuses à partir de l'étude de procédés autocalmants. *Revue Française de Psychosomatique*, v. 4, p. 58-67, 1993.

FAIRBAIRN, W. R. D. (1941) Uma revisão da psicopatologia das psicoses e psiconeuroses. In *Estudos psicanalíticos da personalidade*. Rio de Janeiro: Interamericana, 1980.

———. (1944) As estruturas endopsíquicas consideradas em termos de relações de objeto. In *Estudos psicanalíticos da personalidade*. Rio de Janeiro: Interamericana, 1980.

———. (1954) The nature of hysterical states. In SCHARFF, D. E. & BIRTLES, E. F. (edts.) *From instinct to self: selected papers of W. R. D. Fairbairn*. New Jersey / London: Jason Aronson, 1994, vol. I.

FALZEDER, E. *The complete correspondence Sigmund Freud and Karl Abraham*. London/New York: Karnak, 2002.

FÉDIDA, P. *Clínica psicanalítica*: estudos. São Paulo: Escuta, 1988.

———. *Crisis y contra-transferencia*. Buenos Aires: Amorrortu, 1995.

FENICHEL, O. (1945) *Teoria psicanalítica das neuroses*. Rio de Janeiro/ São Paulo: Atheneu, 1981.

FERENCZI, S. (1909) Transferência e introjeção. In: ———. *Obras Completas*. São Paulo: Martins Fontes, 1991. v. 1.

———. (1911a) O papel da homossexualidade na patogenia da paranóia. In: ———. *Obras Completas*. São Paulo: Martins Fontes, 1991. v.1.

———. (1911b) O álcool e as neuroses. In ———. *Obras Completas*. São Paulo: Martins Fontes, 1991. v.1.

———. (1925) Psicanálise dos hábitos sexuais. In: ———. *Obras Completas*. São Paulo: Martins Fontes, 1991. v.3.

FERNANDES, M. H. *Transtornos alimentares*: anorexia e bulimia. São Paulo: Casa do Psicólogo, 2006.

FERRAZ, F. C. Das neuroses atuas à psicossomática. In: FERRAZ, F. C.; VOLICH, R. M. (Orgs.) *Psicossoma*: psicossomática psicanalítica. São Paulo: Casa do Psicólogo, 1997.

———. *Perversão*. São Paulo: Casa do Psicólogo, 2002.

———. *Tempo e ato na perversão*. São Paulo: Casa do Psicólogo, 2005.

FERRERI, M. (Dir.). *A comilança*. França/Itália: Films 66, 1973.

FOWLES, J. (1958) *O colecionador*. São Paulo: Abril, 1975.

FREITAS, L. A. P. *Adolescência, família e drogas:* a função paterna e a questão dos limites. Rio de Janeiro: Mauad, 2002.

FREUD, Sigmund (1884). On Coca. In: BYCK, R. (ed.). *Cocaine papers by Sigmund Freud*. New York: Meridian, 1975.

———. (1885a) Addenda to On Coca. In: BYCK, R. (ed.). *Cocaine papers by Sigmund Freud*. New York: Meridian, 1975.

———. (1885b) Contribution to the knowledge of the effect of cocaine. In: BYCK, R. (ed.). *Cocaine papers by Sigmund Freud*. New York: Meridian, 1975.

———. (1885c) On the general effect of cocaine. In: BYCK, R. (ed.). *Cocaine papers by Sigmund Freud*. New York: Meridian, 1975.

———. (1887) Remarks on craving for and fear of cocaine. In: BYCK, R. (ed.). *Cocaine papers by Sigmund Freud*. New York: Meridian, 1975.

———. (1890 / 1905) Psicoterapia (tratamiento por el espiritu). In: ———. *Obras Completas de Sigmund Freud*. Madrid: Blibioteca Nueva, 1981. v. 1.

———. (1896) La etiologia de la histeria. *OC*, v. 1.

———. (1897a) Carta 55 a Fliess de 11.01.1897. In: ———. *Obras Completas de Sigmund Freud*. Madrid: Blibioteca Nueva, 1981. v. 3, p.3558-3559.

———. (1897b) Carta 69 a Fliess de 21.09.1897. In: ———. *Obras Completas de Sigmund Freud*. Madrid: Blibioteca Nueva, 1981. v. 3, p.3578-3580.

———. (1897c) Carta 79 a Fliess de 22.12.1897. In: ———. *Obras Completas de Sigmund Freud*. Madrid: Blibioteca Nueva, 1981. v. 3, p.3594-3595.

———. (1898) La sexualidad en la etiologia de las neurosis. In: ———. *Obras Completas de Sigmund Freud*. Madrid: Blibioteca Nueva, 1981. v. 1.

———. (1900) La interpretación de los sueños. In: ———. *Obras Completas de Sigmund Freud*. Madrid: Blibioteca Nueva, 1981. v. 1.

———. (1905) Tres ensayos para una teoria sexual. In: ———. *Obras Completas de Sigmund Freud*. Madrid: Blibioteca Nueva, 1981. v. 2.

———. (1908a) El carater y el erotismo anal. In: ———. *Obras Completas de Sigmund Freud*. Madrid: Blibioteca Nueva, 1981. v. 2.

———. (1908b) Teorias sexuales infantiles. In: ———. *Obras Completas de Sigmund Freud*.

Madrid: Blibioteca Nueva, 1981. v. 2.

———. (1910a) El dobre sentido antitetico de las palabras primitivas. In: ———. *Obras Completas de Sigmund Freud*. Madrid: Blibioteca Nueva, 1981. v. 2.

———. (1910b) Concepto psicoanalítico de las perturbaciones psicopatógenas de la visión. In: ———. *Obras Completas de Sigmund Freud*. Madrid: Blibioteca Nueva, 1981. v. 2.

———. (1911a) Los dos principios del funcionamiento mental. In: ———. *Obras Completas de Sigmund Freud*. Madrid: Blibioteca Nueva, 1981. v. 2.

———. (1911b) Observaciones psicoanalíticas sobre un caso de paranoia ("dementia paranoides") autobiograficamente descrito. In: ———. *Obras Completas de Sigmund Freud*. Madrid: Blibioteca Nueva, 1981. v.2.

———. (1912a) Contribuiciones al simposio sobre la masturbacion. In: ———. *Obras Completas de Sigmund Freud*. Madrid: Blibioteca Nueva, 1981. v.2.

———. (1912b) Sobre una degradación general de la vida erótica. In: ———. *Obras Completas de Sigmund Freud*. Madrid: Blibioteca Nueva, 1981. v. 2.

———. (1913a) La iniciacion del tratamiento. In: ———. *Obras Completas de Sigmund Freud*. Madrid: Blibioteca Nueva, 1981. v. 2.

———. (1913b) Totem e tabu. In: ———. *Obras Completas de Sigmund Freud*. Madrid: Blibioteca Nueva, 1981. v. 2.

———. (1913c) La disposicion a la neurosis obsesiva: una aportación al problema de la elección de neurosis. In: ———. *Obras Completas de Sigmund Freud*. Madrid: Blibioteca Nueva, 1981. v. 2.

———. (1915a) Los instintos y sus destinos. In: ———. *Obras Completas de Sigmund Freud*. Madrid: Blibioteca Nueva, 1981. v. 2.

———. (1915b) Adición metapsicologica a la teoria de los sueños. In: ———. *Obras Completas de Sigmund Freud*. Madrid: Blibioteca Nueva, 1981. v. 2.

———. (1916) Varios tipos de caracter descubiertos en la labor analítica. In: ———. *Obras Completas de Sigmund Freud*. Madrid: Blibioteca Nueva, 1981. v. 3.

———. (1917a) Vias de formacion de sintomas. In "Lecciones introductorias al psicoanálissis" (leccion XXIII). In: ———. *Obras Completas de Sigmund Freud*. Madrid: Blibioteca Nueva, 1981. v. 2.

———. (1917b) El estado neurotico corriente. In "Lecciones introductorias al psicoanálissis" (leccion XXIV). In: ———. *Obras Completas de Sigmund Freud*. Madrid: Blibioteca Nueva, 1981. v. 2.

———. (1917c) Sobre las transmutaciones de los instintos y especialmente del erotismo anal. In: ———. *Obras Completas de Sigmund Freud*. Madrid: Blibioteca Nueva, 1981. v. 2 [obs: artigo redigido provavelmente em 1915].

———. (1920) Mas alla del principio del placer. In: ———. *Obras Completas de Sigmund Freud*. Madrid: Blibioteca Nueva, 1981. v. 3.

———. (1921a) Psicologia de las masas y análisis del yo. In: ———. *Obras Completas de Sigmund Freud*. Madrid: Blibioteca Nueva, 1981. v. 3.

———. (1921b) Sobre algunos mecanismos neuróticos en los celos, la paranoia y la homosexualidad. In: ———. *Obras Completas de Sigmund Freud*. Madrid: Blibioteca Nueva, 1981. v. 3.

———. (1923) La organización genital infantil (adición a la teoria sexual). In: ———. *Obras Completas de Sigmund Freud*. Madrid: Blibioteca Nueva, 1981. v. 3.

———. (1924) Autobiografia. In: ———. *Obras Completas de Sigmund Freud*. Madrid: Blibioteca Nueva, 1981. v. 3.

———. (1927a) Fetichismo. In: ———. *Obras Completas de Sigmund Freud*. Madrid: Blibioteca Nueva, 1981. v. 3.

———. (1927b) Dostoyevski y el parricidio. In: ———. *Obras Completas de Sigmund Freud*. Madrid: Blibioteca Nueva, 1981. v. 3.

———. (1930) El malestar en la cultura. In: ———. *Obras Completas de Sigmund Freud*. Madrid: Blibioteca Nueva, 1981. v. 3.

———. (1931) Sobre los tipos libidinales. In: ———. *Obras Completas de Sigmund Freud*. Madrid: Blibioteca Nueva, 1981. v. 3.

———. (1932) Nuevas lecciones introductorias al psicoanalisis. In: ———. *Obras Completas de Sigmund Freud*. Madrid: Blibioteca Nueva, 1981. v. 3.

———. (1938) Conclusiones, ideas, problemas. In: ———. *Obras Completas de Sigmund Freud*. Madrid: Blibioteca Nueva, 1981. v. 3.

FUKS, M. Questões teóricas na psicopatologia contemporânea. In: FUKS, L. B.; FERRAZ, F. C. (Orgs.). *A clínica conta histórias*. São Paulo: Escuta, 2000.

GARZOLI, E. H. La adicción de transferencia: acerca del análisis de una paciente alcohólica. *Psicoanálisis* (APdeBA), v. XVIII, n. 2, p. 237-258, 1996.

GAY, P. *Freud*: uma vida para nosso tempo. São Paulo: Companhia das Letras, 1989. GLOVER, E. (1932) On the aetiology of drug-addiction. *Int. J. Psycho-anal.*, 13. Reeditado em YALISOVE, D. L. *Essential papers on addiction*. New York: New York University Press, 1997.

———. (1939) *Psychoanalysis*. London: John Bale Medical Pub., 1939.

GOMES, K. V. *A dependência química em mulheres*: figurações de um sintoma partilhado. 2010. Tese (Doutorado em Psicologia Social). Instituto de Psicologia, Universidade de São Paulo, São Paulo, 2010.

GREEN, A. (1980) A mãe morta. In: ———. *Narcisismo de vida, narcisismo de morte*. São Paulo: Escuta, 1988.

———. Histeria e estados-limite: quiasma – novas perspectivas. *Revista Brasileira de Psicanálise*, v. 36, n. 2, p. 465-486, 2002.

GREENBERG, J. R.; MITCHELL, S. A. (1983) *Object relations in psychoanalytic theory*. Cambridge/London: Harvard University Press, 2003. Em português: *Relações objetais na teoria psicanalítica*. Porto Alegre: Artes Médicas, 1994.

GUERRESCHI, C. *Las nuevas adicciones*. México/Buenos Aires: Lumen, 2007.

GURFINKEL, A. C. Sexualidade feminina e oralidade: comer e ser comida. *Percurso*, n. 26, 2001.

GURFINKEL, D. *A pulsão e seu objeto-droga*: estudo psicanalítico sobre a toxicomania. Petrópolis: Vozes, 1996.

———. *Do sonho ao trauma*: psicossoma e adicções. São Paulo: Casa do Psicólogo, 2001.

———. Ódio e inação: o negativo na neurose obsessiva. In: BERLINCK, M. (Org.) *Obsessiva neurose*. São Paulo: Escuta, 2005.

———. Teatro de transferência e clínica do agir. In: FUKS, L. B.; FERRAZ,. F. C. *O sintoma e suas faces*. São Paulo: Escuta/Fapesp/Sedes Sapientiae, 2006.

———. Adicções: da perversão da pulsão à patologia dos objetos transicionais. *Psychê*, ano XI, n. 20, 2007.

———. A clínica do agir. In: VOLICH, R. M.; FERRAZ, F. M.; RANÑA, W. (Orgs.). *Psicossoma IV – corpo, história, pensamento*. São Paulo: Casa do Psicólogo, 2008a.

———. A mítica do encontro amoroso e o trabalho de Eros. In: ALONSO, S. L.; BREYTON, D.; ALBUQUERQUE, M. F. M. *Interlocuções sobre o feminino*: na teoria, na clínica e na cultura. São Paulo: Escuta, 2008b.

———. Por uma psicanálise do gesto. In: VOLICH, R. M.; FERRAZ, F. M.; RANÑA, W. (Orgs.) *Psicossoma IV – corpo, história, pensamento*. São Paulo: Casa do Psicólogo, 2008c.

———. *Sonhar, dormir e psicanalisar*: viagens ao informe. São Paulo: Escuta/Fapesp, 2008d.

———. *O sonho de contratransferência*. Trabalho apresentado no Ciclo de Debates Psicanálise em trabalho. São Paulo: Departamento de Psicanálise do Instituto Sedes Sapientiae, 14 abr. 2011.

GUTTMACHER, H. (1885) New medications and therapeutic techniques: concerning the different cocaine preparations and their effect. In: BYCK, Robert (Ed.). *Cocaine papers by Sigmund Freud*. New York: Meridian, 1975.

HADDAD, G. *Amor e fidelidade*. São Paulo: Casa do Psicólogo, 2009.

HONNETH. A. *Luta por reconhecimento*: a gramática moral dos conflitos sociais. São Paulo: Editora 34, 2003.

HUMBERG, L. V. *Dependência do vínculo*: uma releitura do conceito de dependência. 2003. Dissertação (Mestrado em Ciências). Faculdade de Medicina, Universidade de São Paulo, São Paulo, 2003.

JONES, E. (1918) Traços do caráter anal-erótico. In BERLINCK, M. (org.). *Obsessiva neurose*. São Paulo: Escuta, 2005.

———. (1926) Introdução. In: ABRAHAM, K. *Teoria psicanalítica da libido: sobre o caráter e o desenvolvimento da libido*. Rio de Janeiro: Imago, 1970.

———. (1953) *A vida e a obra de Sigmund Freud*. Rio de Janeiro: Imago, 1989. v. 1.

———. (1955) *A vida e a obra de Sigmund Freud*. Rio de Janeiro: Imago, 1989. v. 2.

KALINA, E. *Adolescencia y drogadicción*. Buenos Aires: Nueva Visión, 1988.

KERNBERG, O. *Relaciones amorosas*: normalidad y patología. Buenos Aires/Barcelona/México: Paidós, 1995.

KLEIN, M. (1935) Uma contribuição à psicogênese dos estados maníaco-depressivos. In: ———. *Amor, culpa e reparação e outros trabalhos (1021-1945)*. Rio de Janeiro, Imago, 1996.

———. (1936) O desmame. ———. *Amor, culpa e reparação e outros trabalhos (1021-1945)*. Rio de Janeiro, Imago, 1996.

———. (1940) O luto e sua relação com os estados maníaco-depressivos. ———. *Amor, culpa e reparação e outros trabalhos (1021-1945)*. Rio de Janeiro, Imago, 1996.

KRYSTAL, H. (1978) Self representation and the capacity for self care. In: YALISOVE, D. L. *Essential papers on addiction*. New York/London: New York University Press, 1997.

LAPLANCHE, J. *A angústia* – problemáticas I. São Paulo: Martins Fontes, 1998.

LE POULICHET, S. (1987) *Toxicomanias y psicoanálisis*: la narcosis del deseo. Buenos Aires: Amorrortu, 2005.

———. (1993) Toxicomanias. In: KAUFMANN, P. (Ed.) *Dicionário enciclopédico de psicanálise*: o legado de Freud e Lacan. Rio de Janeiro: Jorge Zahar, 1996.

———. (1996) *El arte de vivir en peligro*: del desamparo a la creación. Buenos Aires: Nueva Visión, 1998.

MACEDO, F. G. *Farmacodependência*: a busca de uma presença no mundo. 1996. Dissertação (Mestrado em Psicologia Clínica). Pontifícia Universidade Católica de São Paulo, São Paulo, 1996.

MARTY, P. *Los movimientos individuales de vida y de muerte.* Barcelona: Toray, 1984.

——. *Mentalização e psicossomática.* São Paulo: Casa do Psicólogo, 1998.

MASOTTA, O. *O comprovante da falta.* Campinas: Papirus, 1987.

McDOUGALL, J. (1982) *Teatros do Eu: ilusão e verdade no palco psicanalítico.* Rio de Janeiro: Francisco Alves, 1992.

——. The "dis-affected" patient: reflections on affect pathology. *Psychoanalytical Quarterly*, v. 53, p. 386-409, 1984.

——. (1986) Identificações, neo-necessidades e neo-sexualidades. In *Conferências Brasileiras.* Rio de Janeiro: Xenon, 1987 [originalmente publicado no *International Journal of Psychoanalysis*, n.º67, 1986].

——. (1989) *Teatros do corpo: o psicossoma em psicanálise.* São Paulo: Martins Fontes, 1991.

——. (1995) *As múltiplas faces de Eros: uma exploração psicanalítica da sexualidade humana.* São Paulo: Martins Fontes, 1997.

MENEZES, L. C. O homem dos ratos e o lugar do pai. In: ——. *Fundamentos de uma clínica freudiana.* São Paulo: Casa do Psicólogo, 2001.

MEYER, S. *Crepúsculo.* Rio de Janeiro: Intrínseca, 2008.

MEZAN, R. Viena e as origens da psicanálise. In: ——. *Tempo de muda*: ensaios de psicanálise. São Paulo: Companhia das Letras, 1998.

MIJOLLA-MELLOR, S. *O fenômeno passional* [conferência]. São Paulo: Instituto Sedes Sapientiae, 29.04.2008.

M'UZAN, M. No horizonte: "o fator atual". In GREEN, A. (Org.) *Psicanálise contemporânea* – número especial 2001 da Revista Francesa de Psicanálise. Rio de Janeiro: Imago, 2003.

OCAMPO, E. V. *Droga, psicoanálisis y toxicomania*: las huellas de un encuentro. Buenos Aires: Paidós, 1988.

OLIEVENSTEIN, C. *Destino do toxicômano.* São Paulo: Almed, 1985.

——. et al. *A clínica do toxicômano*: a falta da falta. Porto Alegre: Artes Médicas, 1990.

PONTALIS, J.-B. *Entre el sueño y el dolor.* Buenos Aires: Sudamericana, 1978.

RADÓ, S. (1926) The psychic effects of intoxicants: attempts at a psycho-analytic theory of drug addiction. *International Journal of Psycoanalysis*, v. 7, n. 396, 1926.

——. (1933) The psychoanalysis of pharmacothymia. In: YALISOVE, D. L. (Org.) *Essential papers on addiction.* New York/London: New York University Press, 1997.

——. (1958) Narcotic bondage. In: HOCH, P. H.; ZUBIN, J. *Problems of addiction and habituation.* New York: Grune & Stratton, 1958.

RASCOVSKY, A. Acerca de la drogadicción, una perspectiva psicoanalítica. *Revista de Psicoanálisis*, v. 45, n. 3, p. 425-551, 1988.

REZENDE, M. M. *Curto-circuito familiar e drogas*: análise das relações familiares e suas implicações na farmacodependência. Taubaté: Cabral, 1994.

RODRIGUÉ, E. *Sigmund Freud*: o século da psicanálise. São Paulo: Escuta, 1995.

ROSENFELD, H. (1960) Da toxicomania. In: ———. *Os estados psicóticos*. Rio de Janeiro: Zahar, 1968.

———. (1964) Psicopatologia da toxicomania e do alcoolismo: revisão crítica da literatura psicanalítica. In: ———. *Os estados psicóticos*. Rio de Janeiro: Zahar, 1968.

ROSENTHAL, R. J. (1987) The psychodynamics of pathological gambling: a review of the literature. In: YALISOVE, D. L. (Org.) *Essential papers on addiction*. New York: New York University Press, 1997.

ROUDINESCO, E.; PLOM, M. *Dicionário de psicanálise*. Rio de Janeiro: Jorge Zahar, 1998.

SANTI, P. L. R. *Desejo e adição nas relações de consumo*. São Paulo: Zagodoni, 2011.

SCHEIDT, J. *As experiências de Freud*. Rio de Janeiro: Artenova, 1975.

SLAVUTZKY, A. Quando o jogo é uma paixão. In: PADILLA, R.; SLAVUTZKY, A.; BURD, P. *O jogo*: uma paixão. Porto Alegre: Solivros, 1995.

SMAJDA, C. A propos des procédés autocalmants du moi. *Revue Française de Psychosomatique*, v. 4, p. 9-26, 1993.

STEVENSON, R. L. (1886) The strange case of Dr. Jekyll and Mr. Hyde. In: ———. *Dr. Jekyll and Mr. Hyde and other stories*. Ware: Wordsworth, 1993.

STRACHEY, J. Artigos sobre hipnose e sugestão (1888-1892): introdução do editor inglês. In: FREUD, S. *Obras completas*. Rio de Janeiro: Imago, 1990. v. 1.

SZWEC, G. Les prócedés autocalments par la recherche de l'excitacion. Les galériens voluntaires. *Revue Française de Psychosomatique*, v. 4, p. 27-51, 1993.

TOROK, M. (1968) Doença do luto e fantasia do cadáver saboroso. In: ABRAHAM, N.; TOROK, M. *A casca e o núcleo*. São Paulo: Escuta, 1995.

VALLEUR, M. Hedonismo, ascese, ordálio. In: OLIEVENSTEIN, C et al. *A clínica do toxicômano*: a falta da falta. Porto Alegre: Artes Médicas, 1990.

VERISSIMO, L. F. *O clube dos anjos*. Rio de Janeiro: Objetiva, 1998.

WAKS, C.; TURNA, J. W. A glória da ruína na toxicomania. In: MARRACCINI, E. M. (Org.). *O eu em ruína*: perda e falência psíquica. São Paulo: Primavera, 2010.

WINNICOTT, D. (1949) Mind and its relation to the psyche-soma. In: ———. *Through paediatrics* to psychoanalysis: collected papers. London: Karnac, 1992.

———. (1951) Transitional objects and transitional phenomena. In: ———. *Through paediatrics to psychoanalysis: collected papers.* London: Karnac, 1992.

———. (1955) Clinical varieties of transference. In: ———. *Through paediatrics to psychoanalysis: collected papers.* London, Karnac, 1992.

———. (1956) The antisocial tendency. In: ———. *Through paediatrics to psychoanalysis: collected papers.* London: Karnac, 1992.

———. (1960) Aggression, guilt and reparation. In: ———. *Home is where we start from.* London: Penguin Books, 1990.

———. (1971) *Playing and reality.* London: Routledge, 1996.

WULFF, M. (1932) Sobre um interessante complexo sintomático oral e sua relação com a adicção. In: BRUSSET, B.; COUVREUR, C.; FINE, A. (Orgs.). *A bulimia.* São Paulo: Escuta, 2003.

WYLER, W. (Dir.). *O colecionador.* Estados Unidos: Columbia Pictures, 1965.

Coleção Clínica Psicanalítica
Títulos publicados

A cena hospitalar: psicologia médica e psicanálise
Alfredo Simonetti

Acompanhamento terapêutico
Maurício Porto

Acontecimento e linguagem
Alcimar Alves de Souza Lima

Adicções
Decio Gurfinkel

Adoção
Gina Khafif Levinzon

Adolescência
Tiago Corbisier Matheus

Amor e fidelidade
Gisela Haddad

Anomia
Marilucia Melo Meireles

Autismo
Ana Elizabeth Cavalcanti,
Paulina Schmidtbauer Rocha

Autorização e angústia de influência em Winnicott
Wilson Franco

Borderline
Mauro Hegenberg

Cena incestuosa
Renata Udler Cromberg

Cidade e subjetividade
Flávio Carvalho Ferraz

Clínica da exclusão
Maria Cristina Poli

Clínica do continente
Beatriz Chacur Mano

Clínica do trabalho
Soraya Rodrigues Martins

Complexo de Édipo hoje?
Nora B. Susmanscky de Miguelez

Consultas terapêuticas
Maria Ivone Accioly Lins

Corpo
Maria Helena Fernandes

Crise pseudoepiléptica
Berta Hoffmann Azevedo

Crítica à normalização da psicanálise
Mara Caffé

Demências
Delia Catullo Goldfarb

Depressão
Daniel Delouya

Desafios para a técnica psicanalítica
José Carlos Garcia

Desamparo
Lucianne Sant'Anna de Menezes

Disfunções sexuais
Cassandra Pereira França

Distúrbios do sono
Nayra Cesaro Penha Ganhito

Ecos da clínica
Isabel Mainetti de Vilutis

Emergências psiquiátricas
Alexandra Sterian

Ensaios psicanalíticos
Flávio Carvalho Ferraz

Entrevistas preliminares em psicanálise
Fernando Rocha

Epistemopatia
Daniel Delouya

Escritos metapsicológicos e clínicos
Ana Maria Sigal

Esquizofrenia
Alexandra Sterian

Estresse
Maria Auxiliadora de A. C. Arantes,
Maria José Femenias Vieira

Fairbairn
Teo Weingrill Araujo

Famílias monoparentais
Lisette Weissmann

Ferenczi
Teresa Pinheiro

Fobia
Aline Camargo Gurfinkel

Hipocondria
Rubens Marcelo Volich

Histeria
Silvia Leonor Alonso,
Mario Pablo Fuks

Idealcoolismo
Antonio Alves Xavier,
Emir Tomazelli

Imitação
Paulo de Carvalho Ribeiro e colaboradores

Incestualidade
Sonia Thorstensen

Inconsciente social
Carla Penna

Infertilidade e reprodução assistida
Marina Ribeiro

Linguagens e pensamento
Nelson da Silva Junior

Morte
Maria Elisa Pessoa Labaki

Narcisismo e vínculos
Lucía Barbero Fuks

Neurose e não neurose
Marion Minerbo

Neurose obsessiva
Rubia Delorenzo

Neuroses atuais e patologias da atualidade
Paulo Ritter

Neurose traumática
Myriam Uchitel

Normopatia
Flávio Carvalho Ferraz

Orientação profissional
Maria Stella Sampaio Leite

O tempo, a escuta, o feminino
Silvia Leonor Alonso

Paranoia
Renata Udler Cromberg

Perversão
Flávio Carvalho Ferraz

Pós-análise
Yeda Alcide Saigh

Problemas de linguagem
Maria Laura Wey Märtz

Problemáticas da identidade sexual
José Carlos Garcia

Psicanálise da família
Belinda Mandelbaum

Psicanálise e educação
Maria Regina Maciel

Psicanálise e música
Maria de Fátima Vicente

Psicopatia
Sidney Kiyoshi Shine

Psicossomática
Rubens Marcelo Volich

Psicoterapia breve psicanalítica
Mauro Hegenberg

Psicoterapia breve psicanalítica de casal
Mauro Hegenberg

Psicoterapia de casal
Purificacion Barcia Gomes,
Ieda Porchat

Ressentimento
Maria Rita Kehl

Saúde do trabalhador
Carla Júlia Segre Faiman

Sintoma
Maria Cristina Ocariz

Sublimação e *unheimliche*
Alessandra Martins Parente

Tatuagem e marcas corporais
Ana Costa

Tempo e ato na perversão
Flávio Carvalho Ferraz

Término de análise
Yeda Alcide Saigh

Tortura
Maria Auxiliadora de Almeida Cunha Arantes

Trabalho do negativo
Vera Lamanno-Adamo

Trama do olhar
Edilene Freire de Queiroz

Transexualidades
Paulo Roberto Ceccarelli

Transferência e contratransferência
Marion Minerbo

Transtornos alimentares
Maria Helena Fernandes

Transtornos da excreção
Marcia Porto Ferreira

Transtornos de pânico
Luciana Oliveira dos Santos

Vertentes da psicanálise
Maria Laurinda Ribeiro de Souza

Violência
Maria Laurinda Ribeiro de Souza

Violência e masculinidade
Susana Muszkat

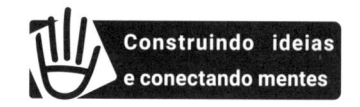

Este livro foi composto com tipografia FreightText Pro e impresso em Pólen Soft 80g. em abril de 2023.